Emmanuel Pierrat

LA FRANCE DES VAINCUS passe à la barre

Une histoire judiciaire de l'épuration en France 1943-1953

FIRST ÉDITIONS

ISBN : 978-2-412-02690-8
Dépôt légal : avril 2018
Imprimé en France par Normandie Roto Impression s.a.s. (1800786)

Correction : Anne-Lise Martin
Mise en page : Stéphane Angot
Couverture : Laure Faucon-Daniel

Éditions First, un département d'Édi8
12, avenue d'Italie
75013 Paris – France
Tél. : 01 44 16 09 00
Fax : 01 44 16 09 01
E-mail : firstinfo@efirst.com
Site internet : www.editionsfirst.fr

Pour Philippe-Henri Dutheil,
qui aime la justice,
la politique et l'histoire.

SOMMAIRE

Prologue 7

I – Avant tout, la guerre :
de la conférence de Munich au discours du 30 octobre 1940 13

II – Révolution nationale, collaboration et Résistance 19

III – La libération d'Alger 33

IV – Le procès de Pierre Pucheu : les débuts
de l'épuration légale 47

V – Après l'Algérie et la Corse,
la libération du reste de la France 57

VI – La Résistance en France après la Libération 67

VII – Collaboration et grand banditisme 77

VIII – Châtiment ou charité ? Camus, Mauriac, Paulhan 89

IX – L'épuration extrajudiciaire 101

X – La « collaboration horizontale », ou le scandale
des femmes tondues 113

XI – L'assassinat de Robert Denoël : crime de droit
commun ou exécution sommaire ? 135

XII – Marcel Déat, Georges Albertini, Jacques Doriot
et la Légion française des volontaires contre le bolchevisme 147

XIII – Philippe Henriot, le Goebbels français 163

XIV – L'internement administratif 173

XV – L'appareil législatif de l'épuration 191

XVI – Tribunaux de l'épuration et épuration des tribunaux 197

XVII – L'instruction 207

XVIII – Joseph Darnand et le procès de la Milice 219

XIX – L'épuration économique 235

XX – Le procès Brasillach 249

XXI – Le Comité national des écrivains et l'épuration intellectuelle 267

XXII – Le procès de Vichy 285

XXIII – Les autres formes d'épuration 309

XXIV – Les lois d'amnistie et la fin de l'épuration 329

XXV – La réconciliation, et après ? 341

XXVI – L'épuration après l'épuration : du procès Touvier à l'affaire Papon 351

Notes 365

Chronologie 385

Bibliographie 389

Du même auteur 395

PROLOGUE

« Nous étions des camarades, fraternellement liés dans la mêlée, des camarades épris de la même maîtresse, vivant d'une même âme, d'un même souffle, la passion brûlante de nos vingt ans.
Le Monde criait son horreur, sa souffrance, sa fatigue. Tout semblait perdu, broyé sous le feu, tordu sous l'acier chaud des machines à tuer, carbonisé sous les flammes du Ciel. Nous étions des camarades qui vivions dans l'enthousiasme et la Foi cette époque de géants, des partisans naïfs offrant généreusement et sans calcul, sans détour, sans compter, le meilleur de nous-mêmes : notre jeunesse à l'Europe partisane[1]. »

Philippe Saint-Germain, qui écrit ces lignes en 1975, est l'auteur de plus d'une centaine d'articles dans la presse collaborationniste. À la Libération, il est condamné à cinq années de travaux forcés. Il purgera d'abord sa peine à Fresnes, puis en centrale, à Fontevrault.

Le terme même d'épuration contient l'idée de vouloir rendre les choses pures – pour les résistants qui organisent les procès, ou les exécutions sommaires avant les procès, il ne s'agit pas seulement de reconnaître, dans la société, les individus qui ont collaboré avec l'ennemi et de les juger, il s'agit aussi de reconnaître, dans le cœur de chacun et aussi dans les leurs, la part de lâcheté, de trahison et de corruption ; il s'agit de la mettre au jour, l'extirper, la brûler. L'épuration est précisément ce processus, pas seulement politique ou policier, mais aussi symbolique, alchimique, presque. L'épuration est un exorcisme, à la fois collectif et individuel.

Il existait dans quelques villages une tradition : un certain jour de l'année, un âne, symboliquement chargé de tous les péchés, circulait dans les rues et chacun était autorisé à lui lancer des pierres, jusqu'à ce qu'il meure. Par sa mort, par son sacrifice subi et non voulu, les habitants du village étaient lavés, purifiés des inévitables fautes commises au cours de l'année qui venait de s'écouler.

Il m'a toujours semblé que certains des procès de l'épuration relevaient de cette même nécessité. À ceci près, bien sûr, que si l'âne était innocent des péchés dont on le chargeait, aussi innocent que n'importe quel autre animal, les collaborateurs étaient le plus souvent coupables, et bien coupables, des péchés – des crimes – que les bourreaux anonymes, les tribunaux d'exception et les cours de justice leur reprochèrent.

Même l'exécution à la mode militaire, douze balles dans la peau dont une à blanc, qui a parfois été la sentence appliquée aux collaborateurs, quelquefois dans la cour d'une prison militaire, à d'autres occasions à l'orée d'une forêt, procède de la même symbolique que la tradition de l'âne. De toutes les pierres lancées à la tête et au corps de l'animal, laquelle est fatale ? De tous les villageois, qui est le tueur ? Dans le peloton, quelle balle est factice, quel tireur n'a pas participé à l'exécution ?

Et la finalité, aussi, est la même. L'âne est couché sur le flanc, il est mort ; les collaborateurs ont payé de lourdes amendes, purgé des peines de prison, ou bien sont aussi morts que l'animal ; la vie peut reprendre son cours.

Car elle est là, la véritable question de l'épuration : quand nos amis, nos collègues, les gens que nous croisions dans la rue, ou bien ceux pour qui nous avions voté, se sont rendus coupables, ou complices, de tels crimes, d'une telle abomination, à partir de quel moment doit-on cesser de brandir le glaive et de couper les têtes, à partir de quel moment doit-on cesser de se comporter en juge et en bourreau, à partir de quel moment faut-il pardonner, ou au moins oublier ? À partir de combien de condamnations cela suffit-il, à partir de quel moment peut-on considérer que la parenthèse est close, que l'âne est mort, que nos péchés sont lavés, que la vie reprend ses droits ?

Après 9 000 exécutions sommaires, après 300 000 dossiers examinés, qui donneront lieu à 100 000 condamnations dont plus d'un millier à la peine capitale, l'existence quotidienne est-elle autorisée à recommencer ?

Ce livre raconte l'histoire des vaincus – pas du point de vue des vaincus, non, pour cela, le lecteur pourra se plonger ou replonger avec effroi, et parfois délices, s'il est cynique, dans des ouvrages tels que *Le Livre noir de l'épuration*, édité par *Lectures françaises* (numéro 89-90 d'août-septembre 1964), revue dirigée par « Henri Coston et ses collaborateurs [*sic*] », *C'est un péché de la France* (qu'a signé mon confrère Jacques Isorni chez Flammarion, en 1962) ou encore *Dialogues de « vaincus »* (des deux collaborateurs notoires que furent Lucien Rebatet et Pierre-Antoine Cousteau, édité par Berg International Éditeurs en 1999).

Si l'on se tient à l'écart du point de vue des vaincus et de celui des vainqueurs, lequel adopter ? Celui, autant que possible, de l'historien.

L'utilisation de citations tirées des procès et journaux de l'époque, voire des mémoires, écrits par certains des protagonistes, permettra de situer le contexte, et de rappeler les éléments biographiques importants.

Le présent ouvrage couvrira tous les milieux : intellectuels, politiques, ecclésiastiques, financiers, sans oublier ni la France des villages ni celle des petits commerçants ; il brossera un tableau d'ensemble de la France au cours de ces années décisives.

Le récit suivra un ordre à la fois thématique et chronologique. Il nous emmènera des premières exécutions sommaires, illégales parfois, des premiers règlements de comptes à la Libération, jusqu'aux amnisties finales, en passant par les assassinats les plus mystérieux (Denoël) et les grands procès (Laval, Brasillach, Pétain). Nous évoquerons les premières ordonnances, les femmes tondues, la création des juridictions spécifiques. Nous revivrons les tensions entre les partisans du pardon et du retour à l'ordre républicain et à la paix, incarnés par Mauriac, et ceux d'une justice qui n'aura de cesse de punir les collaborateurs jusqu'au dernier, dans les rangs desquels il a fallu compter, un moment, Albert Camus, dont la fougue et le désir de morale et de justice s'exprimaient dans les pages du journal *Combat* :

> « Nous ne sommes pas des hommes de haine. Mais il faut bien que nous soyons des hommes de justice. Et la justice veut que ceux qui ont tué et ceux qui ont permis ce meurtre soient également responsables devant la victime, même si ceux qui couvraient le meurtre parlent aujourd'hui de double politique ou de réalisme. Car ce langage est celui que nous méprisons le plus. [...] Nous ne le disons pas sans amertume et sans tristesse. Un pays qui manque son épuration se prépare à manquer sa rénovation. Les nations ont le visage de leur justice[2]. »

Nous montrerons un pays au bord de la rupture, et tout le travail qu'il aura été nécessaire d'accomplir pour sortir d'une situation d'exception, violente, chaotique, et revenir à la normale – mais peut-on revenir à la normale après de tels événements ? N'est-il pas illusoire d'espérer faire table rase, épurer, et recommencer comme avant ? Quelle France a été reconstruite, sur quelles névroses irrésolues ? La France dans laquelle nous vivons, en ce début de XXIe siècle, est encore marquée par cette période. Bien des conflits, actuels ou récents, y plongent leurs racines.

I

AVANT TOUT, LA GUERRE : DE LA CONFÉRENCE DE MUNICH AU DISCOURS DU 30 OCTOBRE 1940

Le 29 septembre 1938 se tient la conférence de Munich. Sont présents Adolf Hitler, Benito Mussolini, Édouard Daladier et Neville Chamberlain. Ils représentent l'Allemagne, l'Italie, la France et la Grande-Bretagne. Manquent à l'appel Edvard Benes, président de la Tchécoslovaquie et pourtant premier concerné par la réunion, et Joseph Staline.

Cette discussion, et le traité qui s'ensuit, a pour but de régler la crise que traversent les Sudètes, c'est-à-dire la population germanophone vivant, depuis le démantèlement de l'empire des Habsbourg consécutif à la Première Guerre mondiale, dans un nouveau pays qui a pour nom Tchécoslovaquie.

Pour Hitler, ces germanophones sont allemands avant tout, et opprimés par les Tchécoslovaques.

En vertu d'une interprétation toute personnelle du droit des peuples à disposer d'eux-mêmes, il exige l'autorisation d'annexer au Reich les régions de ce nouveau pays qui sont à population majoritairement germanophone. Et il met dans la balance le fait que, une fois réglé ce dernier problème, l'Allemagne sera satisfaite et ne cherchera pas à étendre davantage ses frontières. Il promet la paix, en échange des Sudètes.

La France est l'alliée de la Tchécoslovaquie ; les traités l'obligent à défendre ses frontières. Néanmoins, Hitler est convaincant. Et, surtout, il l'assure : ensuite, chacun chez soi. Pas de guerre à l'horizon, donc ! Suivi par les autres chefs d'État, Daladier cède. Les accords de Munich suscitent en France l'approbation d'à peu près toute la classe politique, à l'exception des communistes.

Churchill condamnera cette décision d'un trait d'esprit comme il en a coutume, et celui-ci se révélera prophétique :

« Ils devaient choisir entre le déshonneur et la guerre. Ils ont choisi le déshonneur, et ils auront la guerre[3]. »

Exit, donc, la Tchécoslovaquie.

Le 15 mars 1939, le Reich envahit la Bohême-Moravie, c'est-à-dire la partie occidentale de la Tchécoslovaquie.

Le 23 août, le pacte de non-agression germano-soviétique est signé entre Hitler et Staline. Tout va ensuite aller très vite.

Le 1er septembre, les troupes allemandes envahissent la Pologne sans avoir au préalable déclaré la guerre au pays.

Le même jour, la mobilisation générale est déclarée en France, et le lendemain, c'est au tour de la Grande-Bretagne. Le Premier ministre anglais, Neville Chamberlain, déclare la guerre à l'Allemagne. Il est précédé de quelques heures par le gouvernement français.

Le 17 septembre, l'URSS joint ses troupes à celles du Reich en Pologne. C'est la Deuxième Guerre mondiale. Personne ne la croyait possible.

Le 30 novembre, l'URSS envahit la Finlande.

Le 9 avril 1940, l'Allemagne envahit le Danemark et la Norvège.

Le 14 mai, les troupes du Reich forcent la ligne Maginot et pénètrent dans les Ardennes françaises.

À partir du 26 mai, Dunkerque est évacuée.

Le 8 juin, c'est le début de l'exode des civils en direction du sud de la France.

Le 10 juin, le gouvernement fuit Paris et se réfugie à Bordeaux.

Le 14, les Allemands entrent dans Paris.

Deux jours plus tard, Pétain devient président du Conseil. Il signe l'armistice le 22 juin, et instaure le régime de Vichy le 11 juillet.

Le 3 octobre, il signe la loi portant sur le statut des Juifs.

Le début de la collaboration peut être officiellement daté du 24 octobre, même si, dès le 8 juillet, devant l'Assemblée nationale, Pierre Laval en exprime l'idée pour la première fois :

> « Nous n'avons pas d'autre chemin à suivre que celui d'une collaboration loyale avec l'Allemagne et l'Italie. Celle politique, la seule qui soit conforme aux intérêts de la France, doit être pratiquée dans l'honneur et avec dignité[4]. »

Mais, le 24 octobre 1940, c'est le jour de la fameuse poignée de main entre Hitler et Pétain à la gare de Montoire, immortalisée par une photographie qui fera le tour du monde et entrera dans l'histoire.

La rencontre a lieu à l'initiative de Pierre Laval, qui a vu Hitler deux jours plus tôt afin de mettre au point les détails.

Le choix du lieu de cette entrevue se porte sur Montoire pour plusieurs raisons pratiques : d'abord, Hitler circule en train et cette gare est la plus proche de la ligne de démarcation. Par ailleurs, loin de toute habitation, elle dispose d'un tunnel permettant de dissimuler le train du Führer en cas d'attaque aérienne.

Au terme d'une discussion qui se déroule sans témoin, dans la voiture personnelle du chef du Reich, et dont il ne subsiste nulle trace écrite, Pétain accepte de devenir l'allié des forces de l'Axe et s'oppose désormais à l'Angleterre ; en échange de quoi le gouvernement de Vichy est reconnu par le Reich comme étant le seul gouvernement légal de la France.

Le 30 octobre, le maréchal Pétain prononce à la radio un discours officialisant les nouvelles relations entre la France et l'Allemagne :

> « Français, j'ai rencontré, jeudi dernier, le chancelier du Reich. Cette rencontre a suscité des espérances et provoqué des inquiétudes. Je vous dois à ce sujet quelques explications. Une telle entrevue n'a été possible, quatre mois après la défaite de nos armes, que grâce à la dignité des Français devant l'épreuve, grâce à l'immense effort de régénération, auquel ils se sont prêtés, grâce aussi à l'héroïsme de nos marins, à l'énergie de nos chefs coloniaux, au loyalisme de nos populations indigènes. La France s'est ressaisie. Cette première rencontre, entre le vainqueur et le vaincu, marque le premier redressement de notre pays. C'est librement que je me suis rendu à l'invitation du Führer. Je n'ai subi, de sa part, aucun "diktat", aucune pression. Une collaboration a été envisagée entre nos deux pays. J'en ai accepté le principe. Les modalités en seront discutées ultérieurement. À tous ceux qui attendent aujourd'hui le salut de la France, je tiens à dire que ce salut est d'abord entre nos mains. À tous ceux que de nobles scrupules tiendraient éloignés de notre pensée, je tiens à dire que le premier devoir de tout Français est d'avoir confiance. À ceux qui doutent

comme à ceux qui s'obstinent, je rappellerai qu'en se raidissant à l'excès, les plus belles attitudes de réserve et de fierté risquent de perdre de leur force. Celui qui a pris en main les destinées de la France a le devoir de créer l'atmosphère la plus favorable à la sauvegarde des intérêts du pays. C'est dans l'honneur et pour maintenir l'unité française, une unité de dix siècles dans le cadre d'une activité constructive du nouvel ordre européen, que j'entre aujourd'hui dans la voie de la collaboration. Ainsi, dans un avenir prochain, pourrait être allégé le poids des souffrances de notre pays, amélioré le sort de nos prisonniers, atténuée la charge des frais d'occupation. Ainsi pourrait être assouplie la ligne de démarcation et facilités l'administration et le ravitaillement du territoire. Cette collaboration doit être sincère. Elle doit être exclusive de toute pensée d'agression. Elle doit comporter un effort patient et confiant. L'armistice, au demeurant, n'est pas la paix. La France est tenue par des obligations nombreuses vis-à-vis du vainqueur. Du moins reste-t-elle souveraine. Cette souveraineté lui impose de défendre son sol, d'éteindre les divergences de l'opinion, de réduire les dissidences de ses colonies. Cette politique est la mienne. Les ministres ne sont responsables que devant moi. C'est moi seul que l'Histoire jugera. Je vous ai tenu jusqu'ici le langage d'un père. Je vous tiens aujourd'hui le langage du chef. Suivez-moi. Gardez votre confiance en la France éternelle[5]. »

II

RÉVOLUTION NATIONALE, COLLABORATION ET RÉSISTANCE

La Révolution nationale voulue par Pétain se met rapidement en place – et si certains citoyens se sont demandé ce que cette vague notion, accolée à celle de « collaboration loyale », pouvait bien vouloir dire, les premières mesures prises par le nouveau gouvernement ont pu servir d'exemples, et ce, bien avant le 30 octobre.

Le 2 août, le général de Gaulle (exilé à Londres et organisant de là-bas la Résistance) est condamné à mort, par contumace, pour désertion et trahison.

Au cours du mois de septembre, de nombreux responsables politiques et militaires, notamment Édouard Daladier, Georges Mandel et Léon Blum, sont arrêtés et jugés, à Riom, au cours d'une parodie de procès visant à établir leur responsabilité dans la défaite : ils sont en effet « accusés d'avoir trahi les devoirs de leur charge dans les actes qui ont concouru au passage de l'état de paix à l'état de guerre avant le 4 septembre 1939 et dans ceux qui ont ultérieurement aggravé les conséquences de la situation ainsi créée[6] ».

D'audiences en ajournements, la mascarade durera jusqu'en mai 1943. Léon Blum sera assigné à résidence dans une maison proche du camp de Buchenwald. Édouard Daladier sera placé en résidence surveillée au château d'Itter. Georges Mandel sera incarcéré, puis assassiné en 1944 par la Milice en représailles de l'exécution par la Résistance de Philippe Henriot.

En septembre 1940 toujours, le 13, Pierre Laval déclare à la radio belge : « La République a cessé d'exister en France[7]. »

Et, bien sûr, le 3 octobre est promulguée la loi portant sur le statut des Juifs, par laquelle Pétain prouve qu'au fond la défaite l'arrangeait bien. Cette dernière ne lui offrait pas seulement une voie royale pour prendre le pouvoir, qu'il a brigué dès le 17 juin en s'adressant aux Français à la radio, comme il le fera régulièrement par la suite (« Je fais à la France le don de ma personne pour atténuer son malheur. [...] C'est le cœur serré que je vous dis aujourd'hui qu'il faut cesser le combat[8] » – l'appel du 18 juin, lancé par le général de Gaulle, en sera la réponse), mais elle lui permettait encore, sous prétexte de collaboration, de conduire une politique antimaçonnique et antisémite qui correspondait parfaitement à sa vision du monde.

Après l'officialisation de la collaboration, la Révolution nationale continue sa marche…

Le 9 novembre, c'est la dissolution de la CGT. Le 1er décembre, celle du Parlement. Le 18 avril 1941, la France quitte la Société des Nations (ancêtre de l'ONU) ; le 29 mars, est créé le Commissariat général aux questions juives, dont Xavier Vallat, avocat, député et journaliste, prend la tête ; le 27 avril, l'État français offre à l'Allemagne le tableau *Diane sortant du bain*, de François Boucher…

Le 14 mai, la « rafle du billet vert » se produit. Il s'agit de la première arrestation massive de Juifs en France : 6 694 Juifs d'origine étrangère (qui avaient préalablement été recensés) reçoivent une convocation de la police – le fameux « billet vert ». Environ la moitié d'entre eux y répondent. Ils seront incarcérés dans les camps de Pithiviers et de Beaune-la-Rolande. La plupart seront ensuite déportés à Auschwitz-Birkenau et gazés.

Le 8 juillet voit la création, sous tutelle allemande et avec la bénédiction notamment de Jacques Doriot, de la Légion des volontaires français contre le bolchevisme (qui sera ensuite intégrée à la tristement célèbre division Charlemagne).

À partir de mai 1942, et sous la houlette de Reinhard Heydrich, chef de la SS, bras droit d'Himmler et rouage essentiel de la Shoah (il est aussi l'un des responsables de la Nuit des longs couteaux…), la collaboration entre la

Gestapo (la police secrète politique du parti nazi) et la police française s'intensifie.

Les 16 et 17 juillet intervient la rafle du Vel' d'Hiv, au cours de laquelle 13 152 Juifs – dont un tiers étaient des enfants – sont arrêtés par la police française et remis aux autorités allemandes. Presque tous mourront gazés.

Le 4 octobre, la loi relative à l'utilisation et à l'orientation de la main-d'œuvre (l'ancêtre du Service de travail obligatoire) est promulguée.

Le 13 décembre 1942, Laval s'exclame :

> « La victoire de l'Allemagne empêchera notre civilisation de sombrer dans le communisme. La victoire des Américains serait le triomphe des Juifs et du communisme. Quant à moi, j'ai choisi[9]... »

La Révolution nationale poursuit sa marche en 1943, d'abord en condamnant à dix ans de prison le maréchal de Lattre de Tassigny parce qu'il a voulu s'opposer à l'occupation allemande de la zone sud (laquelle s'était effectuée en violation des traités signés lors de l'armistice de 1940), puis en créant la Milice, dont Joseph Darnand, militaire, homme politique, engagé dans la SS, pétainiste de la première heure, prendra la direction.

Cependant, pour l'occupant aussi bien que pour les collabos, la fin approche... La libération de l'Algérie constitue un important revers.

Pétain, le 28 avril 1944, prononce une énième allocution radiophonique :

> « Cette prétendue Libération est le plus trompeur des mirages auxquels vous pourriez être tentés de céder. [...] Grâce à la défense du continent par l'Allemagne [...], notre civilisation sera définitivement à l'abri du danger que fait peser sur elle le bolchevisme[10]. »

Et, le lendemain, dans une tentative désespérée de sauver la Révolution nationale – et sans doute aussi lui-même –, il crée le comité français de la Waffen SS. On y retrouve des noms connus : Doriot, Déat, Darnand...

Le 20 août, Pétain, arrêté par les Allemands, adresse un dernier message à « son » peuple :

> « Loyalement, sans compromis, je n'ai eu qu'un seul but : vous protéger du pire. Et tout ce qui a été fait par moi, tout ce que j'ai accepté, consenti, subi, que ce fût de gré ou de force, ne l'a été que pour votre sauvetage. Car, si je ne pouvais plus être votre épée, j'ai voulu rester votre bouclier[11]. »

Une semaine plus tard, René Pleven, membre du gouvernement provisoire qui prend en charge le pays dès la Libération, produit une première estimation des pertes humaines liées à l'Occupation et à la collaboration, et avance le chiffre de 75 000 personnes fusillées – des estimations ultérieures détermineront que 217 000 militaires auront perdu la vie au cours de la Seconde Guerre mondiale, et 350 000 civils (120 000 en combattant, 230 000 assassinés par l'occupant ou la Milice).

Ce gouvernement provisoire est issu de la Résistance. Qu'en est-il justement de cette dernière ? Quelle est son histoire, quels sont ses faits d'armes pendant l'Occupation ?

Winston Churchill affirme en août 1940 :

> « Les Français Libres sont condamnés à mort par Vichy, mais le jour viendra où leurs noms seront glorifiés et gravés sur la pierre dans les rues et les villages d'une France qui aura retrouvé sa liberté et sa gloire d'antan au sein d'une Europe libérée[12]. »

De fait, des mouvements de résistance ont déjà commencé à se former :

> « Parmi les plus précoces, le groupe du Musée de l'Homme se constitue à Paris dès les premières semaines de l'Occupation autour d'Yvonne Odon, bibliothécaire, et de deux chercheurs russes qui venaient d'être naturalisés, Boris Vildé, linguiste, et Anatole Lewitsky, anthropologue. Un des buts de ce réseau était d'unifier les initiatives résistantes pour donner plus de poids et d'efficacité à leurs actions de renseignement, d'évasion

et de propagande. Mais le mouvement est rapidement infiltré et démantelé par les services allemands, 7 de ses membres, dont Vildé et Lewitsky, étant fusillés au mont Valérien le 23 février 1942, Yvonne Odon étant quant à elle déportée[13]. »

Néanmoins, si des tentatives d'organisation comme celle que nous venons de citer, ou si des actions informelles sont engagées par des individus dès la signature de l'armistice (sabotage des installations de radiodiffusion française, distribution de tracts, etc.), il faut attendre l'appel du 18 juin du général de Gaulle pour voir se mettre en place les premiers réseaux de la Résistance : le Mouvement de libération nationale, dirigé par Henri Fresnay (militaire et homme politique), qui deviendra ensuite le mouvement Combat (éditeur du journal clandestin du même nom, lequel, comptant notamment Albert Camus parmi ses rédacteurs, continuera à paraître après la Libération), se forme dès septembre 1940 ; les réseaux Franc-tireur, Front national ou Buckmaster, en avril, mai et juin, etc.

« La Résistance se structure véritablement en formations cohérentes en 1941. Certaines se constituent autour d'individualités qui se connaissent, partagent les mêmes sentiments et, de proche en proche, élargissent leurs contacts et élaborent moyens et plans d'actions. D'autres s'établissent en liaison avec Londres, grâce à l'envoi d'émissaires de la France libre ou des services secrets anglais (Intelligence Service, Special Operations Executive)[14]. »

Cependant, il ne faut pas oublier la création, en juillet 1940, du Bureau central de renseignements et d'actions sous l'autorité d'André Dewavrin (dit « le colonel Passy ») – il deviendra en 1943 la Direction générale des services spéciaux (avec, à sa tête, Jacques Soustelle, ethnologue et futur ministre de l'Information), puis l'année suivante la Direction générale des études et recherches et, enfin, en 1946, le SDECE, c'est-à-dire les services secrets français (devenus la DGSE en 1982).

Voilà beaucoup de dénominations et d'acronymes pour une généalogie très simple : de la même manière que pour la politique et l'armée, les héros de la Résistance irrigueront – et bien souvent dirigeront – les services de contre-espionnage de la France de la reconstruction.

En 1942, sont créés les Francs-tireurs et partisans français, organisation paramilitaire communiste, l'Organisation de résistance de l'Armée, regroupant les militaires désireux de ne pas se soumettre à l'occupant, et l'Armée secrète, organisation paramilitaire d'obédience plus spécifiquement gaulliste.

En janvier de l'année suivante, les Mouvements unis de la Résistance voient la fusion de trois réseaux : Combat, Franc-tireur et Libération-Sud, puis, incorporant encore d'autres mouvements, ils deviennent le Mouvement de libération nationale.

Quelques mois plus tard, se tient le premier Conseil national de la Résistance.

Enfin, en 1944, tous ces mouvements se regroupent sous la bannière des Forces françaises de l'intérieur (FFI), et constituent le Gouvernement provisoire de la République française.

Avant cette fusion, quel a été leur mode d'action ?

> « Deux grands types d'organisations se distinguent. Les "réseaux" sont en contact direct avec un état-major basé à l'étranger : la France libre, l'état-major anglais ou, plus tard, l'état-major américain. En raison de leur spécialisation (renseignement, évasion, sabotage), ces réseaux disposent d'un recrutement restreint et appliquent de sévères consignes de sécurité, fondées sur le strict cloisonnement de petites équipes ayant chacune une mission déterminée. Au contraire, les "mouvements" de résistance souhaitent toucher directement l'opinion et impliquer la population à l'aide d'une contre-propagande patriotique véhiculée essentiellement par la presse (Libération-Nord, Valmy, Défense de la France) ou les éditions clandestines (les Éditions de Minuit). Parmi ces mouvements, certains irriguent de vastes régions (Combat, Libération, Franc-tireur en zone sud) tandis

que d'autres, surtout en zone nord, ont une diffusion restreinte[15]. »

Les missions et activités de la Résistance sont multiples. Collecte de vivres, de matériel, d'armes, d'argent, parfois ; espionnage et transmission de renseignements ; sabotage et assassinats ; actions militaires également. Fabrication de faux papiers, exfiltrations de détenus, hébergement et dissimulation de fugitifs. Contre-propagande à la radio ou au moyen de tracts et de journaux clandestins.

Par la suite, les réseaux perfectionnant leur organisation et les hommes (et les femmes !) qui les composent devenant plus expérimentés, ce sont de véritables actions de commando qui s'organisent ; attaques de soldats de la Wehrmacht, destruction de dépôts de munitions, constitution de maquis dans le sud de la France.

Finalement, la Résistance devient une véritable armée, forte de 300 000 individus de tous âges et toutes origines, avec parmi eux de nombreux jeunes gens, et cette armée comptera pour beaucoup dans la libération du pays.

D'ici là, d'autres actions significatives ont lieu, comme l'organisation de grèves, ou des opérations militaires ou de sabotage, de plus en plus ambitieuses.

« Les résistants contribuent finalement de manière essentielle à la préparation du débarquement du 6 juin 1944 en Normandie et à la libération du territoire national :

– Ils freinent par des embuscades et des sabotages les déplacements des troupes ennemies qui tentent de rejoindre le front en Normandie et livrent bataille sur de nombreux points stratégiques [...] ;
– Ils servent d'éclaireurs aux armées alliées ou en se joignant aux commandos de la France combattante et aux commandos interalliés ;
– Ils libèrent eux-mêmes un grand nombre de villes (dont Paris, Dijon, Clermont-Ferrand et Annecy) et une trentaine de départements. [...]
Mais cette action se paie au prix d'âpres combats et de féroces représailles[16]. »

Ce qui frappe en premier lieu, lorsque l'historien cherche à comprendre à quels courants politiques se rattachait la Résistance – et cela est essentiel à saisir si on veut comprendre le climat de l'après-guerre et les conflits internes qui agiteront le gouvernement provisoire sur des questions aussi cruciales que celle de l'épuration –, c'est leur extrême diversité. La Résistance n'est ni de gauche ni de droite, ou plutôt elle est de gauche et de droite tout à la fois, communiste aussi, républicaine et royaliste, patriote et internationaliste : tous les courants de pensée ayant eu cours dans la Troisième République y sont représentés (et une certaine diversité se retrouvera également parmi les collaborateurs).

Ainsi, certains résistants choisissent le giraudisme, un courant qui, sous l'égide d'Henri Giraud, un temps rival du général de Gaulle, entendait faire la synthèse entre la Résistance et Vichy, autrement dit qui souscrivait aux thèses réactionnaires de Pétain mais n'acceptait ni l'armistice ni la collaboration.

Le compte rendu d'une communication d'historien à un colloque de 2002 permet de resituer cette singulière complexité politique :

> « Jean-Marie Guillon (*Droites et gauches dans la France des années trente et quarante : crises, recompositions et tradition républicaine*) interroge le rapport entre la Résistance et la République, ou le "modèle républicain", et explique que "le mouvement de républicanisation est l'un des phénomènes politiques majeurs et les plus significatifs concernant l'évolution de la Résistance intérieure et de la France libre". De fait, qu'il s'agisse des premiers mouvements et réseaux de la zone occupée et de la zone libre, la plupart se caractérisent par des idées anti-républicaines, nationalistes (Ceux de la Libération, Confrérie Notre-Dame), un certain attachement soit à la Révolution nationale (Henri Frenay), soit au maréchal Pétain (Défense de la France). C'est par le recrutement et le développement des activités que les anciens réseaux politiques d'avant-guerre, laïcs et républicains, prennent le relais, et influent sur l'évolution politique de ces

quelques mouvements, ainsi que sur celui de la France libre. Parmi ces militants se trouvent de nombreux socialistes[17]. »

III

LA LIBÉRATION D'ALGER

Il est fréquent de situer les débuts de l'épuration avec l'arrestation de Pierre Pucheu, le 6 mai 1943 à Casablanca.

Mais avant d'évoquer les événements qui ont conduit à la libération d'Alger et de raconter le destin de Pierre Pucheu, riche en péripéties et en revirements, il faut revenir un instant sur ce terme même d'épuration.

En effet, les premiers à user de ce mot ne sont pas les résistants, mais bel et bien les vichystes :

> « C'est [...] dans l'autre camp que le mot d'épuration est régulièrement utilisé. Il figure même dans le nom de l'un de ces partis que l'on appellera bientôt collaborationniste, la Ligue française d'épuration, d'assistance sociale et de collaboration européenne, dont le slogan est : "la Ligue française vous convie à nettoyer la France." Parmi les plus frappantes caractéristiques de ces groupes émerge en effet une exigence d'épuration

qui recouvre à la fois une volonté de renouvellement et un appel au châtiment ou à l'élimination d'ennemis par eux désignés[18]. »

Le thème d'une France corrompue, souillée, exsangue, vampirisée par des adversaires qui agissent à la manière d'une maladie, et dont il faut à tout prix se débarrasser, sous peine d'en mourir, est une thématique essentielle du programme pétainiste. Ces adversaires sont bien sûr les Juifs, mais pas seulement. Ils comprennent aussi les francs-maçons, les anarchistes, les républicains, les communistes… :

« Les galeries juives sont closes, mises sous séquestre ou confiées à des liquidateurs aryens… Les critiques juifs ont été exclus des journaux… Les peintres et sculpteurs juifs sont exclus des salons et des galeries… Tout cela est excellent. Cependant l'épuration est loin d'être achevée. Le poison juif ne s'éliminera que lentement[19]. »

Mais cette thématique d'une France impure, qu'il faut donc *épurer*, n'est pas née avec la Révolution nationale.

Napoléon et Robespierre – pour des raisons diverses, certes – avaient sous les yeux une France qui leur semblait malade, qu'il fallait guérir. En témoignent ce discours de Robespierre et le commentaire de Michelet qui suit :

> « Quel est le remède à ce mal ? Punir les traîtres, renouveler les bureaux du Comité de sûreté générale, épurer ce comité lui-même, et le subordonner au Comité de salut public, épurer le Comité de salut public lui-même, constituer l'unité du gouvernement sous l'autorité suprême de la Convention nationale, qui est le centre et le juge, et écraser ainsi toutes les factions du poids de l'autorité nationale, pour élever sur leurs ruines la puissance de la justice et de la liberté : tels sont les principes[20]. »

> « On était très sûr d'avance que l'épuration jacobine serait l'épuration de Robespierre et de lui seul, que sa voix, dans un sens ou l'autre, déciderait, trancherait tout, qu'il ferait rayer qui il lui plairait[21]. »

Cette thématique de l'épuration, qu'elle soit pratiquée par Robespierre, Pétain ou la Résistance, obéit toujours à une même idée hygiéniste.

La France est malade de ses tièdes ; la France est malade de ses Juifs ; la France est malade de ses traîtres. Il va falloir la guérir, et on le sait, le meilleur moyen d'obtenir la guérison, c'est une bonne saignée.

Entendons-nous bien. Il n'est pas question de niveler les choses, de tout mettre sur le même plan, et il y a des épurations criminelles et monstrueuses comme il y en a d'autres qui sont dignes et nécessaires. Mais ce qui frappe néanmoins est la récurrence de ce terme et l'universalité de cette rhétorique.

Les résistants ont une volonté : reconstruire la France. Mais ils savent que, pour cela, le simple courage et la volonté ne suffiront pas. Les victimes ne pourront passer à autre chose – si tant est qu'il soit possible de *passer à autre chose* – qu'à partir du moment où la justice aura été appliquée, la vengeance accomplie.

Avant de reconstruire la France, il faut l'épurer. Mais jusqu'à quel point cette justice devra-telle être intransigeante, inflexible, jusqu'à quel point cette vengeance devra-t-elle être implacable ? Ce sont des questions essentielles, au cœur des débats passionnés qui se dérouleront entre 1944 et 1953, des questions qui conduiront à des ruptures intellectuelles, qui briseront des amitiés, qui secoueront comme une tempête les courants politiques et idéologiques de l'époque, et dont les échos sont encore audibles de nos jours.

Et, bien sûr, dans le cas de la Résistance, il y a une évidente volonté de retourner contre l'ancien bourreau son propre langage. À l'épuration répond l'épuration :

6 793 collaborationnistes condamnés à mort ; 2 702 condamnés aux travaux forcés à perpétuité ;

3 578 condamnés à la dégradation nationale – et que ces peines aient été parfois suivies de grâce ou aient été commuées ne change rien à leur portée symbolique.

Ils ont voulu d'une France pure, débarrassée de ses Juifs, de ses communistes, de ses francs-maçons, de ses homosexuels, de ses artistes dégénérés ; ce sera cette France-là qui les jugera.

Et ce, dès 1944, avec le procès de Pierre Pucheu qui s'ouvre le 4 mars de cette année-là, soit trois mois avant le débarquement des forces alliées en Normandie – mais près de dix-huit mois après la libération d'Alger dans le contexte suivant :

> « Au printemps 1942, les forces de l'Axe – Allemagne, Italie, Japon – sont vainqueurs sur tous les fronts : en Russie, en Afrique, dans le Pacifique. L'Allemagne occupe une grande partie des territoires européens. Victorieuse à l'Est, elle l'est également en Afrique où les troupes germano-italiennes du général Rommel reconquièrent la Cyrénaïque et s'apprêtent à entrer en Égypte. Les débarquements réussis en Afrique du Nord, le 8 novembre 1942, constituent l'un des éléments qui vont retourner la situation militaire en faveur des Alliés à partir de 1942[22]. »

Un problème d'ordre stratégique et politique s'est néanmoins posé avant ces succès : les Américains veulent écarter de Gaulle, dont Roosevelt se méfie, car ils ont peur que le général, fermement opposé à Pétain depuis les premiers jours de l'Occupation, ne parvienne pas à rallier à sa cause les généraux vichystes en poste en Afrique du Nord. Or, faire changer de bord l'armée française présente sur place est un élément crucial du plan des Alliés, dans le but d'éviter des combats sanglants et fratricides.

À de Gaulle est donc préféré Henri Giraud, héros de la Première Guerre mondiale, fait prisonnier en mai 1940, emprisonné en Silésie, évadé en avril 1942. Pourquoi lui ? En raison de ses sympathies vichystes, qu'il n'a jamais cachées. Lui et d'autres (tels que Jacques Lemaigre Dubreuil ou Henri d'Astier de La Vigerie) présentent la particularité d'être à la fois résistants et pétainistes (voire maurassiens) – aussi, pensent les Américains, Giraud, mieux que de Gaulle, saura convaincre les généraux en place à Alger, Casablanca et Oran.

Giraud, au moment où se forme le projet du débarquement à Alger, vit à Vichy en résidence surveillée. En dépit de ses sympathies affichées pour le gouvernement de Pétain, les Allemands ne le voient pas d'un très bon œil. Néanmoins, les Américains parviennent à l'exfiltrer. Il rencontre Eisenhower et accepte de prendre la tête des troupes françaises.

Le 8 novembre 1942, les troupes anglaises et américaines, fortes de plus de cent mille hommes, débarquent à Alger, Oran et Casablanca. C'est l'opération Torch, la première victoire des forces alliées. Le vent tourne enfin.

Après deux jours de batailles, le bilan est lourd : 479 morts et 720 blessés parmi les Alliés, 1 346 morts et 1 997 blessés du côté des Français.

Le Reich riposte immédiatement à cette défaite en envahissant la zone libre – c'est-à-dire la moitié sud de la France – et en envoyant des troupes occuper la Tunisie, dont la libération constitue la prochaine étape des Alliés.

Quant au général Giraud, les choses ne se passeront pas pour lui tout à fait comme prévu. La présence fortuite de l'amiral Darlan à Alger lui vole la vedette.

François Darlan, membre éminent du gouvernement de Pétain, est notamment ministre de la Marine, puis chef du gouvernement de Vichy de février 1941 à avril 1942. C'est peu dire que son ralliement aux Alliés n'est guère spontané, et marqué par une méfiance réciproque. Disons qu'il sent le vent tourner – selon certaines sources, il le sent même tourner très tôt, puisque dès 1941, on l'entend médire de l'Allemagne…

D'abord fait prisonnier lors du débarquement des forces alliées et françaises, il profite de la confusion politique et des difficultés que Giraud rencontre pour s'imposer, pour obtenir le soutien de Roosevelt, convaincre tout le monde qu'il est l'homme de la situation et… prendre avec ses hommes le commandement de la ville, à moitié par la force, à moitié soutenu par les Alliés. Il est donc, pendant un temps, le maître de la ville, avec la bénédiction des Américains, et s'adjoint le concours de Jacques Lemaigre Dubreuil et d'Henri d'Astier de La Vigerie. Bien que mis en place par les Alliés à la tête d'Alger libérée, il continue de se réclamer de l'autorité du maréchal Pétain. Étonnant paradoxe, qu'il résout ainsi :

> « Nous avons tous admis que le Maréchal était toujours notre chef, mais que ce chef était moralement prisonnier[23]. »

Néanmoins, sa mainmise sur Alger libérée ne durera guère. Le 24 décembre, le panier de crabes dans lequel il trempe lui est fatal.

On ne sait pas dans le détail ce qu'il s'est passé. Seuls les protagonistes sont connus. D'un côté, le général Giraud qui a l'impression qu'on lui a soufflé sa place, et que soutient Eisenhower ; de l'autre, Henri d'Astier de La Vigerie qui, une fois l'alliance de circonstance passée, se rend compte que Darlan ne lui plaît guère et qu'il verrait bien à sa place quelqu'un de plus proche de ses idées…

Pourquoi pas le comte de Paris ?

N'oublions pas de mentionner les Corps francs d'Afrique (le bataillon de soldats français volontaires et anti-vichystes créé par d'Astier de La Vigerie pour la reconquête des colonies françaises en Afrique) dans le rôle du bourreau, et encore moins les services secrets britanniques dans celui – supposé par certains historiens, contesté par d'autres – de l'étincelle qui met le feu aux poudres. D'après d'autres sources encore, de Gaulle était également en coulisses, ulcéré de s'être fait évincer.

Toujours est-il que, la veille de Noël, Fernand Bonnier de La Chapelle, engagé volontaire dans les Corps francs, sur ordre de d'Astier de La Vigerie (mais, au procès, Bonnier de La Chapelle affirmera toujours avoir agi seul), et après un tirage à la courte paille qui le choisira parmi deux autres candidats, se rend dans le palais d'été, patiente dans un couloir, et, lorsque Darlan vient à sa rencontre, l'abat de deux balles dans le corps.

Le meurtrier est immédiatement maîtrisé, et jugé dès le lendemain. Alors qu'il est condamné à mort, son recours en grâce lui est illégalement refusé. Le matin suivant, il est fusillé.

Fin de l'histoire ? Pas tout à fait : trois ans plus tard, le 21 décembre 1945, un arrêt de la chambre des révisions de la cour d'appel d'Alger prononce sa réhabilitation. Le général de Gaulle estimera finalement que l'exécution – et non plus l'assassinat – de l'amiral Darlan avait été accompli dans l'intérêt de la Libération. Sur sa tombe se trouve écrit : « Mort pour la France. »

Quant au général Giraud, il prend le pouvoir à Alger, soutenu par Eisenhower et d'Astier de La Vigerie, mais pas vraiment par de Gaulle qui va user de tout son pouvoir, de toute sa ruse et de toute son influence pour l'évincer.

Le général Giraud maintient dans un premier temps les institutions et la politique antisémite de Pétain, tout en rejetant la collaboration – c'est le giraudisme : une tentative de concilier la Révolution nationale et la Résistance –, avant de faire progressivement machine arrière, notamment sous l'influence américaine. Il en profite, au passage, pour se débarrasser d'Henri d'Astier de La Vigerie…

Une première rencontre entre de Gaulle et Giraud a lieu lors de la conférence de Casablanca qui se tient du 14 au 24 janvier 1943 et a pour objet de définir ce que devra être la stratégie des Alliés après la fin de guerre.

Sous la pression de Roosevelt et Churchill, ils acceptent de se serrer la main ; mais le moins qu'on puisse dire, c'est que l'entente est tout sauf cordiale.

Néanmoins, quoi qu'en pense de Gaulle, Giraud est un personnage important de la Libération et, lorsqu'en juin 1943, sous l'influence des Alliés, fusionnent le Comité national français (dirigé depuis Londres par de Gaulle) et le Commandement en chef français civil et militaire (dirigé depuis Alger par Giraud) pour devenir une seule entité, le Comité français de la Libération nationale, chacun des deux rivaux y siège sur un pied d'égalité.

L'ambiance est extrêmement tendue. Des rumeurs de coup d'État circulent dans la capitale algérienne.

De Gaulle et Giraud s'opposent notamment sur la question des cadres compromis avec Vichy. Si le premier se montre bien évidemment intransigeant, le second défend ses hommes, bien que sa mollesse puisse passer pour de l'absence de conviction. De Gaulle obtiendra gain de cause et se servira de cette victoire pour affaiblir et marginaliser son adversaire, et saper son prestige et son autorité :

> « De Gaulle est rusé, d'une froide résolution, désormais implacable face à un Giraud auréolé de la gloire militaire de la libération de la Corse et de la Tunisie. De Gaulle abattra finalement Giraud, l'homme des Américains. Résistants et généraux de l'armée française renaissante sont contraints de choisir. De véritables mutineries, organisées dans la Marine par les gaullistes, sont décisives pour imposer la voie politique de de Gaulle. La vie secrète d'Alger (la ville des complots), l'action des services spéciaux allant jusqu'à l'assassinat, la première vague d'épuration, le fourmillement des agents étrangers, les anciens dirigeants de Vichy à la recherche d'une survie politique, les résistants poussés au pouvoir constituent l'histoire, jamais écrite, d'une longue pré-Libération[24]. »

En mars 1944, le soutien que Giraud apporte à Pierre Pucheu, qui a le triste honneur d'être au centre du premier procès de l'épuration, même s'il est plus que relatif, est la goutte d'eau qui fait déborder le vase. Il est finalement exclu du Comité français de la Libération nationale et destitué de son poste de commandant en chef.

Pour finir d'éclairer le contexte du procès de Pierre Pucheu, citons Henri Frenay qui, dans *Combat*, resitue ainsi la rencontre de Giraud et de Gaulle à Alger en mai 1943 :

> « La France est placée à un tournant de son Histoire. Dans les jours prochains, deux généraux se rencontreront. Ils choisiront celui d'entre eux qui aura pour mission de mener le pays à la victoire, et d'exercer sans doute les fonctions du chef de gouvernement de la Libération.
>
> Le malheur de notre pays ne lui permet pas d'exprimer sa volonté dans ces négociations qui engagent son destin. Cependant de nos villes et de nos campagnes, des usines et des mines, des rangs des mouvements de résistance monte une voix puissante qu'on ne peut étouffer. C'est la voix de tout un peuple, expression d'une volonté souveraine. Ce peuple souffre. Dans l'âpreté de sa détresse et l'âpreté de son combat, il entend moins que jamais abdiquer ses droits à choisir les hommes qui auront l'honneur de le représenter.
>
> La France désigne ses chefs. On ne les lui impose pas. À vrai dire, ce n'est pas entre deux hommes que le peuple de France a choisi, mais entre les valeurs qu'ils représentent, les symboles auxquels ils sont associés, les idéaux qu'ils incarnent.
>
> Il a le culte des idées et non celui des hommes.

En exerçant son choix, il n'a fait que défendre sur un autre terrain la cause pour laquelle il souffre et à laquelle beaucoup des siens ont donné leur liberté ou leur vie. Il a donné tous ses suffrages à celui dont les paroles et les actes ont toujours été conformes à ses aspirations profondes, à celui dont la volonté s'identifie à la sienne. Cette volonté, rappelons-le, s'exprime ainsi : libération du territoire, renversement du régime de Vichy, châtiment des traîtres, recouvrement de ses libertés, et rétablissement d'une république rénovée. »

Et Henri Frenay de clamer encore :

« Le peuple français rend hommage au courage du général Giraud, et a confiance dans ses vertus militaires. Il est prêt à lui confier la direction de ses armées. Il estime en revanche que ses erreurs et ses variations politiques ne peuvent le désigner pour défendre l'ensemble des intérêts français et représenter des aspirations nationales. Il ne peut pas pardonner au général Giraud d'avoir repris la lutte au nom du maréchal Pétain qui symbolise la politique de capitulation, puis de trahison, de s'être rangé aux ordres de Darlan, de s'être entouré d'hommes qui ont été les soutiens tenaces d'un régime abhorré. Il pense que celui qui maintient des relations avec le maréchal, qui rencontre le prétendant au trône, n'est pas qualifié pour parler au nom du pays, démocratique et républicain.

Le général de Gaulle, au contraire, n'a jamais varié. Son appel du 18 juin 1940, alors que tout semblait perdu, fut la lumière dans les ténèbres, un cri de foi et d'espoir, un appel prophétique qui marque le début de la résurrection française. Seul, ou presque seul, il sauve l'honneur en relevant le drapeau que des lâches ou des traîtres avaient abandonné. Il redonna un sens à notre vie. Dernier ministre de la République, il promit dès les premiers jours au peuple français de lui rendre ses libertés et de lui rendre la République. Il ne s'est jamais renié. Il n'a jamais varié. La radio porta ses paroles jusque dans la moindre chaumière, et le peuple reconnut en elles l'expression de ses pensées intimes.

Il parlait le langage de la France.

Tous les hommes qui depuis l'origine résistent à l'Allemand et à la dictature l'ont choisi comme chef et symbole de leurs aspirations. Il est depuis longtemps mandaté par le peuple français pour parler en son nom. Voici ce que doivent savoir ceux qui demain négocieront à Alger. Voilà ce que nos alliés ne doivent pas perdre de vue. Entre de Gaulle et Giraud, le peuple a choisi de Gaulle. Telle est sa volonté[25]. »

IV

LE PROCÈS DE PIERRE PUCHEU : LES DÉBUTS DE L'ÉPURATION LÉGALE

Pierre Pucheu est né en 1899 en banlieue parisienne, dans une famille modeste, ce qui ne l'empêche pas de suivre une scolarité de très bon niveau (passant notamment par l'École normale supérieure), qui débouche sur une belle carrière dans l'industrie : il dirigera notamment les établissements Japy, qui fabriquent les célèbres machines à écrire.

Ses idées politiques l'amènent très vite à faire partie en 1934 des Croix-de-Feu, rassemblement d'anciens combattants aux orientations très droitières et nationalistes, avant de rejoindre l'année suivante le Parti populaire français (PPF) de Jacques Doriot, où il gravit rapidement les échelons. Ce parti, d'inspiration fasciste, correspond sans doute davantage à ses idées : durant le peu de temps qu'il y passe (il s'en détache dès 1938), il en devient membre du bureau politique, et noue avec Jacques Doriot une amitié qui se prolongera durant l'Occupation.

La guerre arrive, et puis la défaite. Il ne s'en réjouit pas, mais choisit clairement son camp. Vive le maréchal, et mieux vaut subir pendant un temps la présence des Allemands (après tout, ce fameux Hitler a de la poigne et des bonnes idées), plutôt que vivre dans une France livrée aux Juifs, aux francs-maçons et aux communistes.

Dans toute cette « racaille », les communistes sont ceux que lui, Pierre Pucheu, déteste le plus. Les autres, à la rigueur, il pourrait s'en accommoder (chacun ses marottes : Pétain a pour têtes de Turc les francs-maçons – dans l'ensemble, ils restent quand même d'accord sur l'essentiel).

Dans le gouvernement de Vichy, il est d'abord secrétaire d'État à la Production industrielle, mais c'est surtout comme ministre de l'Intérieur qu'il s'illustre.

Le 21 août 1941, un attentat commis dans le métro parisien coûte la vie à un officier allemand. Des représailles immédiates sont évidemment envisagées par l'occupant. Six résistants sont en passe d'être fusillés pour l'exemple, mais le gouvernement français tente de pondérer. C'est de Pierre Pucheu que vient l'idée de créer des « sections spéciales », dont la fonction sera de traquer anarchistes et communistes afin de fournir, rétroactivement pour cet attentat et au fur et à mesure pour les suivants, leur contingent de coupables aux nazis – c'est-à-dire, du point de vue du ministre de l'Intérieur, de véritables coupables (puisqu'ils sont communistes ou anarchistes), au lieu de simples victimes expiatoires piochées au hasard dans les prisons.

Pour aider les sections spéciales dans leur tâche, Pierre Pucheu crée également une nouvelle force de police, appelée les Groupes mobiles de réserve (GRM, qui après la guerre seront réformés et prendront le nom de Compagnies républicaines de sécurité, les fameux CRS).

Les sections spéciales sont efficaces : le 28 août, trois militants communistes sont guillotinés. Un peu expéditif ? C'est que les jugements rendus par cette juridiction décidément... spéciale sont sans appel et immédiatement exécutoires. Les autorités allemandes ne sont pas mécontentes, mais ce pourrait être mieux. « Pour la vie d'un soldat allemand [...] on pourra considérer en général la condamnation à mort de cinquante à cent communistes comme convenable[26] », propose le maréchal Keitel (qui est le chef d'état-major de la Wehrmacht). Il n'est pas pris au mot, mais il faut bien admettre que la France, pour – c'est l'argument officiel – éviter une répression aveugle de la part de l'occupant, se fait un devoir de guillotiner à tour de bras sitôt qu'un attentat est commis par la Résistance.

Le député Jean Catelas fait partie du lot. Le 24 septembre 1941, alors qu'il est condamné avec deux autres militants en représailles de l'assassinat d'un officier de la Kriegsmarine, ses derniers instants marquent les esprits : d'après les témoignages que nous ont laissés les bourreaux, il grimpe sur l'échafaud en chantant *La Marseillaise*, et se jette lui-même sous la lame. Ses derniers mots sont « Vive la France » ; puis la lame s'abat.

En octobre, deux officiers allemands sont assassinés à deux jours d'intervalle, l'un à Nantes, l'autre à Bordeaux. Le ministère de l'Intérieur puise alors dans les prisons vichystes un contingent de... 99 détenus. Pierre Pucheu intervient personnellement dans le choix de ces derniers. Il épargne les anciens combattants. En revanche, il a la main très lourde en ce qui concerne les communistes.

Officiellement, le gouvernement recommande, par souci d'humanité et d'éthique, de ne pas choisir les otages livrés en représailles aux nazis en fonction de leur idéologie (ni d'aucun autre critère). Mais, en pratique, sur les 471 prisonniers exécutés entre septembre 1941 et mai 1942, un très grand nombre est communiste.

Est-ce par revers de conscience ou opportunisme ? Quoi qu'il en soit, Pucheu pressent que le temps est venu de changer de camp. Il noue des premiers contacts avec la Résistance, effectue quelques sondages, notamment du côté d'Henri Frenay, fondateur du Mouvement de libération nationale (MLN). Le 8 novembre, comme on l'a vu, les choses s'accélèrent : les Alliés débarquent en Afrique du Nord. Pucheu croit comprendre que s'il a une chance de prouver sa bonne foi et sauver sa tête, c'est là-bas que tout se joue. Il se trompe.

Après quelques aventures, nous le retrouvons à Casablanca en mai 1943. Entre-temps il a obtenu du général Giraud certaines garanties et c'est donc avec une relative tranquillité d'esprit qu'il s'apprête à servir sous le grade de capitaine – cela ne se passera pas ainsi. Sur ordre de Giraud (que Pucheu est en droit de trouver un peu girouette), il est placé en résidence surveillée. Il écrit une lettre de protestation ; elle reste sans réponse. Il comprend alors que sa situation est plus qu'incertaine. Peut-être commence-t-il à se douter qu'il est un exemple et qu'à ce titre on ne va pas l'épargner.

Il est transféré dans une prison militaire. Pour tuer le temps et faire le point, il entame la rédaction d'un journal intime. Il y exprime ses craintes, ainsi que le sentiment d'injustice qu'il éprouve, face à l'absence de soutien des Alliés – alors que d'autres anciens de Vichy en bénéficient, pourquoi pas lui ? se demande-t-il.

C'est que, dans les jeux de pouvoir qui agitent la Résistance et les autorités provisoires d'Afrique du Nord, il n'est pas en odeur de sainteté auprès des maîtres du moment. Notamment, Emmanuel d'Astier de La Vigerie (frère d'Henri et lui aussi grand résistant), commissaire à l'Intérieur, veut sa perte.

Le procès commence le 4 mars 1944, sous la présidence de Léon Vérin, qui siège déjà à la cour d'appel de Tunis. De longs comptes-rendus en sont publiés dans la presse nord-africaine et l'émission de Radio-Londres *Les Français parlent aux Français* s'en fait l'écho pour la France métropolitaine.

L'acte d'accusation est sans ambiguïté. Il est reproché à Pierre Pucheu d'avoir fait partie du gouvernement de Vichy, d'avoir favorisé le recrutement de volontaires français pour se battre sous l'uniforme allemand, et surtout d'avoir mis la police française au service de l'occupant et de l'avoir utilisée pour traquer les résistants. Les centaines d'exécutions sommaires sont encore dans les mémoires, ainsi que les rodomontades du gouvernement qui, par la voix de sa radio officielle, Radio-Vichy, clamait il n'y a pas si longtemps encore : « Les personnes responsables [des attentats] sont les Juifs, les communistes, les étrangers », et « l'épuration continue »[27]. Mais celle-ci ne fait que commencer à présent.

Quand Pucheu est autorisé à prendre la parole, il proteste et indique s'être rendu au Maroc en ayant l'assurance du général Giraud qu'il y serait accueilli en ami, pas en ennemi. Vieille rengaine : tout le monde la connaît déjà, on l'écoute d'une oreille distraite. Il continue en se plaignant de la partialité du procès, de l'absence de témoins importants, de l'instruction incomplète. Il s'en prend aux juges, dont il conteste l'autorité en la matière, leur préférant un jury populaire :

> « Quelle que soit votre expérience, vous sentez-vous qualifiés pour juger dès maintenant la crise politique, sans doute la plus grave de l'Histoire, qui n'est même pas terminée, pour devancer le jugement de l'Histoire[28] ? »

Mais l'agitation de l'accusé ne produit pas grand-chose d'autre que de l'agacement. Il a raison sur un point :

le procès est déjà joué. Mais, contrairement à ce qu'il imagine – ou à ce qu'il prétend –, ce n'est pas à cause de l'idéologie des juges qu'il n'a aucune chance, mais des preuves présentées à la cour. Elles sont accablantes. Il y a par exemple une circulaire datée du 31 décembre 1941, signée de la main de celui qui était alors ministre de l'Intérieur, signalant qu'il fallait encourager le recrutement de soldats pour alimenter la Légion des volontaires français contre le bolchevisme (LVF, contingent français au sein de l'armée allemande). Il y a aussi l'ordonnance du 14 août 1941, signée de cette même main, qui institue la création des sections spéciales. Il y a cette autre ordonnance, émise trois semaines plus tard, qui dispose la création d'un tribunal d'État habilité à prononcer contre les résistants des condamnations à mort...

Face à ces documents, les protestations de Pierre Pucheu sonnent un peu creux, et son indignation semble bien vaine.

Son système de défense, devenu depuis un grand classique, s'entendra dans beaucoup de tribunaux au cours des années qui suivront. Je n'ai fait qu'obéir aux ordres, affirme l'accusé. Et ils venaient, dit-il encore, de l'amiral Darlan. Sous-entendu : c'est lui qui aurait dû se trouver à ma place !

Stratégie bien commode, doublée d'une mauvaise foi certaine, puisque Darlan, ancien chef de la marine vichyste puis libérateur d'Alger aux côtés des Alliés, s'est fait assassiner deux ans plus tôt.

Les témoins cités sont aussi accablants que les preuves produites. Ils sont unanimes : les hommes de main de Pucheu étaient brutaux, dépourvus de pitié, d'une violence sans bornes. Certaines anecdotes livrées lors du procès font froid dans le dos.

Aussi, quand Pucheu prétend avoir résisté, avoir tenté de ralentir la machine allemande, avoir joué double jeu pour sauver ce qui pouvait l'être (et ce discours aussi, au cours des années suivantes, les juges allaient l'entendre plus souvent qu'à leur tour), personne ne prend ses arguments au sérieux.

Les avocats tentent désespérément de sauver sa tête. Plutôt que de contester ou justifier les faits, incontestables et injustifiables, ils préfèrent s'en prendre au procès lui-même, qu'ils n'estiment pas légitime, et à la presse algéroise, qui fait ses choux gras de l'affaire et soulève l'opinion publique contre son client. Ils essaient de jouer la montre : tant qu'on n'a pas constitué une cour spéciale, destinée à juger les membres du gouvernement Pétain, il faut différer les débats.

D'ailleurs, une ultime demande d'ajournement est posée par la défense : le temps de consolider le dossier, de retrouver tous les témoins, de rassembler des preuves ! Jusqu'à la fin de la guerre, au moins !

Mais c'est refusé. Le procureur et les magistrats ont beau affirmer à chaque étape de l'audience qu'il ne s'agit pas d'un procès politique mais d'un procès de droit commun, qu'on ne juge pas ici le gouvernement de Vichy mais l'un de ses membres, qui s'est rendu coupable d'intelligence avec une puissance étrangère, crime défini et sanctionné par le Code pénal (et passible de la peine de mort), leur hâte à mener et conclure ce procès peut laisser penser le contraire.

Le verdict est rendu le 11 mars.

Les juges hésitent sur la conduite à tenir, maintenant que la condamnation – la peine capitale – est prononcée. Doit-on procéder à son exécution immédiate, ou bien doit-on attendre la fin de la guerre ? Ils débattent, ne parviennent pas à prendre de décision. Ils décident alors de demander conseil à de Gaulle. Le général Giraud prend alors la défense de Pucheu, écrivant lui aussi à de Gaulle, rappelant que si l'accusé se trouvait en Afrique du Nord, au lieu d'être resté en métropole à attendre la fin de la guerre et peut-être un procès à la tonalité différente, c'était en partie sa responsabilité.

Mais de Gaulle ne trouve rien à redire au jugement, ni à la condamnation, et n'estime pas nécessaire de surseoir son exécution.

Le pourvoi en cassation de Pucheu est rejeté le 17 mars.

Quant à de Gaulle, il justifie une dernière fois son refus de gracier l'accusé, non seulement par la raison d'État et la volonté de marquer sa détermination face au régime de Vichy, mais aussi par la nécessité de n'être pas dupe de l'hypocrite justification tentée par le collaborateur :

> « Il m'était absolument impossible de conformer ma décision au vœu du tribunal ni d'accorder la grâce. C'eût

été la consécration comme moyen de défense de l'excuse du double jeu, excuse qui sera sans nul doute invoquée par tous les futurs accusés, par tous les ministres, par tous les serviteurs du pseudo-gouvernement de Vichy. Valable pour l'un, elle le serait pour tous. Aucune exécution ne serait plus justifiable. Je devais créer un précédent[29]. »

L'avenir lui donnera raison. Quant à Pierre Pucheu, son avenir se résume désormais à peu de chose : le 20 mars, à l'aube, il est tiré de sa cellule et conduit à Hussein-Dey, petite bourgade anonyme dans la banlieue d'Alger, bordée au nord par la Méditerranée, pour y être fusillé.

V

APRÈS L'ALGÉRIE ET LA CORSE, LA LIBÉRATION DU RESTE DE LA FRANCE

À l'initiative du général Giraud, et contre l'avis du général de Gaulle, qui veut attendre le soutien des Alliés, ce qui marque donc un nouveau point de désaccord, un nouvel affrontement entre les co-dirigeants du Comité français de la Libération nationale, l'armée française se lance dans la libération de la Corse en septembre 1943. Nom de code de cette campagne : opération Vésuve.

Elle engage l'Armée française de Libération (c'est-à-dire la réunification, sous la double égide de Giraud et de Gaulle, de leurs deux armées respectives), les maquisards corses et les Forces armées italiennes d'occupation qui, après le débarquement en Italie et la signature de l'armistice, le 8 septembre 1943, changent de camp et rejoignent les Alliés. Le tout constitue un total d'environ 90 000 hommes – trois fois plus que dans le camp d'en face.

L'île revêt pour les forces de la coalition une importance stratégique, puisqu'elle sert de base aérienne et maritime pour les forces de l'Axe.

C'est immédiatement après la signature de l'armistice par l'Italie fasciste, le même jour, que l'opération Vésuve débute.

Les batailles dureront jusqu'au 4 octobre. Les soldats alliés bénéficieront de l'aide précieuse, non seulement des maquisards, mais aussi de la population, qui se soulèvera en masse contre l'occupant.

Ajaccio est la première ville de France métropolitaine libérée (dès les débuts des affrontements, le 9 septembre) ; la Corse en sera le premier département.

De Gaulle se présente à Ajaccio le 8 octobre 1943. « La Corse a la fortune et l'honneur d'être le premier morceau libéré de la France[30] », affirme-t-il alors.

Débarrassée du joug allemand, l'île se transforme rapidement en base militaire américaine et prend le surnom plaisant de *USS Corsica*, rappelant la dénomination des navires de guerre américains.

La prochaine étape sera de percer les défenses allemandes et de pénétrer sur le territoire français. Le lieu du débarquement est choisi : ce sera la Normandie. Cette bataille prendra le nom d'opération Overlord – et le nom de l'assaut proprement dit, celui d'opération Neptune.

Une première réunion a lieu entre Churchill, Roosevelt et Staline à Téhéran, du 28 novembre au 1er décembre 1943, pour trouver un accord et définir un plan de bataille.

La date du débarquement est d'abord fixée au 1er mai 1944 et Eisenhower, qui est le meilleur stratège et diplomate des trois, s'en voit confier le commandement suprême.

La date du 1er mai est plusieurs fois repoussée : il faut être sûr que les conditions techniques, matérielles et météorologiques seront optimales. L'aviation, particulièrement, ne doit présenter aucune faiblesse, sans quoi toute l'opération serait compromise.

Enfin, tout est prêt. Les chiffres donnent le vertige : 1 300 navires de transport, 4 000 péniches de débarquement, 11 600 avions. En tout, 150 000 hommes – pour la plupart des jeunes gens dont c'est le premier assaut.

L'objectif est de prendre les plages, enfoncer les lignes ennemies, et progresser jusqu'à Caen, Saint-Lô et Cherbourg sans laisser à l'ennemi le temps de se réorganiser.

Entre-temps, le 3 juin 1944, à Alger, le Gouvernement provisoire de la République française est proclamée. Cet organe est présidé par le général de Gaulle, tout comme le Comité français de la Libération nationale, dont il est issu.

Début juin, les conditions idéales semblent réunies. Le débarquement est enfin lancé, dans la nuit du 5 au 6 juin.

À minuit, c'est parti. Les premiers bombardements sont suivis de l'opération aéroportée, et puis c'est le débarquement proprement dit. Les affrontements sont féroces, d'une grande violence.

À la fin de cette première journée, dix mille hommes sont hors de combat ; le tiers, mort.

Au fil des jours, la lutte continue de faire rage. Néanmoins, les forces alliées progressent, pied à pied, le ravitaillement suit à peu près, les morts s'amoncellent. Partout en France, la Résistance mène des assauts, souvent aidée par la population.

Le 27 juin, Cherbourg est prise. La deuxième phase du conflit commence alors, qui durera un mois et mobilisera un million d'hommes. Le 20 juillet, Caen est aux mains des Alliés. À compter du début des affrontements, 122 000 combattants anglo-américains sont prisonniers, blessés, disparus ou morts ; 110 000 Allemands ont connu le même sort.

Le rouleau-compresseur continue d'avancer. Le 25 juillet, c'est l'opération Cobra qui commence. Il faut reprendre le sud du Cotentin, coûte que coûte : 4 000 tonnes de bombes sont larguées sur une surface de 15 kilomètres carrés. Entre 9 h 40 et 11 h 15, l'artillerie américaine tire 148 000 obus.

Le 3 août, Rennes est libérée grâce aux efforts conjoints de l'armée et de la Résistance.

L'opération Overlord, même si elle a pris trois mois au lieu d'un seul comme il était prévu, est un succès. Les Alliés contrôlent tout le littoral normand. C'est une victoire décisive. Désormais, la libération de la France est inéluctable.

Néanmoins, les pertes et les destructions sont immenses. Des centaines de villages sont détruits ; des villes de taille moyenne, comme Saint-Lô ou Caen, pratiquement rayées de la carte. Parmi les civils, 20 000 sont morts. Le nombre de personnes privées de logement, qui ont tout perdu dans l'affrontement, est incalculable : des centaines de milliers sans aucun doute. Du côté militaire, 37 000 morts, plus de 150 000 blessés et disparus.

Pourtant, ce n'est pas fini. Ce n'était qu'une bataille – certes la plus importante – mais d'autres vont suivre, sans guère laisser le temps de se reposer.

À la demande du général de Gaulle, Eisenhower dirige une partie des troupes vers Paris, que les forces alliées avaient prévu de contourner, la ville ne présentant aucun intérêt stratégique (« La ville n'avait plus aucune signification tactique. En dépit de sa gloire historique, Paris ne représentait qu'une tache d'encre sur nos cartes ; il fallait l'éviter dans notre marche vers le Rhin », explique le général américain Omar Bradley[31]). Mais le chef du gouvernement provisoire réussit à le convaincre de l'importance symbolique que revêt la libération de la capitale de la France, qui est d'ailleurs à ce moment-là en pleine insurrection.

En effet, depuis le débarquement, les Parisiens ont, comme tous les Français, l'oreille collée à Radio-Londres. La progression des Alliés y est décrite pas à pas. L'espoir renaît. Le 6 août, le général de Gaulle leur demande de se tenir prêts à combattre, lors d'un appel qui fait suite à celui du 18 avril 1942, où il affirmait que la libération de Paris devrait se faire par les Parisiens.

Dès lors, les choses s'accélèrent.

Le 15 août, à l'initiative de la CGT, c'est la grève générale. La police passe du côté de la Résistance, ce qui constitue un retournement de situation décisif : les FFI manquent de tout, et notamment d'armes.

Le 17, la police libère les prisonniers politiques et met le préfet Bussière en état d'arrestation.

Allemands et collaborateurs fuient dans un certain désordre, emportant œuvres d'art et bijoux, fruits de leurs divers pillages, et brûlent à la hâte les archives, dont on voit la fumée noire s'élever en de nombreux points de la ville.

Le 18, le colonel Rol-Tanguy lance l'ordre d'insurrection ; dans les rues, la bataille commence. Elle fera rage pendant plusieurs jours, embrasant le Quartier latin, l'île de la Cité, et se propageant à toute la ville. Bientôt, les FFI prennent possession de l'Hôtel de ville. La victoire n'est plus qu'une question de jours.

Les forces allemandes, déterminées à ne pas se rendre sans combattre, attaquent les mairies du XVIIe et du XXe arrondissement et, dans un geste d'intimidation désespéré, tuent une centaine d'otages.

Partout, des barricades, des batailles, des drapeaux français, des chants patriotiques. Les Allemands aux abois tirent sans sommation sur tout ce qui bouge, et utilisent les chars pour tenter de reprendre les bâtiments publics. Les heures sont rythmées par les coups de feu et les tirs d'obus.

Les Alliés sont en route ; ils ne vont plus tarder.

Le 22 août, un avion survole la préfecture de police et lance dans la cour du bâtiment un message attaché à un caillou : « Tenez bon, nous arrivons. »

Le 25, à l'aube, la 2e division blindée pénètre dans Paris. À 13 heures, le drapeau tricolore est hissé en haut de la tour Eiffel. Une heure plus tard, l'hôtel Majestic, siège du haut commandement allemand, est pris d'assaut.

Les choses vont alors très vite. La Kommandantur cède à 14 h 30 ; le ministère de la Marine à 16 h 30 ; von Choltitz, qui était jusqu'à la veille le maître de Paris (et qui a paradoxalement sauvé la ville en refusant de la brûler sur ordre d'Hitler), est fait prisonnier.

À peine quelques heures plus tard, de Gaulle fait son entrée triomphale dans la capitale. Il se rend au ministère de la Guerre, puis à l'Hôtel de ville, où il prononce son fameux discours :

> « Nous sommes ici. Nous sommes ici chez nous dans Paris levé, debout pour se libérer et qui a su le faire de ses mains. Non, nous ne dissimulerons pas cette émotion profonde et sacrée. Il y a là des minutes, nous le sentons tous, qui dépassent chacune de nos pauvres vies. Paris, Paris outragé, Paris brisé, Paris martyrisé mais Paris libéré ! Libéré par lui-même, libéré par son peuple avec le concours des armées de la France, avec l'appui et le concours de la France tout entière : c'est-à-dire de

la France qui se bat. C'est-à-dire de la seule France, de la vraie France, de la France éternelle[32]. »

Le lendemain, une fête immense succède aux combats et aux nombreuses pertes. Mais la guerre n'est pas encore terminée et, partout en France, Résistance, Alliés et population livrent des combats acharnés, tandis que le gros des troupes se dirige vers le nord et l'est.

Peu à peu, les différentes régions du pays sont libérées, donnant lieu à la fois à de vastes mouvements de liesse, et à des scènes de violence : libérés du joug allemand, beaucoup ressentent le besoin de se venger des collabos, et de toutes les horreurs subies pendant quatre ans.

Tandis qu'ont lieu les derniers combats et les premières exécutions sommaires au nom de l'épuration, les forces alliées se lancent à l'assaut de Berlin. Hitler est désespéré, mais il est prêt à verser la dernière goutte de sang de son dernier soldat, à tout brûler, plutôt que se rendre, et les Alliés en ont conscience.

Après la libération de Paris, les forces alliées suivent les traces des armées allemandes qui fuient vers le Rhin. Le 2 septembre, l'infanterie américaine pénètre en Belgique. La libération des Pays-Bas prendra beaucoup plus de temps et occasionnera énormément de pertes, et l'hiver qui s'installe rendra toute progression à travers les lignes ennemies extrêmement difficile.

En février 1945, les forces soviétiques atteignent la frontière allemande, ce qui permet aux Alliés, à l'ouest, de lancer une vaste offensive pour enfin prendre l'Allemagne d'assaut.

Après des batailles épuisantes, sanglantes et au bilan humain très lourd, le 24 mars, les Américains franchissent enfin le Rhin.

Dès lors, les Allemands ne peuvent plus gagner la guerre. En sous-nombre, ils sont pris en tenaille à l'ouest et à l'est : leur capitulation n'est plus qu'une question de temps.

Le 16 avril commence la bataille de Berlin, qui durera jusqu'au 2 mai, ultime engagement d'envergure de la Seconde Guerre mondiale en Europe.

L'assaut est lancé par les troupes soviétiques, soutenues par les bombardements américains. C'est une bataille sans merci, menée sans répit. Le tiers de la ville et la quasi-totalité du centre-ville sont détruits.

Le Reichstag tombe aux mains de l'armée russe le 30 avril ; Hitler retranché dans son bunker se donne la mort ; la guerre est finie.

Le lendemain, Goebbels se suicide à son tour. L'état-major nazi capitule.

Il reste encore à mener les ultimes batailles et à fixer les conditions d'armistice du pays vaincu et débarrassé de son tyran.

La Seconde Guerre mondiale est, à ce jour, le conflit le plus meurtrier de l'histoire humaine, faisant plus de

60 millions de victimes, civiles et militaires. En France, 525 000 personnes sont mortes.

L'industrie et le commerce évalue ses pertes à 265 milliards de francs de l'époque. Un cinquième du capital immobilier est détruit, ce qui représente une perte de presque 200 milliards de francs, à quoi il faut encore en ajouter 42, qui serviront à ôter les 10 millions de mines tombées sur 450 000 hectares de sol, déblayer 70 millions de mètres cubes de décombres, combler 80 millions de mètres cubes de tranchées et trous d'obus.

Un million de ménages est sans abri, ce qui correspond à presque 10 % de la population !

Une grande partie des routes, chemins de fers, gares et trains est détruite ; plus d'un tiers des autobus, camions, voitures, qui circulaient avant-guerre, sont détruits ; les ports et les voies fluviales sont en grande partie détruits ; près des trois quarts du réseau téléphonique est détruit.

L'industrie est exsangue. L'agriculture est exsangue.

VI

LA RÉSISTANCE EN FRANCE APRÈS LA LIBÉRATION

Puisqu'il est entendu que la France des vaincus s'écrit du point de vue des vainqueurs, il faut revenir un peu en arrière, et observer plus en détail ce qu'a été la Résistance, quels courants politiques l'ont animée, qui en sont les chefs de file et quelle place elle occupe à la fin de la guerre, lorsque l'heure est à la reconstruction et à l'épuration[33].

Il est important, aussi, de distinguer la Résistance intérieure de la Résistance extérieure. Aussi appelée France libre, cette dernière désigne les forces rassemblées par le général de Gaulle au cours de son exil à Londres.

Au début du conflit, de Gaulle est très brièvement – une dizaine de jours, à la suite d'Hippolyte Ducos – sous-secrétaire d'État à la Guerre dans le ministère d'Édouard Daladier. À ce titre, il rencontre plusieurs fois Churchill. C'est de retour d'Angleterre, où il se trouvait en mission diplomatique, qu'il apprend, le 17 juin, la passation de pouvoirs entre Paul Raynaud et le maréchal Pétain, et la volonté de ce dernier de demander l'armistice. De Gaulle hésite entre rester sur le territoire et regagner Londres. Il regagne Londres. Le lendemain, il lance son appel, qui commence ainsi :

> « Les chefs qui, depuis de nombreuses années, sont à la tête des armées françaises, ont formé un gouvernement. Ce gouvernement, alléguant la défaite de nos armées, s'est mis en rapport avec l'ennemi pour cesser le combat. [...] Mais le dernier mot est-il dit ? L'espérance doit-elle disparaître ? La défaite est-elle définitive ? Non ! »

Et qui se termine par ces phrases :

> « Moi, Général de Gaulle, actuellement à Londres, j'invite les officiers et les soldats français qui se trouvent en territoire britannique ou qui viendraient à s'y trouver, avec leurs armes ou sans leurs armes, j'invite les ingénieurs et les ouvriers spécialistes des industries d'armement qui se trouvent en territoire britannique ou qui viendraient à s'y trouver, à se mettre en rapport avec moi. Quoi qu'il arrive, la flamme de la résistance française ne doit pas s'éteindre et ne s'éteindra pas[34]. »

Ce même jour, il se proclame « chef de la France libre », titre reconnu par Churchill et qu'il portera jusqu'au 1er août 1943.

Ceux qui sont appelés habituellement « résistants extérieurs », ou « France libre », sont donc ces Français qui, à la suite de l'appel du général de Gaulle, ont quitté leur pays pour le rejoindre à Londres. En juillet 1940, ce contingent compte sept mille hommes environ. On y trouve des militaires tels que le général Leclerc ou le colonel Passy (nom de code d'André Dewavrin, et qui sera le chef des services secrets de la France libre), mais aussi des civils, tels que Jean Moulin, Pierre Brossolette, Pierre Messmer, René Cassin ou l'humoriste Pierre Dac.

Parmi ses premières actions de résistance, la France libre crée des réseaux de renseignement sur le territoire occupé.

Dans le même temps, dès août 1940, des Français de l'intérieur se regroupent pour résister à l'ennemi, ce qui signifie aussi bien combattre les troupes d'occupation que s'engager contre le gouvernement de Pétain. Parmi les nombreux réseaux qui ont existé sur tout le territoire, huit revêtent une importance historique particulière ; ce sont ceux-là qui seront à la tête du Conseil national de la Résistance :

- Libération, fondé en août 1940 ;
- créé à la même date, le Mouvement de Libération nationale, qui deviendra le mouvement Combat à la fin de 1941 ;
- Libération-Sud, fondé, en octobre 1940, par Emmanuel d'Astier de La Vigerie ;

- constitués en novembre et décembre de la même année, les réseaux Franc-tireur, Libération-Nord et Organisation civile et militaire ;
- enfin, le Front national de la Résistance, créé en mai 1941 par le Parti communiste français après l'entrée en guerre de l'URSS.

On considère généralement que l'ensemble des résistants actifs et organisés ont rassemblé deux à trois pour cent de la population française. Mais, à ce chiffre, il faut bien entendu ajouter tous les civils qui, par leur aide ponctuelle ou leur complicité plus suivie, ont joué un rôle essentiel dans l'histoire de la Résistance.

Tous ces mouvements mènent des opérations de renseignement, de sabotage, assassinent des collaborateurs notoires ou des officiers allemands, éditent des journaux clandestins et diffusent des tracts de propagande antinazie, fabriquent des faux papiers, appellent à l'insurrection, sauvent des Juifs, aident les réfractaires au Service de travail obligatoire (STO) et les prisonniers de guerre évadés des geôles ennemies, organisent des grèves, des manifestations, chacun selon ses moyens, ses possibilités, son courage et les risques qu'il est prêt à faire courir à ses proches.

Ces réseaux opèrent au début de manière très isolée, et ne communiquent presque pas entre eux, pas plus qu'avec la France libre. Très vite, la nécessité d'unifier ces différents mouvements apparaît comme une exigence aussi bien tactique que politique.

C'est principalement autour d'Henri Frenay, Emmanuel d'Astier de La Vigerie et François de Menthon que la Résistance se fédère dans la partie sud du pays, et autour de Jean Moulin dans le nord, qui prendra dès l'été 1941 contact avec ses homologues du sud.

La rencontre entre Jean Moulin et de Gaulle, marquant le premier contact officiel entre les deux Résistances, a lieu à Londres le 25 octobre 1941. La France libre va apporter d'abord une aide matérielle (armes, équipement, argent) à la Résistance intérieure. Ensuite, des services communs se mettent en place : en avril 1942, le Bureau d'information et de propagande est mis en place, suivi, trois mois plus tard, du Comité général d'études, chargé de préparer l'après-victoire.

Mais regrouper tous ces mouvements sous une seule bannière, et leur faire admettre une autorité unique, n'est pas chose aisée. Tous ne reconnaissent pas l'autorité du général de Gaulle en tant que dirigeant de la France libre, par exemple, et encore moins en tant que grand patron de la Résistance unifiée. Un certain nombre de chefs de réseaux ne comprennent pas pourquoi, alors qu'ils agissent en toute indépendance depuis la signature de l'armistice, ils devraient tout d'un coup se soumettre à une hiérarchie militaire exilée à Londres. De même, il existe entre ces différents groupes des différences politiques parfois considérables.

On trouve dans la Résistance toutes les nuances de la société civile : des hommes de gauche et des hommes de droite, des catholiques, des athées, des anticléricaux et des communistes, des républicains et des réactionnaires, des démocrates et des royalistes, des maurassiens, des cagoulards et même quelques pétainistes ! Tous ces gens ne sont certes pas d'accord sur les différentes manières de mener le combat, et encore moins sur la forme que devra prendre la France après la victoire. Et cela, sans parler des profondes incompatibilités d'humeurs qui peuvent exister entre les individus. Rappeler, par exemple, qu'il n'est pas facile de faire cohabiter dans une même pièce d'Astier de La Vigerie et Frenay, ce n'est faire injure ni à l'un ni à l'autre !

Néanmoins, des structures finissent peu à peu par prendre forme, au prix d'un intense travail diplomatique et politique mené par Jean Moulin et le général de Gaulle (par chance, les deux hommes s'entendent très bien), parfois au prix d'évincements injustes, considérés par ceux qui en sont victimes comme des trahisons.

C'est ainsi que, de fusions en fusions, le Conseil national de la Résistance (CNR) est créé en mai 1943, regroupant les huit principaux mouvements, mais aussi deux syndicats (CGT et CFTC) et des représentants des principaux partis politiques. L'objectif est alors, outre de libérer la France, de préparer l'après-guerre en construisant un programme politique.

Dans le même temps, les deux organes principaux de la France libre, le Comité national français (basé à Londres et dirigé par de Gaulle) et le Commandement en chef civil et militaire français (basé à Alger et dirigé par Giraud), fusionnent pour devenir le Comité français de la Libération nationale (CFLN), cristallisant pendant un temps, comme on l'a vu, la rivalité de ses deux co-dirigeants.

Dernière fusion nécessaire : le regroupement sous un unique commandement des principales formations paramilitaires. Le 1er février 1944, l'Armée secrète (gaulliste), l'Organisation de Résistance armée (giraudiste) et les Francs-tireurs partisans (communistes) deviennent donc les Forces françaises de l'intérieur. Leur effectif, incluant tous ceux qui les rejoignent à mesure que la Libération se met en place (ceux qu'on appelle péjorativement les « résistants de la dernière heure »), s'élève à 400 000 hommes.

Enfin, après la démission du général Giraud et la prise de pouvoir du général de Gaulle sur le CFLN, ce dernier change une dernière fois de nom et devient le Gouvernement provisoire de la République française (GPRF), dont l'acte de naissance est fixé au 3 juin 1944.

Après la Libération et la victoire des Alliés, c'est tout naturellement de Gaulle qui se retrouve à la tête du pays, épaulé par le CNR, avec qui il entretiendra cependant des rapports parfois conflictuels, notamment en ce qui concerne l'application du programme voté par ce dernier le 15 mars 1944.

Il est permis de considérer que le modèle social français, perdurant jusqu'à notre époque (bien que mis à mal par les tenants du capitalisme pur et dur), naît de cette époque, et résulte du compromis trouvé entre les gaullistes et le programme du CNR, d'inspiration socialiste et communiste. En voici les extraits les plus significatifs concernant le destin des collaborateurs et des traîtres, mais le lecteur consultera avec profit le texte intégral, qui propose aussi un ensemble important de réformes sociales[35] :

> « Née de la volonté ardente des Français de refuser la défaite, la Résistance n'a pas d'autre raison d'être que la lutte quotidienne sans cesse intensifiée.
> Cette mission de combat ne doit pas prendre fin à la Libération. Ce n'est en effet qu'en regroupant toutes ses forces autour des aspirations quasi-unanimes de la nation que la France retrouvera son équilibre moral et social et redonnera au monde l'image de sa grandeur et la preuve de son unité. [...]
> Unis quant au but à atteindre, unis quant aux moyens à mettre en œuvre pour atteindre ce but qui est la libération rapide du territoire, les représentants des mouvements, groupements, partis ou tendances politiques, groupés au sein du CNR, proclament qu'ils sont décidés à rester unis après la Libération :
> 1. Afin d'établir le gouvernement provisoire de la République formée par le général de Gaulle pour

défendre l'indépendance politique et économique de la nation, rétablir la France dans sa puissance, dans sa grandeur et dans sa mission universelle ;
2. Afin de veiller au châtiment des traîtres et à l'éviction dans le domaine de l'administration et de la vie professionnelle de tous ceux qui auront pactisé avec l'ennemi ou qui se seront associés activement à la politique des gouvernements de collaboration ;
3. Afin d'exiger la confiscation des biens des traîtres et des trafiquants du marché noir, l'établissement d'un impôt progressif sur les bénéfices de guerre et plus généralement sur les gains réalisés au détriment du peuple et de la nation pendant la période d'occupation, ainsi que la confiscation de tous les biens ennemis, y compris les participations acquises depuis l'armistice par les gouvernements de l'Axe et par leurs ressortissants, dans les entreprises françaises et coloniales de tout ordre, avec constitution de ces participations en patrimoine national inaliénable. […]
En avant donc, dans l'union de tous les Français rassemblés autour du CFLN et de son président, le général de Gaulle ! En avant pour le combat ! En avant pour la victoire, pour que vive la France !!! »

C'est ensuite le temps pour le GPRF d'imposer sa souveraineté, aussi bien sur le plan national que sur le plan international.

Si les pays alliés à la France n'éprouvent guère de difficultés à reconnaître le GPRF (dès le 23 octobre 1944 pour les États-Unis, la Grande-Bretagne, le Canada et l'URSS), en revanche, les commissaires de la République envoyés par de Gaulle dans les régions pour établir son autorité se heurtent parfois à une certaine… résistance.

En effet, dans les régions libérées sans l'aide des Forces françaises libres (telles que la Savoie ou le Sud-Ouest), les comités départementaux de Libération (CDL) voient parfois l'établissement du pouvoir gaulliste d'un mauvais œil.

D'autre part, le Parti communiste, peu favorable à de Gaulle, et réfléchissant à la possibilité de contester son pouvoir, par la révolte armée si nécessaire, rechigne à permettre l'intégration des troupes dont il a le contrôle dans l'armée régulière – néanmoins, ce sera fait progressivement, entre septembre et octobre 1944.

Ainsi, tout en poursuivant la conduite de la guerre et en s'attelant à la difficile reconstruction de la France, le GRPF, épaulé par le CNR et les CDL, commence à organiser l'épuration.

VII

COLLABORATION ET GRAND BANDITISME

Si certains, comme Jo Attia (du célèbre gang des Tractions Avant) ont tenté de se disculper en utilisant le fameux argument, redouté par de Gaulle, du « double jeu », force est de constater que, durant l'Occupation, la pègre et le grand banditisme ont le cœur qui penche du côté des vainqueurs provisoires. Certes, davantage par opportunisme que par idéologie.

D'autres, au contraire, comme Mathieu Zampa (père de Gaétan Zampa, connu pour son implication dans la filière d'héroïne *French Connection*), ou comme les frères Guérini, qui deviendront dès la Libération les parrains incontestés du milieu marseillais, vont mettre leurs talents au service de la Résistance. Ils travaillent ainsi sous les ordres du controversé Robert Blémant, commissaire de la Direction de surveillance du territoire (DST) ayant un pied – et peut-être bien les deux – dans le grand banditisme, qui « grâce à ces malfrats, entre 1941 et 1942, [...] va arriver à mettre hors d'état de nuire 170 agents allemands infiltrés dans la ville [...], dont une cinquantaine sont purement et simplement liquidés pour éviter qu'ils soient remis en liberté par la suite[36] ».

De tels personnages font à la fin de la guerre des héros bien encombrants.

Mais la palme de l'ambiguïté, côté pègre, revient peut-être au désormais bien oublié Joseph Joanovici, le « chiffonnier milliardaire » qui défraya la chronique judiciaire de la fin des années 1940.

Que faisait-il, lui, pendant la guerre ? Résistant ou collabo ? Les deux, mon colonel ! a-t-il tenté de répondre devant le juge.

Joseph Joanovici, si on en croit ses affirmations, est né de parents juifs en 1905 à Kichinev (actuellement Chișinău), capitale de la Moldavie. Il devient aussitôt orphelin, ses parents étant tués lors du pogrom qui, cette année-là, frappe la ville, faisant dix-neuf morts et cinquante-six blessés. Deux décennies plus tard, il débarque en France et devient très vite « Monsieur Joseph », un ferrailleur fort en gueule que tout Clichy connaît comme le loup blanc, quasi un personnage de fiction ; d'ailleurs, la suite de son existence ressemble tout à fait à un roman d'aventures.

Quand la guerre éclate, il comprend très vite qu'étant juif, il va avoir besoin d'un protecteur. Il découvre aussi que, pour quelqu'un qui n'aurait pas trop de scrupules, les moyens de tirer son épingle du jeu ne manquent pas. Il se rapproche alors d'Henri Lafont, chef de la Carlingue (la Gestapo française), et se lance avec les Allemands dans un trafic de métal à grande échelle – à vraiment grande échelle : il devient milliardaire en seulement quatre ans ! Sa judéité est connue : selon certaines sources, Henri Lafont le traite régulièrement de « sale youpin ». D'après la DST, en revanche, il aurait obtenu le titre d'*Ehrenarier* – soit, littéralement, « Aryen d'honneur ». Cette distinction est décernée à tous ceux qui, sans être de « race pure », ont rendu des services (politiques ou autres) au parti nazi.

Bref, Monsieur Joseph s'enrichit et passe entre les gouttes avec dextérité.

Mais sa situation se complique, car il profite de cette fortune qu'il est en train de constituer, pour… financer la Résistance ! Plus exactement, le réseau Honneur de la police, mouvement de résistance de la police parisienne, qui se serait d'ailleurs volontiers passé d'un tel mécène. En effet, à la fin de la guerre, le scandale de l'affaire Joanovici, comme on l'appelle alors, éclabousse nettement la police parisienne, qui n'en avait pas besoin.

Monsieur Joseph est condamné à cinq ans de prison en 1949. La France veut l'expulser de son territoire en 1952. Pourquoi pas vers la Russie, puisqu'il prétend être né dans ce qui est désormais le territoire de l'URSS ? Mais les Russes ne veulent pas de lui. Alors on l'assigne à résidence à Mende, en Lozère, d'où il prend la fuite en 1957 pour échapper au fisc qui, lui aussi, voudrait en savoir plus sur ce juteux trafic de ferraille ! Il passe par divers pays, tente même de s'installer en Israël en vertu de la loi du retour, mais s'en fait expulser à cause de son passé collaborationniste. C'est d'ailleurs un genre de prouesse, puisque seuls trois Juifs ont eu cet « honneur ». Finalement rattrapé par la justice française, il finit sa course, en 1958, à la prison des Baumettes, à Marseille, où il entamera une grève de la faim pour protester contre le traitement qui lui est infligé. Libéré en 1962, il termine ses jours, anonyme et ruiné, auprès de sa maîtresse. Il meurt en 1965.

Son destin, à la fois rocambolesque et sordide, symbolise bien toute une frange à la morale élastique du banditisme d'avant-guerre, soucieuse d'à la fois bien se placer avec les Allemands, sans oublier de soutenir la Résistance, au cas où. Une éthique à double vitesse si on veut, ou un souci d'être du côté des vainqueurs quoi qu'il arrive.

« Que voulez-vous faire contre les Allemands ? Moi, j'ai fait fortune[37] », fera dire Alphonse Boudard à Joanovici dans la biographie qu'il lui consacre, résumant dans ce trait d'esprit toute l'ambiguïté d'une partie de la pègre pendant cette période.

Mais il ne faut pas que ces cas romanesques et isolés fassent oublier la réalité historique. Celle-ci est que, dans sa grande majorité, la pègre a collaboré avec le régime de Vichy et avec l'occupant nazi.

La « Gestapo française » désigne le service de police affilié aux autorités allemandes pendant l'Occupation.

Pour pallier le manque de fonctionnaires, l'occupant lance un appel à candidatures. Beaucoup de truands, y voyant un bon moyen de pouvoir mener leurs affaires criminelles (trafics divers, marché noir, extorsion, etc.) en bénéficiant d'une protection plus qu'efficace, répondent à cet appel.

L'une de ces officines, celle qui se situe au tristement célèbre 93 de la rue Lauriston, porte le surnom de « la Carlingue ». Elle est dirigée par Henri Chamberlin, dit Henri Lafont, et Pierre Bonny. Au plus fort de son activité, elle comptera trente mille de ces « auxiliaires ».

Au début de 1940, après une jeunesse faite de délits plus ou moins graves et de nombreux séjours en prison, Henri Chamberlin, plusieurs fois évadé, a changé de nom et tenté de repartir à zéro.

C'est sous le patronyme d'Henri Lafont, et après quelques péripéties militaires, qu'il se retrouve emprisonné pour insoumission au camp de Cepoy, dans le Loiret. Il est des rencontres qui changent une vie. Dans ce camp, Lafont se lie avec des prisonniers de guerre allemands et, ensemble, ils se font la belle.

Entre-temps, la France a signé l'armistice et l'Abwehr a pris ses quartiers au Lutecia. Les nouveaux amis de Lafont lui proposent de les suivre à Paris. Il y aura du travail pour lui, s'il le souhaite. Bien plus tard, il dira à l'un de ses avocats :

> « Au début, cette histoire d'Allemands ne me plaisait guère. Si les gars d'en face, les résistants, m'avaient proposé quelque chose, je l'aurais fait. Il n'y a pas de doute. Et je n'aurais pas fait de cadeaux aux Fritz ! Seulement voilà, à l'époque, des résistants, j'en ai pas connu, j'en ai pas vu la couleur. Je ne savais même pas ce que c'était. C'est à cela que tient le destin d'un homme : un petit hasard, une histoire d'aiguillage. Ou alors c'est la fatalité[38] ! »

De quel travail ses nouveaux amis parlent-ils ? Tout simplement de spoliation.

En effet, la Wehrmacht installe, partout dans la France occupée, des bureaux d'achats, dont l'existence est plus ou moins officielle. On parlera d'ailleurs de « marché brun », puisque le marché noir est interdit. La fonction de ces officines est d'acheter toutes sortes de produits nécessaires à l'économie de guerre allemande, et d'utiliser pour payer ces biens l'argent que l'État français verse au Reich au titre des frais d'occupation. Il s'agit d'une somme considérable : 400 millions de francs de l'époque (près de 160 millions de nos euros), par jour.

Ces bureaux vont permettre à un certain nombre d'intermédiaires – tels que ce brave Monsieur Joseph, malin ferrailleur – de bâtir de véritables fortunes.

C'est donc à la tête d'un bureau de ce genre que se retrouve Henri Lafont, surnommé « Monsieur Henri » (décidément…) par ses copains de la pègre. Doué pour les affaires, Lafont ouvre deux autres bureaux. Il devient un personnage de plus en plus important, aussi bien du côté de la pègre que du côté des nazis, qui, pour récompenser son savoir-faire, lui remettent ce qui à l'époque fait office de sésame absolu pour un individu dans son genre : une carte de police allemande. C'est donc sous le matricule 6474 R qu'il intègre un nouveau local (les autres devenant trop étroits) au 93, rue Lauriston.

Désireux de passer à une plus grande échelle, il fait le tour des bas-fonds et des prisons, et s'entoure d'un personnel aussi violent que dévoué : ce sera l'âge d'or de la Carlingue.

Une de leurs méthodes : se faire passer pour des acheteurs au marché noir et, en utilisant leurs cartes de police, saisir les marchandises et rançonner les contrevenants. Ceux qui résistaient étaient frappés, emprisonnés, ou pire…

Une autre : piller les appartements des personnes déportées.

C'est un racket à très grande échelle, et ils s'enrichissent à vitesse grand V.

Avec 20 % de commission, il n'est pas nécessaire d'être doué en calcul mental pour savoir de quel côté vient le vent, pour peu qu'on soit totalement dénué de morale.

Bien sûr, la concurrence est féroce. Ils ne sont pas loin de trente mille, rien qu'à Paris, affiliés à la Gestapo, assoiffés de richesses et dépourvus de scrupules, et il n'est pas rare que les différends entre truands se règlent à coup d'armes automatiques.

Henri Lafont mène la grande vie et fréquente le beau monde. En effet, une bonne part du Tout-Paris se presse à la rue Lauriston, pour acheter faveurs et douceurs diverses. Jusqu'à Amédée Bussière, le préfet de police ! Pour celui qui s'appela un jour Chamberlin, les vaches maigres sont fort loin.

Son efficacité, et celle de ses hommes (une centaine de malfrats forment le noyau dur de sa bande), pousse son employeur à diversifier leurs missions. Ils s'engagent alors, et c'est surtout cette sinistre tâche, bien plus que le pillage de la France, qui va les faire entrer dans l'histoire, dans la lutte contre la Résistance.

Un collaborateur de marque les rejoint à cette occasion : l'ancien de la Sûreté Pierre Bonny, connu pour sa participation aux affaires Seznec et Stavisky, surnommé « premier flic de France » avant de se faire chasser de la grande maison pour corruption. Il va apporter à l'ambitieux mais désordonné Lafont la méthode et l'organisation qui lui manquent.

À eux deux, ils vont faire des étincelles…

Dans la traque aux résistants, toute la sauvagerie des membres de la Carlingue pourra s'exprimer. Les fameuses méthodes de torture abondamment décrites par le cinéma et la littérature, de l'électrocution à la noyade dans une baignoire d'eau glacée, sont couramment employées. Les assassinats sont également fréquents. Ce zèle à être les chiens de garde – et pire encore – de l'occupant nazi leur offre une immunité à peu près totale.

S'il est difficile de leur attribuer un bilan officiel, une chose est sûre : leur action à l'encontre de la Résistance a permis le démantèlement de nombreux réseaux, et l'arrestation de plusieurs centaines de personnes.

Quand le vent tourne, c'est le sauve-qui-peut généralisé qui s'organise.

En juin 1944, comme en de nombreux autres endroits de Paris, de la fumée noire s'échappe des fenêtres et des cheminées du 93 de la rue Lauriston : Bonny détruit tous les dossiers, toutes les preuves écrites.

La bande est démantelée, le butin partagé. Pour chacun, des faux papiers et 50 000 francs. Et c'est la cavale qui commence, la clandestinité.

Pour « Monsieur Henri », c'est un retour aux sources. Mais sans doute n'a-t-il rien à regretter, après tout il a bien vécu, et pris sa revanche sur cette société qui l'a mis à son ban dès son adolescence.

D'ailleurs, quand il sera arrêté, il ne manifestera aucun remords, et ne cherchera pas à sauver sa tête, contrairement à d'autres.

Mais nous n'en sommes pas encore là. Pour l'heure, Lafont croit encore avoir ses chances, il espère passer entre les mailles du filet : après tout, certains y sont parvenus, les copains ont réussi à fuir vers Sigmaringen, Baden-Baden, Steinhorst et Dieu sait où encore.

Lui, cependant, ne croit pas à la fuite. Il est trop connu, on l'attend au tournant. Il préfère se planquer et attendre quelques jours que les choses se calment. Après, on verra. Pourquoi pas l'Espagne ? Il y fait bon toute l'année, et avec quelques millions d'avance, il existe sans doute un moyen de se faire une jolie petite vie. Peut-être songe-t-il à sa jeunesse, avant-guerre, quand il était gérant de garage.

Avec sa maîtresse et ses deux enfants, il s'installe à Bazoches-sur-le-Betz, dans le Loiret. Ils vivent dans une ferme qu'il a achetée sous un faux nom et ne tardent pas à être rejoints par Bonny, qui lui aussi est accompagné par sa petite famille. On est loin de l'effervescence parisienne, mais l'air est pur, c'est presque comme des congés.

Mais les vacances prendront fin le matin du 30 août 1944, au son des mégaphones de la police française. « Rendez-vous ! Vous êtes cernés ! » Ils n'opposeront pas de résistance. La police saisira, dans la ferme, un butin de plus de cinq millions de francs, en argent liquide et bijoux, ainsi que des armes et des faux papiers.

Ils ne sont pas les seuls à avoir été retrouvés. Une trentaine de membre de la Carlingue seront jugés. Sur les 1 800 personnes supposées avoir trempé, de près ou de loin, dans les atroces magouilles du gang, ce nombre n'est pas énorme. Mais le problème est que plus l'enquête judiciaire avance, plus des noms connus ou importants remontent à la surface. C'est que, on l'a vu, toute la bonne société fréquentait la rue Lauriston. Alors, mieux vaut en rester là.

Huit condamnations à mort sont prononcées. Bonny et Lafont font bien entendu partie du lot.

Le 26 décembre 1944, ils sont conduits au fort de Montrouge, à Paris, et fusillés.

Parmi ceux qui ont échappé aux balles, il y a notamment Pierre Loutrel. Celui-là, on le retrouvera après-guerre sous un autre nom, « Pierrot le Fou », à la tête du fameux gang des Tractions Avant. La Gestapo est une bonne école du crime.

Reste une question. Comment, malgré les précautions prises par Bonny et Lafont, la police les a-t-elle retrouvés aussi facilement ?

C'est simple : après leur fuite précipitée de Paris, les FFI ont pris d'assaut le QG de la Carlingue et ont réquisitionné tout ce qui y restait, ce qui incluait les véhicules – soit une Bentley et une Jaguar – qui devaient emmener les fuyards en Espagne.

Pour contrer ce fâcheux imprévu, le fils de Bonny s'est rendu à Paris pour contacter un des amis de Lafont, afin que ce dernier leur procure d'autres voitures, si possible moins voyantes, et qu'il les conduise à leur ferme. Mais cet ami, au lieu de rendre ce service, s'est empressé de téléphoner à la police pour dénoncer ses anciens complices.

Sans doute « Monsieur Joseph » n'avait-il pas oublié que, à de nombreuses reprises, « Monsieur Henri » l'avait traité de sale youpin – à moins que, en agissant ainsi, il n'ait juste voulu se faire bien voir des nouveaux vainqueurs.

VIII

CHÂTIMENT OU CHARITÉ ? CAMUS, MAURIAC, PAULHAN

« Ces hommes qui nous ont tout rationné, sauf la honte, qui bénissaient d'une main pendant qu'ils tuaient de l'autre, qui ajoutaient l'hypocrisie à la terreur, qui pendant quatre ans ont vécu dans un effroyable mélange de prêches moraux et d'exécutions, d'homélies et de tortures, ces hommes ne peuvent attendre de la France ni l'oubli ni l'indulgence.

Nous avons eu l'imagination qu'il fallait devant les mille nouvelles de nos frères arrêtés, déportés, massacrés, ou torturés. Ces enfants morts qu'on faisait entrer à coups de pied dans les cercueils, nous les avons portés en nous pendant quatre ans. Maintenant, nous aurons de la mémoire.

Nous ne sommes pas des hommes de haine. Mais il faut bien que nous soyons des hommes de justice. Et la justice veut que ceux qui ont tué, et ceux qui ont permis le meurtre soient également responsables devant la victime, même si ceux qui couvraient le meurtre parlent aujourd'hui de double politique et de réalisme. Car ce langage est celui que nous méprisons le plus[39]. »

Albert Camus écrit cet éditorial dans *Combat* le 22 août 1944, alors que la bataille pour la libération de Paris fait rage, et que, pour les forces de l'Axe, partout le vent tourne. Ce faisant, il prend une position claire et nette. Il la développera au fil des éditoriaux qu'il écrira pendant les deux années suivantes, avant de quitter le journal : il ne peut pas y avoir de pardon sans justice, il ne peut pas y avoir de reconstruction sans, d'abord, la désignation et le jugement des traîtres. Ensuite, il regrettera la manière dont s'est déroulée, dont se déroule, l'épuration. Il ne sera pas le seul.

Albert Camus, âgé de 26 ans, vient de s'installer à Paris lorsque la guerre éclate. Avant cela, il a vécu à Alger une première vie bien remplie : brillant étudiant en philosophie, intransigeant militant communiste (mais il sera exclu du parti en 1937, à cause de divergences d'opinions), auteur déjà de plusieurs livres, rédacteur en chef, enfin, du journal *Alger Républicain* fondé par Pascal Pia.

À Paris, il vit avec sa nouvelle épouse, Francine Faure. Le journalisme lui semblant un bon moyen de concilier son statut d'intellectuel et son désir de se colleter au réel, il écrit pour *Paris-Soir*. Très vite, il s'implique dans la Résistance. Sa maladie (il a contracté la tuberculose dix ans plus tôt) lui interdisant un investissement plus actif, c'est à travers le renseignement, et le journalisme toujours, que s'exprime son engagement. Il trouve le temps d'écrire et publier deux ouvrages majeurs, *Le Mythe de Sisyphe* et *L'Étranger*, recommandé à Gallimard par André Malraux. S'il est membre du réseau Combat, fondé par Henri Frenay et Berty Albrecht en août 1940 et implanté dans tout le sud de la France, on ne sait pas grand-chose de ses activités exactes. En tout cas, il considérait que « ce sont les meilleurs qui se sont désignés et qui sont tombés, ce sont les meilleurs qui ont gagné le droit de parler et perdu le pouvoir de le faire » et que « si nous sommes encore là, c'est que nous n'avons pas fait assez »[40].

En 1943, lorsque son ami Pascal Pia (son mentor en journalisme, qui lui avait aussi ouvert les portes de *Paris-Soir*) est appelé à d'autres missions pour la Résistance, il lui succède au journal clandestin *Combat*, et en devient rédacteur en chef à partir d'août 1944, tandis que le journal, après quatre ans de parution clandestine, est enfin publié au grand jour.

Sous la direction de Camus, *Combat* se fait donc le partisan d'une épuration, sinon sans pitié, au moins sans complaisance.

C'est à ce moment-là que s'engage avec François Mauriac, écrivain célèbre et journaliste catholique au *Figaro* (alors que Camus est un athée convaincu), davantage partisan d'une réconciliation qui permettrait à la France de se relever et d'avancer, une polémique qui, si elle porte sur les idées avant tout, prend aussi parfois l'allure d'une querelle de générations. En 1944, Camus a 31 ans, Mauriac 59 et, lorsque débute cette controverse, il est déjà un auteur reconnu, qui jouit à la fois d'un succès public (avec *Thérèse Desqueyroux* par exemple, paru en 1927), critique et académique (il est élu à l'Académie française en 1933). S'ils sont éloignés sur de nombreux points, leur implication dans la Résistance en revanche les rapproche : l'un comme l'autre ont exprimé leur engagement et leurs idées au moyen du texte : Camus en écrivant pour *Combat*, Mauriac en publiant aux clandestines Éditions de Minuit.

Au début, les deux hommes semblent néanmoins d'accord sur la nécessité d'une épuration menée par des juges impartiaux, au cours de procès incontestables.

Mais, comme on le verra dans les chapitres suivants, ce n'est pas exactement ce qui se passe. Déjà, la condamnation de l'ancien ministre Pierre Pucheu, expéditive et motivée par la raison d'État (selon le général de Gaulle lui-même) et la nécessité de faire un exemple, a donné le ton de ce que pourrait être l'épuration judiciaire, à la fois excessive et hâtive, et c'est précisément ce que dénonce dans *Le Figaro* l'aîné d'Albert Camus.

Son souhait, porté par les valeurs de charité chrétienne auxquelles il croit et qu'il défend, est que l'épuration ne s'exerce pas avec une telle violence et, surtout, qu'elle serve un but de réconciliation et non de vengeance. Il faut rassembler la France et la reconstruire. Or, ces procès à répétition et ces condamnations inutiles séparent les « bons » des « mauvais » français en faisant courir le risque d'une rupture. Le 13 octobre 1944, dans un éditorial du *Figaro* intitulé « Révolution et révolution », il écrit :

> « Nous exigeons le châtiment des coupables – non celui des suspects ; et nous ne faisons pas bon marché de la vie ni de la liberté des innocents. [...] Si le pays veut l'apaisement, s'il l'exige, le gouvernement devra s'arrêter dans la voie de l'épuration. [...] Que nos Jacobins alors se consolent, en se rappelant que beaucoup de nos martyrs ont prononcé en mourant des paroles de pardon qui, à travers les bourreaux, atteignaient leurs frères égarés[41]. »

La réponse de Camus ne tarde pas :

> « Disons d'abord que l'épuration est nécessaire. Quelques Français désireraient qu'on en restât là et, s'ils pensent cela, ce n'est pas toujours pour des raisons impures. Mais la seule réponse à faire est que, pour en rester là, il faut avoir tout fait. Or, quelque chose, mais pas tout, a été fait. [...]
> Lorsque le général de Gaulle demande l'indulgence pour ceux qui se sont trompés, il a raison dans les principes. [...] Il y a des situations sociales où l'erreur est possible. Il en existe d'autres où elle n'est qu'un crime.

Si le droit ne peut couvrir ces nuances, il faudra bien, pour une période exactement limitée, modifier ce droit comme il convient[42]. »

C'est sur ces bases que s'engage la polémique ; elle durera plusieurs mois. D'édito en édito, et malgré une courtoisie jamais démentie et même quelques marques d'humour ou d'affection, elle conduira les deux hommes à la rupture. Cette rupture sera consommée en janvier 1945, à travers cette dernière réponse faite par Camus à Mauriac, qui précise sans prendre de gants l'étendue *a priori* infranchissable de leur différence idéologique – et elle se joue, ce n'est guère surprenant de la part d'Albert Camus, sur le rapport à Dieu et au christianisme :

« Chaque fois qu'à propos de l'épuration, j'ai parlé de justice, M. Mauriac a parlé de charité. [...] On dirait vraiment [...] qu'il faille choisir [...] entre l'amour du Christ et la haine des hommes. Eh bien ! Non. [...]
[Je] vois deux chemins de mort pour notre pays (et il y a des façons de survivre qui ne valent pas mieux que la mort). Ces deux chemins sont ceux de la haine et du pardon. Ils me paraissent aussi désastreux l'un que l'autre. Je n'ai aucun goût pour la haine. [...] Mais le pardon ne me paraît pas plus heureux et, pour aujourd'hui, il aurait des airs d'injure. [...]

[Nous] ne nous découragerons pas et nous refuserons jusqu'au dernier moment une charité divine qui frustrerait les hommes de leur justice[43]. »

Mais, progressivement, au cours de ce début d'année 1945, les positions de Camus évoluent. Non sur le fond, mais plutôt quant à la manière dont l'épuration est menée.

L'incohérence et la sélectivité des verdicts le poussent à faire machine arrière, et à épouser une partie des positions de son ancien adversaire – pour des raisons qu'on pourrait dire opposées.

Le procès Brasillach[44] illustre bien ce changement. Le 9 septembre 1944, Camus était signataire d'une proclamation du Comité des écrivains appelant à demeurer « unis pour la résurrection de la France et le juste châtiment des imposteurs et des traîtres[45] », et indiquant une « liste noire » d'auteurs ayant collaboré avec l'occupant, dont bien sûr Robert Brasillach (mais encore Guitry, Maurras, Montherlant...). Mais le 16 janvier de l'année suivante, peu de temps après l'ultime empoignade avec Mauriac, c'est avec lui, et avec un certain nombre d'autres intellectuels, que Camus apposera sa signature à une seconde lettre ouverte, adressée cette fois au général de Gaulle, et réclamant la grâce de ce même Brasillach.

Selon Roger Grenier, journaliste à *Combat* et ami fidèle de Camus :

« [Celui-ci] vomissait Brasillach, tout ce qu'il avait fait et écrit, mais il était contre la peine de mort. D'ailleurs, en 1948, dans une conférence, il a dit que c'était Mauriac, auquel il s'était opposé sur le thème de “la justice et la charité”, qui avait raison. C'était un des traits de caractère de Camus d'ailleurs : chaque fois qu'il polémiquait avec quelqu'un, il se demandait toujours si ce n'était pas l'autre qui avait raison[46]. »

Et, goutte d'eau qui fait déborder le vase, l'épuration, au-delà de sa fonction de justice et de vengeance, semble aux yeux de Camus devenir un outil politique entre les mains des communistes et des gaullistes, alliés de circonstance pour confisquer le pouvoir au CNR et à ses chefs historiques. C'est encore dans *Combat* qu'il s'en ouvre, plusieurs mois plus tard, dans un éditorial du 30 août 1945 :

« Il est certain que l'épuration en France est non seulement manquée, mais encore déconsidérée. [...]
L'échec est [...] complet.
C'est qu'aussi bien la politique s'en est mêlée, avec tous ses aveuglements[47]. »

Quelques années plus tard, en 1952, Jean Paulhan, déçu lui aussi par la tournure qu'a prise l'épuration, lui emboîtera le pas, suscitant des réactions très vives.

Il faut dire que Jean Paulhan n'est pas n'importe qui. En particulier, il n'est plus, depuis longtemps, le jeune Turc que pouvait sembler être Albert Camus aux yeux de beaucoup.

Marchant dans les traces de son père, Frédéric Paulhan (membre de l'Académie des sciences morales et politiques), il étudie la philosophie et collabore à plusieurs revues importantes, où il commence à se faire un nom. Il obtient en 1907 sa licence et part enseigner à Madagascar. Il y vit quelques aventures (il fréquente des orpailleurs et cherche de l'or lui-même) et étudie les mœurs de la population locale.

De retour en France, il publie peu avant la Première Guerre mondiale un recueil de poèmes inspiré par cette expérience et qui sera remarqué par Guillaume Apollinaire.

Incorporé dans le corps des Zouaves, il est blessé en décembre 1914.

C'est après la guerre que sa carrière littéraire prend véritablement son envol. Il fait paraître un premier récit, *Le Guerrier appliqué*, qui suscite l'admiration de Paul Valéry et du philosophe Alain. Il se lie également d'amitié avec Éluard et Aragon.

En 1920, il devient secrétaire de *La Nouvelle Revue française* (*NRF*), fondée dix auparavant par Gaston Gallimard, puis en assume la rédaction en chef cinq ans plus tard, et enfin en devient le gérant en 1936. Ce sera pour lui l'occasion de côtoyer les plus grands noms de la littérature, tels André Gide, André Malraux, Paul Claudel… Il publie lui-même plusieurs livres et écrit de nombreux articles.

La guerre arrive ; il entre évidemment dans la Résistance et échappe à plusieurs arrestations (notamment, l'écrivain et collaborateur Pierre Drieu la Rochelle lui sauve la mise en une occasion) ; il est finalement contraint de vivre dans la clandestinité jusqu'à la Libération. Cela ne l'empêche pas de prendre part aux actions menées par la Résistance, ni de participer, en 1942, à la fondation des Éditions de Minuit.

Après la guerre, il ne peut pas reprendre ses fonctions à la tête de la *NRF*, puisque la revue est interdite de parution jusqu'en 1953 pour faits de collaboration. Néanmoins, il fonde les *Cahiers de la Pléiade* et accepte l'invitation que lui adresse Sartre d'écrire dans *Les Temps modernes*.

En 1945, le grand prix de littérature de l'Académie française vient couronner l'ensemble de son œuvre.

Jean Paulhan est donc pour ainsi dire une « vache sacrée », un intouchable, lorsque l'évolution du Comité national des écrivains lui semble mériter une lettre ouverte. Il la fera paraître en 1952 aux Éditions de Minuit, forcément, sous le titre de *Lettre aux directeurs de la Résistance*.

Dans ce texte extrêmement polémique – en réaction duquel Jean Chauveau exprimera sans filtre sa désapprobation dans le numéro 30, d'avril 1952, de la revue gaulliste

Liberté de l'esprit, dirigée par Claude Mauriac, fils aîné de François Mauriac[48] –, Jean Paulhan revient à la fois sur ce que représente l'engagement dans la Résistance, et sur ce qu'il a pensé de l'épuration, qui, en 1952, touche à sa fin :

> « Il faut loyalement déclarer, avant toute discussion, ce qu'on se propose d'établir et ce qu'on laisse de côté. Eh bien, je ne poserai pas la moindre question politique ou sociale. Ce n'est pas mon affaire. Il ne sera pas ici question de fascisme ni de démocratie. Je ne chercherai pas non plus si Pétain était bien un traître ; si Brasillach méritait la mort ; si Maurras s'est rendu coupable d'intelligence avec l'ennemi. Tout ce que je me propose de dire, c'est que Maurras, Brasillach ni Pétain n'ont jamais été *jugés*. C'est qu'il n'est pas un des quatre cent mille Français qui se sont vus par la Libération exécutés, envoyés au bagne, révoqués, ruinés, taxés d'indignité nationale et réduits au rang de parias – c'est qu'il n'est pas un seul de tous ceux-là qui n'ait été frappé au mépris du Droit et de la Justice[49]. »

Cet essai à la fois bref, sincère, passionné et virulent suscitera de nombreux débats.

De Camus à Paulhan, de Mauriac à Aragon, la tâche des intellectuels n'est guère simple, en cette période trouble, pour trouver un chemin honorable. Le bateau est encore fragile, et les récifs nombreux !

Entre les partisans d'une épuration toujours plus intransigeante, dont le Parti communiste français est le fer de lance, et ceux qui, à la suite du général de Gaulle, sont au contraire désireux d'une réconciliation nationale et d'un oubli – relatif – des fautes et des erreurs commises, la fracture est profonde. Elle le restera pendant des années.

IX

L'ÉPURATION EXTRAJUDICIAIRE

Si le premier procès de l'épuration se joue en 1943, lui succède, tandis que la France se libère de l'occupant nazi et que la guerre se poursuit, une période sombre et violente, marquée par les exécutions sommaires, les règlements de comptes et les vengeances personnelles. Ce moment trouble, qui s'étend de l'été à l'automne 1944, a pris le nom d'épuration extrajudiciaire, ou d'épuration sauvage.

Les chiffres donnent le vertige : près de 9 000 exécutions dans toute la France, selon les estimations effectuées en 1988 par l'historien Henri Rousso, et généralement considérées comme les plus fiables.

Certaines villes sont plus meurtrières que d'autres, certains lieux sont plus marqués que d'autres par le drame. Ainsi, le village de Fanjeaux (moins de mille habitants), dans l'Aude, a relativement peu souffert de l'Occupation, mais à la Libération, en août 1944, un fait divers sanglant se produit, qui conduira à la mort de quatre collaborationnistes : René Gayde, Henri Lugagne, Gabriel Mas et Jacques Perrutel.

Les quatre hommes sont amis. Ils se réunissent souvent au café du village. C'est donc ensemble qu'ils créent une antenne locale de l'organisation pétainiste les Compagnons de France. Pour eux, participer à la Révolution nationale est une fierté. Ils organisent dans ce cadre des compétitions sportives, des événements culturels, destinés à la jeunesse locale, et qui sont évidemment des outils de propagande vichyste.

En 1942, un ancien militaire né dans la région, Jean Loubès, organise – toujours au café du coin – une réunion au cours de laquelle tous ceux qui le souhaitent sont invités à s'inscrire au Service d'ordre légionnaire (SOL), organisation paramilitaire dont le serment officiel dit, entre autres : « Je jure de lutter contre la démocratie, la lèpre juive et la dissidence gaulliste[50]. »

Tout un programme, auquel nos quatre pieds-nickelés adhèrent, et ils ne sont pas les seuls : par conviction, patriotisme, bravade, ou tout simplement pour faire comme tout le monde, ils sont un certain nombre à s'inscrire au SOL. Mais quand l'organisation change de nom et devient la Milice, certains s'en détachent. Pas Gabriel, Jacques, Henri et Julien.

Leurs noms figurent désormais sur une liste placardée au fronton de la mairie. Ils sont identifiés comme d'actifs collabos ; les résistants locaux gardent l'œil sur eux et s'intéressent de près à leurs activités.

Quelles sont-elles, ces activités, d'ailleurs ? On ne sait pas trop. Les témoignages sont flous. L'un d'eux est envoyé à Carcassonne faire de la manutention. Ce fait-là est avéré. Mais pour le reste ? Sont-ils des miliciens autrement que sur le papier ? Les villageois le soupçonnent, en tout cas, comme le prouvent les graffitis qui fleurissent sur les portes de leurs maisons.

Eux, en revanche, démentent chaque fois qu'ils en ont l'occasion. Membres du SOL, oui, mais miliciens, non. C'est la même chose, pourtant ? Ils ne sont pas sûrs. Ils ne savent pas. Ils disent que leur nom a été inscrit d'office. Ils affirment qu'ils n'ont jamais rien fait de mal. Ce qui est sûr, c'est qu'il n'existe aucun témoignage d'éventuelles exactions qu'ils auraient commises. Tout semble indiquer qu'ils vivent leur vie, plus ou moins comme tout le monde.

Les choses vont évoluer en mars 1944, avec la création du maquis Francs-tireurs et partisans (FTP) indépendant « Gaja-la-Selve », qui tire son nom de la forêt où se trouve l'une de ses planques, commandé par le lieutenant Pierre Cambours et Henri Nouvel, tous deux originaires de la région. Plusieurs villageois les rejoignent, ainsi que des gens vivant dans les environs. À la Libération, ils sont environ une centaine et se livrent à diverses activités de sabotage, notamment ferroviaire, et de guérilla. Mais le village ne les apprécie pas énormément, à cause des réquisitions que les maquisards imposent aux habitants pour pourvoir à leurs besoins, et aussi en raison du risque que les actions des FTP, estiment-ils, font courir à la population.

La Milice tente une première fois de mettre les résistants hors d'état de nuire, mais les maquisards ont eu le temps de se mettre à l'abri et les miliciens font chou blanc.

Fin août 1944, c'est enfin la Libération.

Les soldats allemands, aux abois, ne se contentent pas de fuir. Viols et exécutions sont au programme de leur sanglant baroud d'honneur. La situation devient explosive, et même dans un coin aussi paisible, en apparence, que Fanjeaux, le drame couve.

À Limoux, des miliciens sont exécutés en place publique.

À Carcassonne, ce sont des chefs locaux de la Résistance, qui sont assassinés.

Les choses tournent au vinaigre, de n'importe quel côté qu'on regarde.

Le 23 août, Gabriel Mas, Henri Lugagne, Jacques Perrutel et René Gayde sont arrêtés par le résistant André Coste, qui connaît les quatre suspects depuis la petite école, et le lieutenant FFI Joseph Sabatier. Ils obéissent à des ordres clairs : capturer sans délai tous les miliciens et les agents ennemis, et les conduire à Carcassonne.

C'est donc là-bas, dans une atmosphère alourdie de soupçons, qu'on prend leurs dépositions. À la suite de quoi, après une nuit passée en cellule, on les relâche. Ils retournent chez eux. Plus de peur que de mal, se disent-ils.

Le lendemain de leur retour au bercail, le 25 août, un groupe de maquisards, à la tête duquel Henri Nouvel (l'enfant du pays, qui lui aussi connaît les quatre pseudo-miliciens depuis toujours) et le brigadier de gendarmerie Fabre, les appréhendent à nouveau. Ils les font monter dans un camion, direction la forêt de Chauma, à quelques kilomètres du village. Après une nuit à la belle étoile, et sous la surveillance armée des maquisards qui refusent de répondre à leurs questions, ils remontent dans le camion, direction cette fois Lauraguais, village des environs tout aussi modeste que Fanjeaux, et où séjourne le lieutenant Pierre Cambours, qui dirige les maquisards.

Les quatre suspects sont enfermés dans la mairie, d'où le maire lui-même, pourtant FFI, et la population, sont tenus à l'écart.

Au village, les épouses, les amis s'inquiètent. Les résistants restés sur place les rassurent : rien de grave.

Cela n'empêche pas les épouses les plus anxieuses de se rendre en petit groupe à l'état-major de Carcassonne réclamer des explications. Les responsables départementaux de la Résistance confirment qu'aucun mandat d'arrêt n'a été émis contre leurs maris.

Pendant ce temps, dans un bureau de la mairie de Lauraguais, chaque suspect est interrogé, à l'écart des autres.

Au terme de l'interrogatoire, Julien Rigaud est libéré – apparemment en raison de ses liens de parenté avec Pierre

Cambours. Plus tard, quand il rapportera cette histoire, il sera incapable de dire sur quoi exactement portait l'audition.

Quant aux autres prisonniers, ils sont conduits à quelques centaines de mètres du village, en direction d'un bois situé non loin.

D'après les témoignages, ils sont abattus dans le dos d'une rafale de mitraillette.

Que s'est-il passé exactement ? Que reprochait-on aux trois pseudo-miliciens ? Pourquoi ont-ils été tués de cette manière ? Ont-ils tenté de fuir ? Le lieutenant Pierre Cambours, qui justifiera cette exécution sommaire en invoquant les nécessités du combat et de la protection des arrières, avait-il des raisons personnelles de vouloir leur mort, ou bien existait-il des motifs légitimes, connus de lui seul ? Il est à l'heure actuelle bien évidemment impossible de le dire. De cet événement à la fois tragique, sordide et anecdotique, représentatif de rien d'autre que du chaos qui agita la France durant ces quelques mois et brouilla complètement les repères moraux, il ne reste que les témoignages des protagonistes de ce récit, et tout de même un rapport de la police judiciaire daté du 15 décembre 1945 :

> « Il ne semble pas à l'heure actuelle qu'il faille entreprendre de réhabilitation en faveur de : Gayde, Mas, Péritel et Lugagne. Dans l'intérêt même de la société,

il semble nécessaire de laisser au temps le soin d'apaiser les esprits trop tendus d'un côté comme de l'autre[51]. »

Des faits divers comme celui-ci sont innombrables. Les raconter tous se résumerait, bien souvent, à la même chose : nous ne savons pas, au juste, pourquoi ceux-ci ont tué ceux-là.

Il est possible cependant de faire des suppositions. Et il existe des récits au fil plus clair, des histoires plus étayées de preuves, pour venir les conforter. Entre les vengeances personnelles, les haines qui trouvent enfin comment se purger, les soupçons, les craintes, les rumeurs, les raisons ne manquent guère.

Peut-on prendre la responsabilité de laisser libres des suspects qui pourraient bien être des scélérats ? Et il ne s'agit pas seulement d'un pari éthique, mais d'un risque concret. Un ennemi vivant, un traître vivant, est un danger mortel. Ne vaut-il mieux pas l'abattre au moindre soupçon, *dans le doute* ?

« On connaît plusieurs cas où des maquis obligés à la fuite, faute de savoir quoi faire de leurs prisonniers, les ont exécutés. Cela se produit au maquis Surcouf, à côté de Saint-Amand-Montrond, où treize miliciens détenus depuis plusieurs semaines sont pendus lors de l'attaque du maquis : relâchés, ils pourraient informer l'ennemi ; gardés, ils risqueraient de donner l'alerte.

[…] Les archives judiciaires mentionnent un couple enlevé le 13 juin 1944 dans la région de Toul, par un maquis qui voit en eux des trafiquants de marché noir. Ils parviennent à s'échapper[52]. »

Il y a des hommes terrorisés – je parle là des résistants, sans les excuser –, et enragés par deux, trois ou quatre années d'épreuves que nous peinons à imaginer, et que les combats de la Libération, la folie de l'occupant acculé, plongent parfois dans un enfer pire encore que le chaos des années précédentes ; des hommes aux repères complètement brouillés, qui quelquefois craquent et basculent dans la barbarie qu'ils ont pourtant combattue avec un infini courage.

Et puis il y a ceux qui, pendant toutes ces années, n'en ont guère eu, de courage. Ceux qui auraient bien voulu résister, mais les circonstances, ou la peur, se sont montrées défavorables. Alors ceux-là, quand le vent tourne enfin, se sentent pousser des ailes. Ils ont envie de montrer que, eux aussi, ils auraient pu. Ils ont envie de montrer leur bravoure. Même de la dernière heure, ils sont des résistants comme tout le monde. Et quoi de mieux alors qu'enfiler le brassard des FFI et commettre une belle action d'éclat, un geste héroïque, comme abattre des miliciens dans le dos, pour prouver qu'on est un homme, qu'on est, comme les autres, un *héros*.

Il ne s'agit pas, encore une fois, de trouver des excuses à des actes inqualifiables et des comportements criminels. Mais de les comprendre.

Le système judiciaire et la police avaient collaboré, pas en totalité mais en partie, avec l'ennemi. Comment, dès lors, faire confiance au commissaire qui assure qu'il n'y a pas lieu d'arrêter tel individu soupçonné de trafiquer au marché noir, comment faire confiance au juge qui libère tel autre parce que son appartenance à la Milice ne peut pas être prouvée ? La tentation de rendre la justice soi-même est grande. D'autant plus grande qu'on risquait sa vie, dans les maquis ou ailleurs. Tandis qu'on menait des actions de sabotage, de renseignement, de propagande, de logistique, qui étaient sanctionnées, si on était découvert, d'une balle dans la tête ou d'une corde autour du cou – dans les meilleurs des cas, c'est-à-dire sans torture préalable pour faire avouer tout ce qu'on savait –, les juges, les avocats, ceux qui maintenant sont prompts à innocenter le suspect injustement accusé, on ne les voyait pas beaucoup.

Un autre motif est à prendre en compte : la hâte. D'accord, des lois allaient être votées. Des juridictions spéciales seraient instituées, mais quand ? C'est maintenant qu'elles sont nécessaires, les lois, pas dans six mois. Mais elles tardent. Alors, faute de loi républicaine, les épurateurs en appliquent une plus ancienne, qui a fait ses preuves. Celle du talion. Qui a fait ses preuves, certes, mais possède une marge d'erreur considérable…

Les responsables de la Résistance eux-mêmes ne sont pas d'accord sur la conduite à tenir. Bien sûr, de Gaulle a clairement recommandé de ne pas permettre que l'épuration dégénère en règlements de comptes locaux et hors de toute justice républicaine, et cette opinion est partagée par les grands réseaux. Mais d'un autre côté, certains estiment que si l'identité du coupable est établie et les faits incontestables, une sentence immédiate de mort peut alors s'appliquer. L'Organisation civile et militaire (l'un des principaux réseaux de résistance), considère par exemple que « l'exécution [à la Libération], même sans procès, d'un petit nombre d'individus – les vedettes de la trahison – peut être considéré comme une opération de police nécessaire[53] ».

Paul Rivet, médecin, ethnologue, grand résistant, fondateur avant-guerre du musée de l'Homme – donc pas exactement un homme animé de passions sanguinaires – estime que, de toute façon, le peuple qui s'est libéré par lui-même sans attendre l'armée, n'attendra pas non plus les tribunaux pour se faire justice, et qu'on n'y peut pas grand-chose ; dans ces conditions, lâcher un peu la bride aux assoiffés de vengeance permettra peut-être d'éviter de véritables insurrections, autrement plus incontrôlables et sanglantes que quelques exécutions sommaires.

Le bilan, quoi qu'il en soit, est lourd :

« À Marseille, 800 corps non identifiés auraient été jetés dans le Jarret.
À Avignon, 46 exécutions sommaires recensées.
Dans la région de Limoges, près d'un millier, sans compter un charnier qui jamais ne fut ouvert et dont on évalue le contenu à 200 ou 300, tués par des maquisards.
À Poitiers, pas d'exécutions sommaires signalées parmi les Français ; mais des prisonniers allemands, d'origine russe ou géorgienne sont massacrés sur la place d'Armes, par une foule en délire.
Dans les Deux-Sèvres, quelques exécutions sommaires.
À Clermont-Ferrand, dans les 48 heures de troubles qui suivirent la Libération, il y en aurait eu entre 130 et 150. Dans un rayon de 100 kilomètres à la ronde, l'exemple de la grande ville est suivi.
À Brioude, le premier jour, une vingtaine d'exécutions.
À Lyon, 700 à 800.
À Lunéville, 30.
À Paris, quelques exécutions sommaires, dont une effectuée dans un commissariat de police du 6e arrondissement, malgré l'intervention du titulaire.
À Périgueux, pendant plus d'un mois, ont lieu des exécutions sommaires qu'on ne peut dénombrer.

Dans la région de Toulouse, le commissaire de la République Pierre Bertaut en signale plusieurs centaines avant la Libération, quelques dizaines après[54]. »

X

LA « COLLABORATION HORIZONTALE », OU LE SCANDALE DES FEMMES TONDUES

La belle qui couchait avec le roi de Prusse
Avec le roi de Prusse
À qui l'on a tondu le crâne rasibus
Le crâne rasibus

Son penchant prononcé pour les « Ich liebe dich »,
Pour les « Ich liebe dich »
Lui valut de porter quelques cheveux postiches
Quelques cheveux postiches

Les braves sans-culottes et les bonnets phrygiens
Et les bonnets phrygiens
Ont livré sa crinière à un tondeur de chiens
À un tondeur de chiens

J'aurais dû prendre un peu parti pour sa toison
Parti pour sa toison
J'aurais dû dire un mot pour sauver son chignon
Pour sauver son chignon

Mais je n'ai pas bougé du fond de ma torpeur
Du fond de ma torpeur
Les coupeurs de cheveux en quatre m'ont fait peur
En quatre m'ont fait peur

Pire qu'une brosse, elle eut été tondue
Elle eut été tondue
J'ai dit : « C'est malheureux, ces accroche-cœur perdus
Ces accroche-cœur perdus »

Et, ramassant l'un d'eux qui traînait dans l'ornière
Qui traînait dans l'ornière
Je l'ai, comme une fleur, mis à ma boutonnière
Mis à ma boutonnière

En me voyant partir arborant mon toupet
Arborant mon toupet
Tous ces coupeurs de natt's m'ont pris pour un suspect
M'ont pris pour un suspect

Comme de la patrie je ne mérite guère
Je ne mérite guère

J'ai pas la croix d'honneur, j'ai pas la croix de guerre
J'ai pas la croix de guerre

Et je n'en souffre pas avec trop de rigueur
Avec trop de rigueur
J'ai ma rosette à moi : c'est un accroche-cœur
C'est un accroche-cœur[55]

En 1944, depuis le début du mois de juin, tout le monde a l'oreille collée au poste, suit avec attention la progression des troupes, les percées effectuées, les batailles, compte les jours avant leur arrivée. Chacun espère que les Allemands vont rapidement fuir, comme ils l'ont fait ailleurs. On redoute qu'ils ne se comportent comme des scorpions surpris dans leur nid – de cela aussi, la radio a parlé. La Libération ne se passe pas souvent dans le calme et la paix.

En Bretagne, c'est l'expectative. Par où vont-ils passer ? On suit leur route, on fait des estimations. À Monterfil, dans l'Ille-et-Vilaine, à partir de juillet, les Français ne parlent que de ce sujet. Et les soldats allemands stationnés dans le village commencent à devenir nerveux. C'est que le village, en apparence anodin, est un enjeu stratégique d'importance. Il y a le camp de transmissions.

Ce camp est un important centre de radars installé ici par la Luftwaffe – des radars d'une portée de 60 kilomètres, construits par Telefunken comme beaucoup de matériel de ce genre à l'époque. Il est directement relié à

Hambourg. C'est un enjeu de taille pour la Résistance et, par conséquent, il est fortement protégé par les Allemands, ce qui explique qu'il n'y ait pas eu de maquis dans les environs immédiats. L'endroit est trop surveillé. De plus, pour appuyer l'importante présence de militaires, qui ne sont pas vraiment des novices prompts à fraterniser avec la population locale, il y a beaucoup de miliciens, et ces derniers connaissent bien la région.

À l'intérieur du camp, un certain nombre de Français civils travaillent dans le cadre du STO – et peuvent éventuellement servir d'otages si les choses tournent mal.

D'ailleurs, le STO, dans la région, n'a pas tellement mauvaise presse. C'est que l'occupant offre de bons salaires !

Et pour ce qui est de la Résistance ? C'est dans le château du maire qu'il faut se rendre, c'est là qu'ont lieu les réunions. Un petit réseau s'est constitué, affilié à celui de Rennes, sous le commandement du docteur Pierre Dordain, dit « le Cerf », qui s'occupe, entre autres choses de renseignement, par exemple de fournir aux Anglais des relevés topographiques du camp, en indiquant l'emplacement précis des radars, en prévision des bombardements qui auront lieu en juillet 1944.

Fin juin, les Alliés sont à Cherbourg et les combats font rage, les nazis ne se laissent pas faire ! Au fil des jours, une tension palpable s'abat sur Monterfil. Militaires et miliciens sont sur les dents, hésitent sur la conduite à tenir, attendent les ordres.

Le 10 juillet, des avions anglais bombardent le camp.

Les jours suivants, au village, il y a beaucoup d'électricité dans l'air. Quelques-uns se font arrêter, torturer, sans doute déporter. Ce n'est pas la première fois.

Le 18, les Alliés sont à Saint-Lô ; le 31 à Avranche. Ils approchent !

Au matin du 4 août, une énorme explosion secoue tout le village. C'est encore ce maudit camp. Ils l'ont fait sauter. On voit l'épaisse fumée s'élever, toute la journée, au-dessus des arbres. Quelques heures plus tard, les résistants s'organisent :

> « Un groupe de six FFI/FTP (dont deux femmes) est officiellement désigné au titre de la 12e Cie FFI par le capitaine Jubin pour rejoindre le château de Monterfil, où le contact était préparé de longue date avec le maire M. Charles Oberthur, son fils Louis, lieutenant FTP, et sa sœur Jacqueline, résistante, pour le casernement d'une partie des 325 volontaires FFI/FTP de cette 12e Cie et l'enfermement provisoire des prisonniers allemands et des miliciens capturés[56]. »

Les combats commencent, pour la libération de Monterfil.

> « Le 7 août, après la capture des 800 soldats allemands en forêt de Paimpont, la 12e Cie FFI du capitaine Jubin fait son entrée officielle au château de Monterfil en

défilant au pas, guidée par le lieutenant Leclerc et le sergent-chef Thiriet. Cependant, le casernement restera partagé entre Monterfil et Paimpont, faute de places pour tous à Monterfil. »

Trois jeunes FFI se portent volontaires pour l'interrogatoire des miliciens, sous la direction d'un capitaine. Bien que novices, ils ont déjà participé à quelques actions de résistance, et à quelques combats.

Concernant les Forces françaises de l'intérieur, il faut se souvenir que cette armée est le résultat de la fusion, le 1er février 1944, des différents groupes paramilitaires affiliés à la Résistance, dans le but de constituer une seule force armée, et qu'elles ont été rejointes à ce moment-là par un nombre important de citoyens, qui ont été considérés parfois comme des résistants de la dernière heure, voire des imposteurs :

« La Libération voit l'apparition sur la place publique de nombreux porteurs de brassards FFI s'autoproclamant "résistants". Ces faux résistants ou résistants de la "dernière heure" auront un moment contrarié dans l'opinion l'image réelle de la Résistance. De nombreux collaborateurs ou agents français de la Gestapo sont ainsi découverts porteurs d'un brassard FFI espérant ainsi échapper à l'arrestation. D'autres utilisent leur brassard FFI pour procéder à des arrestations arbitraires, à des réquisitions abusives, à des contrôles interdits par les autorités[57]. »

Les abus paraissent si importants que, dans certains endroits, on trouve placardé ce genre d'avertissement :

« Chers concitoyens, cette ville est libre mais reste en état d'alerte. Nous avions foi en votre raison et votre sagesse. Nous ne sommes pas déçus. Nos soldats portent un brassard emblème de l'armée de la Résistance et de la Libération. L'insulte à ce brassard est un blasphème adressé à l'Armée Française. Imposez autour de vous ce respect. Les insulteurs seront impitoyablement punis. Unissons nos efforts pour une société meilleure. Au travail. Vive la France[58]. »

Les jeunes soldats dont il est question ici ont, de fait, rejoint les FFI de fraîche date. Leurs raisons ne sont pas connues, elles peuvent être multiples. Le désir de paraître héroïques, tandis que les circonstances rendent cet héroïsme moins dangereux, en fait peut-être partie. Il peut y en avoir d'autres, plus ou moins saines ; toujours est-il qu'ils sont brièvement formés à la tâche qui les attend.

Des miliciens sont effectivement interrogés et leurs dépositions consignées, puis les hommes sont envoyés, sous escorte, à la gendarmerie de Rennes.

C'est peu après leur départ que de nouveaux prisonniers font leur apparition, amenés en camion d'un village voisin – des prisonnières, pour être précis : des femmes, tondues, qui ont, d'après les rapports, été arrêtées et tondues par vengeance, et sur dénonciation. Elles auraient travaillé pour les Allemands. Les preuves ne sont pas tellement convaincantes. Elles sont libérées sans autre forme de procès.

C'est à ce moment-là que, pour trois d'entre elles, la situation dérape.

« Attendez, attendez, vous trois. Ne bougez pas ! »

Marie Guillard est âgée d'une cinquantaine d'années. L'accompagnent sa fille Germaine, 21 ans, et Suzanne Lesourd, 25 ans.

Le chauffeur du camion accuse la première d'être l'épouse d'Alfred Guillard, milicien actuellement en fuite, coupable d'avoir torturé un résistant ; la deuxième d'avoir dénoncé son propre mari, qui s'est fait déporter par suite de cette trahison ; la troisième de trafiquer avec les Allemands – de fait, on trouvera dissimulés chez elle de nombreux reçus émis par la Kommandantur, révélant qu'elle aurait touché de l'argent pour services rendus à l'occupant. Les trois ont probablement couché avec l'occupant. En tout cas, tout le monde le suppose.

Il est alors question de les mettre en prison, en attendant de pouvoir les conduire elles aussi à Rennes, mais les FFI présents en décident autrement. Celles-là ne dormiront pas dans une geôle, en tout cas pas tout de suite. Pour les femmes qui dénoncent des résistants et fricotent avec l'ennemi, il y a d'autres méthodes.

D'après certains témoignages, ces hommes sont ivres, mais il est difficile de l'affirmer avec certitude. En tout cas, entre les gendarmes, qui veulent suivre la procédure et les incarcérer, et eux, le ton monte. Mais ils sont armés, agressifs, et les agents finissent par céder : ils ne vont de toute façon pas se battre pour des tondues, ils ont autre chose à faire.

Sur la place de la mairie, la foule s'amasse. Les uns veulent participer à la curée, les autres veulent défendre ces jeunes femmes. Les principales intéressées, quant à elles, préfèrent laisser passer l'orage sans se défendre, sans tenter quoi que ce soit. Mieux vaut ne pas les énerver davantage, se disent-elles sans doute…

Elles sont en partie déshabillées. On peint sur leurs poitrines des croix gammées. Elles sont ainsi exposées à la foule, sous la garde armée d'une poignée de jeunes gens, pendant plus d'une heure, essuyant quolibets et insultes. Sans doute leur crache-t-on au visage, et il n'est pas impossible qu'elles reçoivent quelques gifles. Elles ne bronchent pas. Cela ne servirait qu'à rendre la situation plus difficile encore. Certains habitants ont une bonne idée : ils foncent chez eux et reviennent avec un miroir.

« Regardez-vous ! S… ! Vous êtes fières de vous ? »

Les heures passent et le soleil cogne. Quelqu'un veut leur donner à boire, il manque se faire casser la figure par les hommes qui montent la garde devant elle.

Enfin, on daigne les enfermer. Non pas à la gendarmerie, mais au château du maire. Dans les écuries, plus exactement, et sous bonne surveillance.

Leurs gardes, au fil des heures, s'enivrent et se montent la tête. Ils décident finalement de faire justice eux-mêmes. Pourquoi se gêner ? Elles sont coupables, non ? On le sait ! On a trouvé les preuves ! Ils en sont persuadés. Tout est simple, non ? La situation est claire, pourquoi s'embarrasser et perdre toute la nuit alors qu'on pourrait en finir et s'amuser un peu ? L'idée semble bonne.

Ils les font sortir de l'écurie où elles sont enfermées et leur ordonnent de grimper dans un chariot.

Tiré par deux chevaux, le groupe s'éloigne du bois. Comprenant que c'est en train de très mal tourner, les prisonnières supplient leurs ravisseurs, toujours armés, de plus en plus ivres et menaçants, de les ramener au château. De ne pas leur faire de mal. Mais ils sont intraitables – et frapper des femmes qui ont les mains liées ne les effraie pas : elles n'avaient qu'à s'abstenir de coucher avec les boches, et de dénoncer des copains qui, maintenant, sont morts.

Le sinistre équipage arrive à l'orée d'un petit bois.

Tout le monde descend.

Les hommes les forcent à creuser leurs propres tombes.

Ils les violent.

Ils tentent de les pendre.

D'après certains témoignages, le nœud qu'ils ont confectionné ne coulisse pas correctement et ils sont alors obligés d'achever leurs victimes à coups de pelles.

Leur terrifiante besogne achevée, la terre encore fraîche sur les corps des trois jeunes femmes, ils reviennent au village, dessaoulés par l'effort, fiers peut-être du devoir accompli.

Les dépouilles de Marie et Germaine Guillard seront quelque temps plus tard exhumées et enterrées dans la fosse commune. Quant à Suzanne Lesourd, sa fosse improvisée au pied d'un arbre restera sa dernière demeure.

Alfred Guillard portera plainte. Mais l'instruction sera longue. Une amnistie de 1951 interrompra l'action de la justice.

Les bourreaux, tout à fait connus, identifiés, continueront pour certains de vivre au village, et ne seront pas davantage inquiétés.

Bien sûr, un tel fait divers est, heureusement, exceptionnel. Ce qui ne l'est pas, en revanche, c'est la constance des violences faites aux femmes accusées d'avoir collaboré avec l'ennemi – ou d'avoir couché avec lui. Et, quand une Arletty peut se permettre de clamer que si son cœur était français, son cul était allemand[59], et sauver ainsi sa précieuse chevelure – mais pas sa carrière de vedette, qui s'interrompt net en 1945 (après la Libération, elle n'interprétera plus que des seconds rôles) –, ces milliers subissent un sort atroce :

> « De 1943 au début de l'année 1946, la tonte de la chevelure a été massivement pratiquée à l'encontre de femmes accusées d'avoir collaboré avec l'occupant allemand. Vingt mille femmes environ, de tous âges et de toutes professions, ont été tondues sur l'ensemble du territoire français[60]. »

La tonte a souvent lieu en place publique, par exemple devant la mairie, sur une estrade. Les femmes sont d'abord exhibées, souvent à moitié nues, les mains liées dans le dos, et livrées à la vindicte populaire. Le visage porte parfois la trace de coups reçus au cours de leur arrestation et de leur interrogatoire. Sont-elles violées ? Cela arrive.

La foule amassée et excitée les insulte, leur crache au visage, se défoule de toute la haine accumulée à l'égard de l'ennemi. Et puis le bourreau fait son office, armé de cisailles. Il y a une exultation de carnaval : tondre les femmes qui ont collaboré, c'est brûler l'effigie du Maître.

Ensuite, la foule repue se disperse et les prévenues sont remises en prison en attendant d'être jugées par un tribunal. Certaines seront condamnées à l'indignité nationale, d'autres resteront en prison pendant quelques mois, d'autres encore seront acquittées et libérées.

Après quelques mois de honte, les cheveux repoussent ; certaines portent plainte.

Mais pourquoi tondre les femmes, au lieu de leur faire subir le même sort que les collaborateurs masculins ?

En premier lieu, il faut comprendre que la tonte des femmes n'est pas un épiphénomène lié à l'épuration extra-judiciaire, ni une sauvagerie de plus à une époque où les anciennes victimes, dans un moment de hiatus avant que la justice républicaine prenne le relais, laissent libre cours à leur rage vengeresse. Cette punition infligée aux femmes qui ont donné leur corps à l'ennemi (ou qui parfois ont simplement travaillé pour lui, considérant que c'était souvent la seule solution pour ne pas mourir de faim), est bien un phénomène en soi, symptomatique d'une société qui tolère mal que les femmes ne restent pas à la place qui leur est assignée. En effet, si ce n'était pas une revanche purement phallocrate, dont le rapport avec le contexte de l'Occupation et de la Libération relève surtout de la mauvaise foi, ces femmes auraient été exécutées au coin d'un bois ou simplement jugées – traitées en tout cas de la même manière que les collabos hommes.

Ensuite, historiquement, tondre les femmes qui s'échappent, pour un temps, de la place qui leur est attribuée, est une pratique courante : la Bible en fait mention ; au Moyen Âge ce sort est réservé aux femmes adultères (et coupait-on quoi que ce soit aux hommes ? non) ; dans les années 1920, c'est aussi par la tonte que les autorités allemandes choisissent de punir celles qui ont fauté en couchant avec les soldats des armées d'occupation belges ou françaises.

Ces femmes se sont parfois rendues effectivement coupables de trahison, soit en trafiquant avec l'occupant, soit en couchant avec lui (mais il faudrait déterminer dans quelle mesure avoir des relations sexuelles constitue une trahison…). À d'autres occasions, elles étaient innocentes de tout délit et, pour une raison ou pour une autre, se sont attiré la vindicte d'un ou plusieurs hommes.

La symbolique de cette punition est limpide. Puisqu'elles se sont rendues coupables d'un crime de lèse-virilité, alors c'est à leur féminité qu'on va s'attaquer. En les mettant à nu et en les mutilant de leurs attributs féminins, à commencer par les cheveux, en les marquant d'un sceau d'infamie (une croix gammée sur la poitrine, parfois avec leur propre rouge à lèvres) qui réduit à néant leur séduction, en les violant parfois.

De même qu'il a existé à certains moments de l'histoire des féminicides concrets (voir par exemple les meurtres de la ville de Ciudad Juarez au Mexique), les femmes tondues entre 1943 et 1946 peuvent être considérées comme les victimes d'un féminicide symbolique.

Et toutes ces violences faites aux femmes, qu'elles soient collectives, individuelles, conjugales, politiques, dissimulées ou au contraire rendues spectaculaires et ritualisées, racontent souvent une même chose : la frustration du bourreau, et son impuissance à s'attaquer aux véritables causes de sa frustration et son manque de discernement, ou de courage. Le choix d'une victime symbolique, expiatoire, exprime l'impossibilité, réelle ou supposée, qu'éprouve le justicier autoproclamé de porter sa violence, légitime ou non, contre les cibles réelles de sa fureur.

Ce ne sont pas les héros de la Résistance qui ont participé aux tontes, mais ceux qui ont courbé l'échine et peuvent enfin la redresser, qui ont subi la collaboration en rongeant leur frein et peuvent enfin se venger à peu de frais, se sentir un peu moins humiliés en humiliant à leur tour, un peu moins bafoués en bafouant à leur tour. Et dans cette catégorie si largement répandue, il y a ceux qui jouissent de tondre, et ceux, plus modérés peut-être, ou plus lâches, qui jouissent seulement de cracher au visage ou d'insulter, ou qui jouissent de faire partie de la foule qui permet ces actes, les encourage et en jouit.

Il ne s'agit d'ailleurs pas toujours d'un mouvement de foule spontané et porté par une rage soudaine et aveugle, ces femmes ne sont pas toujours les boucs émissaires désignés par un instinct machiste soudain révélé au cours d'une pulsion collective. Il arrive au contraire qu'on l'attende, le « carnaval moche[61] », qu'on l'espère, qu'on pronostique sur celles qui en seront les involontaires héroïnes ; il arrive que le cortège des justiciers populaires et des bourreaux armés de ciseaux, que la foule vindicative prémédite son action punitive et purificatrice. On se réjouit à l'avance, on attend cet événement avec la même impatience qu'on a hâte de voir les miliciens, les collabos, les boches déguerpir, ou se faire jeter en prison, ou se faire abattre. Ainsi, à Tours, en 1944 :

> « Dès le 26 août, un appel du général de Gaulle et des tracts de la Résistance sont répandus dans le public pour annoncer la libération de Paris. Sur une vitrine de la rue Nationale on lit cette inscription : “Patientez encore quelques jours ! Vous pourrez sortir vos drapeaux ! Collaborateurs, préparez vos valises !” Sur le socle de la statue de Balzac, quelqu'un a écrit : “Elles auront les cheveux coupés et seront promenées en ville.”[62] »

Et pourtant, « aucun mouvement, aucune organisation de résistance n'inscrivit les tontes à son programme ni n'en fit un mot d'ordre d'actualité[63] », comme le rappelle Alain Brossat – même si certains juges ont prononcé contre des femmes accusées de collaboration horizontale des peines de prison assorties de ce châtiment corporel.

Il faut peut-être, pour mieux comprendre ce phénomène irrationnel, se lancer dans une esquisse de psychanalyse.

La tonte, ordinairement, ne punit pas le fait d'avoir pratiqué le marché noir, ni aucune autre forme ordinaire de collaboration. Elle punit le contact sexuel entre une femme française et un homme allemand. Que ce contact ait été réel ou pas, peu importe. Qu'il soit simplement possible, que naisse le fantasme, c'est largement suffisant.

Une part trouble de perversité, proche de cette paraphilie qu'est le candaulisme[64], entoure le phénomène des femmes tondues. Les hommes à qui appartiennent ces femmes (et j'utilise volontairement ce terme provocateur), qu'ils soient fiancés, époux, pères, employeurs ou autres, non seulement jouissent masochistement du fait que leur femme a couché avec l'Allemand, qui incarne alors la toute-puissance, et possède une charge homo-érotique forte, mais jouissent encore une seconde fois de l'exposition publique de cette souillure, et récupèrent leur virilité en prenant part à la punition collective.

Et les femmes, dans tout cela ? Qui étaient-elles, une fois débarrassées du costume de sorcière, de séductrice vicieuse, de Lilith dont ces hommes les affublent ?

Des femmes ordinaires, bien sûr. Des prostituées professionnelles parfois ; parfois aussi des prostituées occasionnelles, réduites à cet expédient par les difficultés liées à l'Occupation ; des femmes tombées amoureuses ou voulant simplement tromper la solitude ; des femmes plus ou moins forcées par l'occupant : tous les cas de figures ont existé.

> « Bien que les relations sexuelles avec l'ennemi ne soient en rien uniformes, il est possible d'en réaliser une typologie. […]
> Elle s'appuie sur le caractère de fraternisation avec les Allemands pour définir cinq modèles : les prostituées ; celles qui ont une relation discrète avec un seul soldat

rencontré accidentellement ; les femmes qui fréquentent les Allemands en groupe et s'affichent publiquement ; celles dont les relations concernent tous les aspects de leur vie en raison d'un travail pour ceux-ci ; des femmes pour qui les relations ne sont que le prolongement naturel de leurs sentiments germanophiles et de leur sympathie pour l'idéologie nazie. [...]
L'argent est au centre de très nombreuses affaires de collaboration. Le Reichsmark, au cours largement surévalué imposé par l'occupant, offrait aux troupes d'occupation un pouvoir d'achat important, d'autant plus remarquable en une période d'intense pénurie. [...]
Au gré des témoignages, la cupidité est dénoncée sous des formes variables. On appose la pancarte "Honte à ces femmes amoureuses du Mark" sur une estrade de tonte[65]. »

Les tontes ont commencé à peu près en même temps que l'épuration extrajudiciaire, voire un peu avant, de manière clandestine, et se sont arrêtées au début de l'année 1946 (la dernière recensée se déroule en Savoie, en février). Cependant, dès l'automne 1944 – et ce phénomène n'est sans doute pas étranger à l'adoption définitive du droit de vote des femmes quelques mois plus tôt par l'Assemblée consultative d'Alger –, elles suscitent une réprobation plus ou moins audible :

> « Au fur et à mesure de la restauration de l'État, la persistance des tontes pose problème aux autorités. D'une pratique légitime et para-légale, elles sont progressivement rejetées jusqu'à devenir illégales[66]. »

Quand les premières femmes portent plainte, en septembre 1944, la presse s'en fait l'écho d'une manière méprisante, voire indignée, comprenant mal comment ces femmes à la vertu légère osent quitter la réserve et la honte auxquelles elles sont assignées.

De rares condamnations sont prononcées (principalement des amendes de quelques centaines de francs) mais, dans l'ensemble, la population aussi bien que la justice préféreraient qu'on n'en parle plus.

Et, de fait, c'est ce qui se produit. Les tontes d'abord ne se pratiquent plus en public mais derrière la porte close des domiciles, puis s'espacent, jusqu'à ne plus avoir lieu.

Quant aux femmes qui en ont été victimes, que les délits dont on les a accusées soient réels ou fantasmés, elles sont priées de ne pas faire de vagues.

On préfère glisser cet épisode peu glorieux sous le tapis de l'histoire – au point que tous les chercheurs contemporains insistent sur la difficulté de travailler sur le sujet. Mais les chiffres ont fini par faire surface, et aussi de nombreux témoignages.

Il aurait été difficile d'écrire ce chapitre sans jamais présenter l'une de ces femmes. Voici l'histoire de Marie, infirmière travaillant à l'hôpital Louis-Pasteur de Cherbourg, et coupable d'avoir eu une relation amoureuse avec un Allemand nommé Kurt, qui s'y trouvait, comme de nombreux autres, pour être soigné :

> « Le 26 juin, Cherbourg est libérée, les derniers défenseurs de la ville sortent des souterrains. [...] Le drapeau français flotte sur la ville, alors que les résistants de la dernière heure enfilent un brassard FFI et s'autoproclament combattants de la Libération.
> Le 29 juin, Marie est dans le service qu'elle n'a pas quitté [...], lorsque arrive avec fracas une délégation de civils en armes, les portes du service claquent, à la tête du groupe, M. Louis, le brancardier. Marie sait que c'est elle qu'ils sont venus chercher. L'homme haineux pointe sur Marie un doigt vengeur, “celle-là !”, dit-il. [...]
> Marie est conduite dans Cherbourg, et est rejointe par un petit groupe de femmes effrayées, comme elle. Elles sont ensuite chargées sur un camion débâché, puis emmenées dans un lieu public. La foule, haineuse, adresse les pires injures aux malheureuses. [...]
> Un homme les attend, une tondeuse à la main, “Allez, les filles, je vous fais une petite coupe ?” [...] La première

femme en pleurs est traînée devant lui. [...] Puis vient le tour de Marie. [...]
Les femmes sont ensuite reconduites sur le camion débâché puis exposées dans les rues, suivies par le cortège. [...]
Marie ne retournera pas à l'hôpital, elle décide de s'installer dans une petite pension à l'extérieur de Cherbourg. Lorsque ses cheveux auront repoussé, Marie retournera chez ses parents.
De retour dans le sud de la Manche, Marie trouve du travail auprès d'une personne âgée qui a besoin de soins[67]. »

XI

L'ASSASSINAT DE ROBERT DENOËL : CRIME DE DROIT COMMUN OU EXÉCUTION SOMMAIRE ?

« Lorsque Denoël rejoint Jeanne[68] à Divonne, il croit avoir échappé au pire. Le 13 juillet [1945], il a en effet appris que la procédure à son encontre avait été classée, faute de charges suffisantes prouvant qu'il a "commis le crime d'intelligence avec l'ennemi". Il va pouvoir quitter la clandestinité où il vivait depuis plusieurs mois et reprendre son travail d'éditeur. [...]
Mais [au mois d'août], les soucis le rattrapent : la maison Denoël est à son tour inculpée, pour le même motif que son fondateur et propriétaire : collusion avec l'ennemi, le fameux article 75. Fermeture, dissolution, disparition, font partie des châtiments possibles. L'ouverture du procès est prévue pour le 8 décembre.
En attendant, le procès de la collaboration se poursuit. [...] Aucun signe d'apaisement : Denoël a tout à

craindre de ce climat délétère. [...] Il aurait peut-être dû s'en aller. Mais la vie le retient : Jeanne, près de lui, et sa maison d'édition ; il ne peut ni abandonner l'une ni renoncer à sauver l'autre. Il est décidé à se défendre[69]. »

« Je sais trop de choses. Je suis trop au courant du Guignol. On a tué Denoël pour cette raison[70] », écrit Céline dans une lettre qu'il adresse à son avocat environ deux mois après que l'assassinat de son éditeur a été classé par la justice comme un crime de rôdeur.

Un drôle de personnage, Robert Denoël, que la presse de l'époque résume en un raccourci saisissant : il avait découvert Céline, fait fortune avec Rebatet, et obtenu le prix Goncourt avec Triolet. Céline en 1932, Rebatet en 1942, le Goncourt en 1945 : pour une maison d'édition fondée en 1928 par un jeune Belge à peu près inconnu et âgé de 26 ans, ce n'est pas négligeable !

C'est après une brève activité de galeriste qu'il fonde les éditions Denoël et Steele en s'associant à Bernard Steele. Ce dernier, en 1970, se souvient des débuts de cette maison :

« Les jeunes venaient à nous, encouragés sans doute par l'accueil plus que flatteur que faisait la critique aux ouvrages que nous cherchions à lancer. Succès d'estime, certes, mais le public ne suivait guère. Nos livres se vendaient plutôt mal.

Puis vint Céline, le *Voyage au bout de la nuit*, le prix Renaudot, et, si j'ose dire, la gloire. La maison était lancée, cela ne faisait plus de doute. En tout cas, pas pour nous[71]. »

Le catalogue s'étoffe vite de grands noms et de futurs grands noms : Artaud, Aragon, Genet, mais aussi des écrivains d'extrême-droite ou fascistes, Rebatet et Brasillach en tête. Ce succès naissant, de la part d'un homme qui n'est pas du sérail – un Belge arrivé à Paris dans les années 1920 – ne plaît pas à tout le monde !

En 1937, Steele, qui est juif, est très sensible à la montée de l'antisémitisme en France, et le climat qui règne dans les bureaux de sa maison d'édition ne lui plaît guère :

« La part active que prit Denoël à la rédaction et à l'administration d'un hebdomadaire politique [*L'Assaut*] que venait de lancer Alfred Fabre-Luce fut, pour moi, l'événement décisif qui motiva mon départ des Éditions Denoël et Steele et le retrait de mon nom de la raison sociale. Bien que je fusse déjà parti de la maison quand parut *Bagatelles pour un massacre*, je n'ai pu m'empêcher de téléphoner à Denoël pour lui exprimer mon indignation à la seule pensée que ce livre, précisément, puisse être publié par une maison que je venais à peine de quitter et dont j'avais été l'un des fondateurs[72]. »

Arrivent la guerre, et la défaite.

Le 28 septembre 1940 (soit trois mois après l'armistice et un mois avant la poignée de main entre Pétain et Hitler, début officiel de la collaboration), le président du Syndicat national de l'édition accepte de signer un texte fixant les limites de ce qui désormais est publiable ou non, et soumettant les éditeurs à la censure de la Propagandastaffel, organisme chargé de contrôler les livres et les périodiques.

Un autre document, surnommé la « liste Otto », en référence à l'ambassadeur d'Allemagne en France, vient compléter celui-là en établissant une liste d'ouvrages désormais interdits. Cette liste, qui sera actualisée et étoffée au fil des années, « constitue le prix, volontairement payé par la communauté des éditeurs pour continuer à travailler normalement. Sans cette docilité active, pas de visa de censure sur les manuscrits ; sans tampon de la Propagandastaffel, pas d'attribution de papier[73] », et sans papier, évidemment, pas de livre.

Cette liste doit être placardée dans toutes les maisons d'édition, librairies et bibliothèques présentes en zone occupée.

Sitôt qu'elle est mise en circulation, le 28 septembre 1940, la police saisit les titres qui y sont inscrits. Ils seront stockés, puis pilonnés.

Le principal reproche qui a été fait aux éditeurs, une fois la France libérée, est d'avoir cédé aussi facilement à la censure allemande, d'avoir collaboré avec l'occupant sans manifester, ni beaucoup de courage, ni beaucoup de désir d'échapper à ce musellement.

Certains historiens vont même plus loin en affirmant que, parmi les grands éditeurs parisiens, il se trouvait suffisamment de personnalités opposées à la Troisième République (« Qu'ils soient monarchistes comme les patrons des éditions Calmann-Lévy, Fayard et Larousse, ou conservateurs et très à droite de l'échiquier politique, comme chez Hachette, Plon, Tallandier ou Grasset, la plupart des éditeurs partagent une vision du monde assez proche[74] »), voire antisémites, pour accueillir d'un œil favorable l'arrivée du maréchal Pétain au pouvoir et les lois d'aryanisation. Dans ces conditions, un peu de censure pouvait leur sembler un mal nécessaire.

Et Denoël ?

Il n'est ni meilleur ni pire que les autres. Ce qu'on lui reprochera surtout, ce sont ses succès énormes. Avant-guerre, le *Voyage au bout de la nuit* (Gaston Gallimard ne lui pardonnera jamais de ne pas avoir pas accepté de lui revendre le contrat de Céline). En 1942, *Les Décombres*, le livre de Lucien Rebatet, fasciste et collaborateur notoire, qui a été la plus grosse vente de l'Occupation. De la part de quelqu'un qui n'était pas du milieu, ou si peu, une telle réussite dérangeait.

Les éditions Denoël, après la Libération, doivent faire face à deux accusations distinctes : la participation financière des Allemands à leur capital, et la publication d'ouvrages pro-nazis.

Après enquête, il apparaît que l'éditeur fait entrer Wilhelm Anderman dans le capital de son entreprise, à hauteur de deux millions de francs (il acquiert alors 360 parts du capital, contre 365 qui appartiennent à Robert Denoël), seulement après avoir sollicité un prêt auprès de l'État français, qui le lui a refusé. Sans cet argent, son activité aurait pu être compromise.

Quant à l'autre chef d'accusation, l'enquête établira que, sur 113 livres publiés, seulement onze étaient ouvertement favorables à l'Allemagne d'Hitler. Parmi ceux-là, on trouve quatre rééditions de livres écrits par Céline avant-guerre, quatre ouvrages clairement antisémites (*Comment reconnaître le Juif ?*, *La Médecine et les Juifs*, *La Presse et les Juifs*, *Les Tribus du cinéma*) et trois livres présentant le Reich sous un jour pour le moins favorable : un recueil de discours de Hitler, *Propos sur l'Angleterre* (un pamphlet anti-britannique) et *Les Décombres*.

Si dans un premier temps l'homme Denoël est blanchi de toute velléité de collaboration, sa maison d'édition ne tarde pas à être mise sur la sellette.

Mais il a confiance. Il ne veut pas se comporter comme un lâche. Il ne veut pas non plus servir de bouc émissaire, refuse qu'on lui fasse payer ses succès, refuse d'être sacrifié sur l'autel de la jalousie que lui vouent certains confrères pourtant pas plus blancs que lui, Gaston Gallimard en tête.

Il compte bien se défendre, pas question de se laisser faire !

« Aidé de Jeanne, il reprend le dossier dont il n'a pas eu à se servir pour son propre procès : il compte bien cette fois l'utiliser pour sauver son entreprise, l'œuvre de sa vie. Il amasse les preuves à fournir aux juges pour démontrer que Denoël n'est pas le seul, durant ces quatre années maudites, à avoir publié des ouvrages pour plaire à l'occupant. [...] D'autres, et non des moindres, l'ont fait aussi, en éditant des livres antisémites ou fascistes, souvent même en plus grand nombre que lui. Il en dresse méticuleusement la liste[75]. »

Mais il n'aura pas le temps de se défendre.

Le 2 décembre, Robert Denoël et Jeanne Loviton se rendent en Seine-et-Oise pour déjeuner chez Marion Delbo, comédienne et auteur éditée chez lui. Ils y passent tout l'après-midi, puis reprennent leur voiture pour retourner à Paris, où il est prévu qu'ils se rendent au théâtre. Ils dînent chez Jeanne. Après le repas, elle se prépare tandis que son amant, patientant dans la bibliothèque, téléphone à Robert Beckers (un de ses nombreux créanciers). Ils discutent pendant une vingtaine de minutes ; après quoi, Jeanne étant prête, ils reprennent la voiture pour se rendre au théâtre.

En chemin, ils sont victimes d'une crevaison. C'est à ce moment-là que le couple se sépare : Robert Denoël refusant d'abandonner le véhicule sur la voie publique, Jeanne se dirige à pieds vers le commissariat le plus proche, pour commander un taxi. Il est prévu qu'elle se rende ainsi au théâtre, tandis qu'il la rejoindra en voiture sitôt cette dernière réparée.

En se retournant après avoir fait quelques pas, elle aperçoit son amant, pardessus sur le dos, des outils à la main, s'apprêter à changer la roue : c'est la dernière fois qu'elle le voit en vie.

Un court moment plus tard, tandis qu'elle se trouve au commissariat et parle à un agent, elle entend d'autres policiers évoquer un attentat qui vient de se produire à l'endroit où elle a laissé Robert Denoël. Elle comprend aussitôt qu'il s'est passé quelque chose de grave et se rend immédiatement sur les lieux, juste à temps pour voir des agents placer le corps de son amant à l'intérieur du car de police-secours.

À propos de la phrase exacte qu'elle dira alors, les avis divergent. Elle affirme avoir lancé : « J'aurais dû rester, c'est ma faute ! », tandis qu'un témoin croit l'avoir entendue crier : « Qui a fait ça ? » et que, d'après le chauffeur de taxi, elle s'est exclamée : « Ils me l'ont tué ! Ils me l'ont tué ! »

L'autopsie, réalisée le surlendemain du meurtre, confirme les premières constatations effectuées par les policiers ayant découvert le corps : Robert Denoël, homme robuste en bonne santé, a été abattu d'une balle de calibre 11, tirée à bonne distance par un homme armé d'un Colt 45, et qui, le touchant au dos, lui a traversé la poitrine.

Robert Denoël avait 43 ans.

Les raisons de son assassinat vont donner lieu à de nombreuses hypothèses, notamment en raison des zones d'ombre qui entourent l'enquête :

- Crime crapuleux commis par un rôdeur non identifié ? C'est la conclusion de la première enquête, close le 26 janvier 1946, en dépit du fait qu'il ne s'est pas fait délester des douze mille francs que contenait son portefeuille.
- Exécution sommaire au nom de l'épuration ?
- Assassinat commandité par des personnalités ayant eu intérêt à récupérer le fameux dossier dont la victime comptait se servir lors de son procès ?
- Sans oublier la piste crapuleuse, puisque la maîtresse de Robert Denoël, Jeanne Loviton, se trouve hériter des éditions fondées par son amant.

Et, même si certaines suppositions semblent avoir été formulées pour créer du sensationnel et alimenter une théorie du complot, comment en être certain ?

Une chercheuse américaine, A. Louise Staman, a repris cette piste dans le seul livre qui, à ce jour, soit intégralement consacré à l'assassinat de Robert Denoël[76] :

« Ce qui est frappant dans ce livre, c'est de découvrir comment certaines personnes qu'on peut qualifier d'*intouchables* en sont arrivées, grâce à un jeu subtil et complexe de relations et d'influences, à bloquer peu à peu le cours de la justice.
Est-ce que la police a, d'emblée, reçu l'ordre de négliger certains faits et témoignages ? [...]
Avant de quitter son domicile, Denoël a eu une longue conversation avec un ami, qui répond à Ducourthial : "Je ne saurais dire exactement de quoi nous avons parlé au cours de cette communication qui dura au moins 20 minutes." Cet homme est le dernier à avoir parlé à Denoël le soir du crime, juste avant son départ pour les Invalides, et le policier, qui a attendu neuf mois avant de l'interroger, ne cherche pas à en savoir plus. [...]
Sur le plan civil, des événements inquiétants ont lieu. Des cessions de parts en blanc ont été enregistrées après la mort de Denoël, dépossédant sa veuve et son fils de la maison d'édition ; la garçonnière où il était domicilié depuis la Libération a été vidée de ses papiers, de ses livres ; quand Mme Denoël envoie un huissier au domicile de Mme Loviton, chez qui l'éditeur vivait maritalement, elle déclare qu'il ne possédait rien, juste les 12 000 francs qu'on a retrouvés sur lui. Cécile Denoël n'est pas femme à se laisser faire et elle va, durant cinq ans, livrer un combat sans merci pour récupérer son héritage et découvrir l'assassin de son mari.

Peut-être commet-elle alors l'erreur de lier le civil au pénal et de croire que le voleur est aussi l'assassin. Tous ses efforts ont un seul but : démasquer sa rivale. Le livre de Mme Staman nous restitue les péripéties sordides de ces procès en cascades qui ne déboucheront sur rien. Mme Loviton était du côté des puissants, elle avait les relations et les moyens qu'il fallait pour faire clôturer par un non-lieu une enquête qui devenait fort dérangeante, puisque le commissaire principal de la PJ parisienne concluait, en mai 1950, que "M. Denoël aurait pu trouver la mort à l'issue d'un rendez-vous consécutif à un appel téléphonique, à la suite d'une longue discussion dont l'objet reste indéterminé, mais qui pourrait avoir eu pour objet la possession du dossier qu'il avait constitué en vue de sa comparution devant le Comité d'épuration du livre".

La littérature revenait par la petite porte. Mme Staman propose le scénario suivant : Denoël, ayant compris d'où soufflait le vent de la justice en 1945, avait imaginé *d'arranger* le procès de sa maison d'édition, comme Jeanne Loviton l'avait fait pour son dossier personnel quelques mois plus tôt, c'est-à-dire en payant. En payant un avocat communiste réputé pour ses bonnes relations au Palais. Quel était le prix de cet arrangement ? Le dossier constitué pour sa défense et qui mettait en cause d'autres éditeurs ? Une valise de pièces d'or, comme le pensait sa veuve ? Les deux ? Il importe de savoir que,

désormais, la police était persuadée que l'éditeur n'allait pas au spectacle, mais à un rendez-vous capital, qui tourna mal, et où il laissa la vie. [...]
Tout cela tournait à la confusion pour la justice, et le procureur général Besson mit fin à cette parodie d'instruction en prononçant un non-lieu plus énorme encore que le reste. Pour Cécile Denoël, c'était la ruine. Jeanne Loviton revendit aussitôt la “maison de l'assassiné” à son concurrent Gallimard, qui n'attendait que cela depuis quinze ans[77]. »

XII

MARCEL DÉAT, GEORGES ALBERTINI, JACQUES DORIOT ET LA LÉGION FRANÇAISE DES VOLONTAIRES CONTRE LE BOLCHEVISME

Nous avons jusqu'à présent beaucoup parlé des résistants de la dernière heure et des collabos qui ne l'étaient pas vraiment, ou bien avaient été simplement poussés par des circonstances défavorables. Mais ce serait – presque – oublier que des personnages sinistres, sordides, quelquefois aussi flamboyants que le méchant protagoniste d'un film hollywoodien, ont également existé ; des gens ravis que Hitler gagne la guerre, que Pétain prenne le pouvoir, que les Juifs disparaissent.

L'histoire de Marcel Déat est celle d'un revirement, d'un virage à 180 degrés. C'est l'histoire de quelqu'un qui passe en une poignée d'années de Jaurès à Pétain, du socialisme au national-socialisme.

La première partie de son parcours est l'exemple parfait de la réussite républicaine : originaire d'un milieu modeste, il s'élève socialement grâce à une scolarité brillante qui le mène jusqu'à l'École normale supérieure, qu'il intègre à la veille de la Première Guerre mondiale. Il est alors âgé de 20 ans et milite à la Section française de l'Internationale ouvrière (SFIO). Il termine ses études après la guerre – dont l'horreur et la violence le marquent profondément, au point qu'à son retour du front il publie sous pseudonyme un livre intitulé *Cadavres et maximes, philosophie d'un revenant*, dans lequel on trouve déjà cet étrange mélange de pacifisme intransigeant et de fascination pour la camaraderie militaire.

Au cours des années 1920, il poursuit son parcours académique et politique sans rupture violente, se détachant progressivement de la gauche inspirée par Blum et Marx au profit d'un néo-socialisme plus autoritariste, sous l'égide de Renaudel et quelques autres.

Dans les années 1930, il participe au gouvernement Blum, rencontre de Gaulle qui voit en lui l'avenir de la politique, et exprime un pacifisme toujours aussi fort (au point d'accuser les dirigeants de la Troisième République de bellicisme). C'est à la même époque que s'affirme de plus en plus vivement son anticommunisme, et qu'il s'intéresse de plus en plus à la politique de Mussolini.

Lorsque la guerre éclate, il se range aux idées de Laval et se réjouit de l'armistice. En rupture avec un socialisme qui n'accepte ni la défaite ni l'Occupation, il crée un nouveau parti, le Rassemblement national populaire (RNP), qui opère une synthèse entre ses diverses idées : pacifisme, anticommunisme (et, désormais, aryanisme), fascisme, socialisme...

En 1942, il recrute, comme secrétaire administratif et organisateur du RNP, Georges Albertini.

Les deux hommes, bien qu'Albertini soit de quinze ans le cadet de Déat, ont un certain nombre de points communs : une origine familiale populaire, un passage remarqué à l'École normale supérieure, des racines politiques ancrées à gauche et l'idée que n'importe quelle solution vaut mieux que la guerre (Albertini se fâchera d'ailleurs avec le futur grand résistant Pierre Brossolette à ce sujet).

De même, Albertini et Déat voient dans l'État nazi la concrétisation de leur espérance d'un socialisme européen et un rempart au communisme. Le premier le confirme par des actes et des écrits :

> « [Albertini] s'illustre notamment par son zèle de sergent recruteur contre la Résistance. Également par un anticommunisme et un antisémitisme particulièrement violents. Deux haines pour lui indissociables, comme le confirme le titre d'un de ses éditoriaux à *National populaire* en juin 1942 : “Le communisme, entreprise juive”[78]. »

Quant à Déat, il s'épanche davantage sur son idéologie profonde dans un livre paru en 1944 :

> « L'État révolutionnaire de 1793 est singulièrement proche de l'État totalitaire ; ce n'est pas du tout l'État capitaliste et libéral. [...] Disons en raccourci que la Révolution française a tendu vers un national-démocratisme, et que nous tendons maintenant à un national-socialisme. Mais le premier mouvement était aussi révolutionnaire que le second, il avait le même sens, il allait dans la même direction. Il est absolument faux de vouloir les opposer l'un à l'autre[79]. »

Son idée, en créant le RNP, est notamment de rassembler l'ensemble des mouvements collaborationnistes au sein d'un parti unique ; mais Pétain ne soutient pas cette initiative, qui fait long feu.

Désavoué par Vichy, il va naviguer sur une ligne fragile à la cohérence parfois peu évidente, entre socialisme républicain, collaborationnisme forcené et pacifisme hitlérien – il s'imagine qu'Hitler va être le grand unificateur d'une Europe de gauche, laïque et anticommuniste...

C'est dans cet état d'esprit qu'il devient membre du Comité central de la Légion des volontaires français, accompagné de son fidèle Albertini qui y devient un recruteur de choc, rejoignant son concurrent politique Jacques Doriot.

Fondateur du Parti populaire français (PPF), Doriot est lui aussi un champion du grand écart idéologique, puisque, en quelques années, il passera du communisme au nazisme.

Issu d'une famille ouvrière et ouvrier lui-même (dans la métallurgie), il adhère très tôt au PCF.

Pendant la Grande Guerre, il combat au Chemin des Dames, où il se distingue à la fois par son attitude héroïque, qui lui vaut d'être décoré de la croix de guerre, et par son indiscipline, sanctionnée par un mois de prison.

Une fois la paix revenue, toujours aussi impliqué au Parti, il fait un séjour en URSS, au cours duquel on lui enseigne des techniques de propagande et d'agitation. Il rencontre Lénine et s'imprègne de bolchevisme. De retour en France, il est nommé à la tête des Jeunesses communistes où il devient très populaire. Sa carrière décolle, tandis que son militantisme perd en sincérité et gagne en calcul politicien.

Dans les années 1930, au cours d'autres séjours en URSS et en Allemagne, il se trouve aux premières loges pour observer la montée en puissance du parti nazi face à un parti communiste qui lui semble de moins en moins pertinent, et de moins en moins en phase avec ses ambitions, aussi bien politiques (constituer un front populaire avec le SFIO) que personnelles.

Mais des idées de ce genre ne sont pas du tout au goût de Maurice Thorez, qui provoque son exclusion en 1934.

Doriot supporte très mal de se faire évincer d'un parti où il se voyait comme l'étoile montante, et en conçoit beaucoup de rancœur et de colère.

Il va alors contre-attaquer en tentant de fédérer tous les mouvements ouvriers autour de sa personne, mais cette entreprise se révèle être un échec, qui le fait basculer dans un anticommunisme de plus en plus virulent. Dans le même temps, son désir d'éviter la guerre fait de lui le partisan d'un rapprochement avec l'Allemagne nazie, bien que jusqu'en 1935 on puisse dire de lui qu'il demeure un homme de gauche.

C'est l'année suivante que s'effectue le basculement vers une idéologie diamétralement opposée. Après les élections de 1936, qui voient le triomphe du Front populaire deux ans après que Doriot a tenté de faire adopter cette stratégie par le PCF, il est contacté par Gabriel Leroy-Ladurie, président de la banque Worms. Ce dernier, qui représente une alliance de grands entrepreneurs et de grands financiers, cherche un homme fort pour fonder un nouveau parti politique dont la fonction sera de détruire cette union de toutes les gauches.

Doriot y voit évidemment l'occasion de se venger de son humiliation subie au PCF.

C'est ainsi qu'à l'origine le PPF, dans l'esprit de son fondateur, et en dépit des bonnes fées qui se penchent sur son berceau, est un parti d'extrême-gauche, en tout cas ouvrier, qui se définit par une volonté de rassembler les travailleurs et de damer le pion aux communistes.

D'ailleurs, cette volonté de rassemblement tous azimuts, et cet anticommunisme de plus en plus présent, provoque au fil des mois le ralliement et l'appui de plusieurs personnalités de droite et d'extrême-droite.

L'autre aspect important de ce « programme », assez minimaliste, du PPF, sont le pacifisme et le refus de la guerre.

Ainsi, petit à petit, sous l'influence, entre autres, de Drieu la Rochelle, le PPF entame un glissement de plus en plus appuyé vers le fascisme, et se rapproche à la fois de l'idéologie nazie et des thèses de l'Action française. Les attaques antisémites font leur apparition en 1938 et, à partir de ce moment, la propagande du PPF se durcit considérablement.

C'est ainsi que, tout naturellement, après la défaite de la France, Doriot s'inscrit à la droite de Vichy, prône une collaboration active et se rapproche de Marcel Déat, à la fois par idéologie, opportunisme et stratégie politique.

Tout naturellement encore, il participe à la création de la LVF.

À la suite du déclenchement de l'opération Barbarossa, les nazis envisagent la création d'un régiment français au sein de la Wehrmacht. Appuyé par Doriot qui en prend la direction, ce régiment créé le 8 juillet 1941 prend le nom de Légion des volontaires français contre le bolchevisme. Très rapidement, il réussit ce que ni Doriot ni Déat (qui en rejoint très vite le Comité central) n'étaient parvenus à faire à la tête de leurs formations politiques respectives, c'est-à-dire rassembler toute la nébuleuse collabo ou fasciste française.

Néanmoins, son existence ne plaît pas à tout le monde : Hitler s'en méfie et Pétain préfère regarder ailleurs. Quant aux Français, même les collabos rechignent à combattre sur le front russe revêtus de l'uniforme allemand…

Bien qu'il soit difficile de donner des chiffres précis, on estime qu'environ 13 000 candidats se portent volontaires pour intégrer la LVF le long de ses quatre années d'existence. Sur ceux-là, environ 6 000 sont effectivement recrutés.

Les premiers volontaires, peu expérimentés et mal préparés, sont envoyés sur le front de l'Est pour appuyer la troupe. Ils se font massacrer. Les opérations suivantes se passeront donc davantage à l'arrière : représailles massives contre les civils, villages brûlés, populations massacrées, Juifs déplacés.

En décembre 1943, Doriot est décoré de la croix de fer pour la vaillance dont il a fait preuve pendant la campagne de Russie…

Six mois plus tard, sur ordre de Himmler, la LVF est démantelée ; ses 1 200 membres (nouvelles recrues ou survivants du front russe) sont intégrés à la Waffen SS sous le nom de division Charlemagne, de sinistre mémoire.

Ce qu'on ne pourra pas ôter aux hommes qui la composent, c'est la constance de leur engagement, puisque jusqu'au bout ils défendront, les armes à la main, le nazisme. Les soldats de la 33e Waffen-Grenadier-Division lutteront jusqu'à la fin et même au-delà, prenant une part active à la bataille de Berlin, y compris après le suicide de leur maître Hitler...

Et ensuite ? Que deviennent ces soldats perdus ?

> « La sortie de guerre est particulièrement délicate pour ces hommes. Ils ont franchi le Rubicon et, jusqu'au bout souvent, veulent y croire. Ainsi le SS Marcel Lhomet écrit-il dans une lettre en date du 30 mars 1944 :
> "C'est un SS qui t'écris. C'est la formation SS qui parle. Nous sommes un ordre de chevalerie, un ordre de soldats, nos lois sont dures. Notre voie est toute droite, sans compromis, et notre but est la victoire européenne, de la Race. [Hitler est] l'homme qui seul est capable de façonner les destinées de l'Occident et de la France."
> La [division] Charlemagne est prise dans les tourments de la fin du conflit. Certains de ses hommes se trouvent à Berlin lors de sa chute. D'autres ont été faits prisonniers par les Russes sur le front de l'Est, tel Jean Castrillo, qui s'y découvre slavophile, s'y convertit à l'orthodoxie, et participera après-guerre aux débuts de la Nouvelle droite et sera un cadre du FN. Il sera alors toujours auprès de Pierre Bousquet.
> Face à la débâcle, Bousquet est lui parvenu à se faire passer pour un Français du Service du travail obligatoire auprès de l'armée américaine. Le voici engagé par les

Américains pour organiser l'arrestation puis le renvoi vers la France des collaborationnistes... Il compte dans l'extrême droite d'après-guerre. Revenu à Paris, il participe en 1946 à un groupe clandestin d'ex-Waffen SS qui tente de placer ses membres dans les mouvements anticommunistes pour pouvoir les manœuvrer. [...] En termes militaires, l'apport des Français à la SS n'a pas eu de grande importance. Mais, en termes politiques, les anciens SS jouent après-guerre un rôle essentiel dans la reconstruction des extrêmes droites, y faisant montre de capacités d'élaboration idéologique et organisationnelle[80]. »

« Quelques Français de l'ex-LVF figureront encore parmi les derniers défenseurs du bunker de Hitler à Berlin, fin avril - début mai 1945 face à l'Armée rouge. Ces soldats français ont été parmi les derniers défenseurs de Berlin aux côtés de Waffen SS scandinaves et de volontaires de la Hitler Jugend. Jusque dans les années 1990, les pensions étaient versées aux anciens combattants français de la division SS Charlemagne par le gouvernement allemand. L'un des derniers combattants français sous l'uniforme allemand, Henri Fenet, un chef de bataillon, est mort en septembre 2002. Il avait reçu la croix de chevalier de la croix de fer en avril 1945[81]. »

Quant à Déat, Doriot et Albertini, les cautions intellectuelles et politiques des SS français, ils ne manifesteront pas exactement le même courage que les soldats français qui prêtèrent serment à Hitler, au Vel' d'Hiv, à la fin de l'année 1943.

Marcel Déat, comme beaucoup d'autres, fuit à Sigmaringen et, de là, en Italie, où il entame avec sa femme une cavale à travers le pays, qui durera deux ans, avant de troquer son nom contre celui de jeune fille de son épouse, ce qui suffira à semer ses poursuivants. Le couple s'installe alors du côté de Turin et ne sera plus inquiété. Déat est condamné à mort par contumace en juin 1945.

Dix ans plus tard, il s'éteint paisiblement.

Doriot, lui aussi, fuit à Sigmaringen, comme tout le monde. Le château de cette paisible petite bourgade située sur les bords du Danube, où se réfugient le gouvernement en exil de Vichy et toute la clique collaborationniste, a pendant quelques mois des faux airs de Saint-Tropez des vaincus…

Contrairement à ceux qui l'entourent, Doriot ne cède pas au désespoir et ne se prépare pas à un exil plus ou moins long (par exemple, au Danemark, comme certains, ou encore en Italie tel son ami Déat) ; d'après lui, son retour triomphal en France n'est qu'une question de temps.

Ce qu'il imagine, c'est l'avènement d'un « État populaire français », sans les Allemands et sans Vichy, mais, évidemment, avec lui comme rouage indispensable. Ironie de l'histoire : son programme ressemble, en beaucoup de points, à ce que le Conseil national de la Résistance va tenter d'imposer, en bataillant aux côtés des gaullistes – et parfois contre eux. Par contre, dans l'esprit du CNR, il n'y a aucune place pour Doriot au gouvernement. La seule qu'on lui réserve s'il s'avise de remettre un pied en France, c'est un cachot, voire pire.

En janvier 1945, allant au bout de son idée, il annonce la création du Comité de libération française. Cela pourrait ressembler à une blague absurde, mais, en tout cas dans son imagination, ce n'en est pas une. Il tente d'embrigader tous les exilés du château, contacte Hitler, prend rendez-vous avec Déat pour reformer l'union sacrée. Il y croit, dur comme fer.

Mais rien ne se passera comme prévu.

Le 22 février, alors que la voiture transportant Doriot à son rendez-vous avec Déat est en route vers Mengen, petite localité voisine de Sigmaringen, deux avions d'origine inconnue attaquent en piqué. Une première rafale détruit le véhicule et blesse gravement Doriot. Il s'extrait à la hâte de la carcasse et tente de se mettre à l'abri. Les avions fondent à nouveau sur leur cible, une nouvelle rafale le déchiquette. Il roule dans la poussière, mort.

Ses rêves de grandeur s'interrompent définitivement.

On ne saura jamais si les avions appartenaient aux Alliés ou à la Gestapo.

Le corps de l'ancien chef du PPF est inhumé au cimetière de Mengen, où il repose toujours.

Dans les années 1960, une ordonnance de l'armée française interdit d'entretenir sa sépulture. Celle-ci tombe alors dans l'oubli et, à l'heure actuelle, sa localisation exacte dans le cimetière est inconnue.

Reste Georges Albertini, le cadet de la sinistre bande, le recruteur le plus véhément, celui qui plus que tout autre haïssait la Résistance.

Celui-là ne fuit pas. Et même, il est assez confiant quant à l'issue du procès : « Vous savez parfaitement que je me disculperai aisément. La politique que j'ai faite ne m'a ni enrichi ni profité[82] », écrit-il à son avocat le 27 septembre 1944. Et, le 24 décembre, il note dans le journal qu'il tient au fil de l'audience :

> « Les deux [jurés] qui s'installent à la droite du président ne sont manifestement pas communistes : l'un a même une bonne tête paysanne ; il a dû être collaborationniste jusqu'en 1942 ! Les deux autres sont plus fermés : le premier a la tête classique du stalinien à œillères. Durant le procès, il ne s'ouvrira qu'à deux ou trois reprises, et son hostilité me semble invincible. Le second, haut en couleur, est parfois hilare, parfois glacial. Il finira tout de même par se dégeler et, en fin de procès, il me sera gagné. Quant au juré suppléant, il ne cessera de me donner des marques d'approbation[83]. »

Il s'en tire effectivement à bon compte : cinq ans de prison, alors que d'autres, moins importants que lui, y laissent leur tête. À Fresnes, où il est incarcéré, il se liera avec un certain… Hippolyte Worms, qui fut l'une des bonnes fées aidant Doriot à créer le PPF. Et cette amitié n'est que la première d'une longue série. Car Albertini n'est pas un homme fini, loin de là !

Lorsqu'il est gracié en 1948, sa carrière politique ne fait que commencer. Homme de réseaux, il traversera trois décennies en éminence grise, comme le montre ce grand portrait que lui consacre en 2014 *La Tribune* :

> « En vérité, il ne passera que trois ans et demi en prison. Son réseau SFIO d'avant-guerre va lui obtenir une sortie anticipée. Paul Ramadier est à la manœuvre, Guy Mollet également, mais surtout Vincent Auriol, élu premier président de la IVe République en janvier 1947, qui signera sa remise de peine.
>
> Après sa libération, il est immédiatement embauché par la Banque Worms. Il fonde alors le Bureau d'études et de documentation économique et social (BEDES) avec ses amis Guy Lemonnier, alias Claude Harmel, un autre ex-collabo, et surtout Boris Souvarine, ancien dirigeant de la IIIe Internationale communiste devenu un fervent adversaire de Staline. Ce centre d'archives est destiné à fournir des arguments et de la documentation à tous

ceux qui, politiques ou dirigeants économiques, veulent combattre le communisme. [...]
Cultivant ses réseaux, il se lie aussi d'amitié avec plusieurs gaullistes, tels Jacques Baumel, Roger Frey ou Jacques Foccart, le "Monsieur Afrique" du général de Gaulle. Il trouve des fonds (*via* le patronat de la métallurgie) pour financer les campagnes électorales des députés de toutes obédiences confrontées à des candidats communistes... Y compris François Mitterrand dans la Nièvre. [...]
Mais l'apogée d'Albertini fut atteint sous la présidence de Georges Pompidou, à partir de 1969. Le Président et Georges Albertini ont en commun le monde de la banque, chez Rothschild et frères pour le premier et chez Worms, on l'a dit, pour le second. [...]
Preuve de l'influence d'Albertini : avant même l'élection du président en juin 1969, il rédige [...] un véritable programme dont nombre de suggestions seront reprises dans le discours de politique générale prononcé le 16 septembre 1969 par Jacques Chaban-Delmas... Ou qui prendront forme dans les années suivantes. [...]
Fait peu connu, Georges Albertini est également celui qui fera rentrer dans "le droit chemin" toute une bande d'étudiants très énervés qui militent à l'extrême droite au sein du groupe Occident. Ces étudiants n'hésitent pas à faire le coup de poing sur les campus, notamment à Rouen en 1967. Ils ont pour nom : Alain Madelin,

Hervé Novelli, Patrick Devedjian, Gérard Longuet… Albertini va aider tout ce petit monde à se recycler. […]
Georges Albertini s'éteint en mars 1983, à l'âge de 71 ans. […]
Tout un symbole : ses obsèques sont organisées par le grand résistant Henri Frenay… Lui, le "collabo" qui échappa de justesse à une condamnation à mort à la fin de la guerre. Les réseaux, toujours[84] … »

XIII

PHILIPPE HENRIOT, LE GOEBBELS FRANÇAIS

« Trembler devant vous ? Mais vous savez bien que si nous tremblions, nous nous tairions. Mais si nous nous taisions, les pierres crieraient. Elles crieraient de colère et d'indignation devant notre avilissement. Vous tuez ? Soit. Mais n'essayez pas d'insulter vos victimes. Cela encore, c'est tellement juif que là aussi, vous vous trahissez, Lesage. Vos complots, vos entreprises, vos fureurs, quel aveu de votre impuissance. Voyons, vous êtes assuré que vos alliés vont vaincre. Vous déclarez que l'Allemagne est épuisée et agonise. Et, malgré cela, il vous faut encore le sang des pauvres diables, qui ne sont rien que des Français remplissant simplement leur tâche quotidienne : un chef de gare, un retraité, un facteur des postes… Vous dites : ce sont des traîtres. Soyez sérieux, Lesage : ce sont des adversaires politiques d'hier et c'est tout. Vos exécutions, ce sont celles des gens qui furent autrefois inscrits à des partis politiques que, depuis longtemps, les communistes ou les francs-maçons ont condamnés. Nous retrouvons dans votre prétendue armée de la Résistance tous les individus qui vivaient de la République et de la démocratie… […] Et c'est sur leurs adversaires que […] des vengeances […] s'abattent, aujourd'hui que vous avez remplacé les bulletins de vote par la mitraillette et que vous avez l'avantage de rencontrer souvent des gens sans armes devant vous[85]… »

Tel est le dernier éditorial prononcé à Radio-Paris par Philippe Henriot, ministre de la Propagande, le 27 juin 1944. Le Lesage dont il est question dans cette diatribe est un speaker de Radio-Londres, qui l'avait, quelques jours plus tôt, traité d'assassin.

Philippe Henriot, « la voix de la France », « le Goebbels français » – pour reprendre deux de ses surnoms les plus fréquents – est né en 1889 à Reims. La dynastie Henriot cultive la vigne et fabrique du champagne depuis le XVIIe siècle. Contrairement aux protagonistes du chapitre précédent, Philippe Henriot n'est pas un enfant de la République qui aurait mal tourné : chez lui, on est catholique, de droite, antisémite et antimaçonnique par tradition familiale. Et, dans ces matières, le petit dernier va se révéler très doué.

C'est tout naturellement à l'Institut catholique de Paris que Philippe Henriot fait ses études. Il n'est pas un élève spécialement brillant. Il finit professeur de littérature dans un collège – catholique évidemment – du Sud-Ouest. Peut-être par tradition familiale, il épouse l'héritière du domaine Château-Picon.

Après avoir assisté à la Grande Guerre en spectateur (ses poumons fragiles l'empêchent d'aller au front), il se partage entre l'enseignement et la gestion du domaine, en compagnie de son beau-père.

Ce mariage lui ouvre les portes de la bourgeoisie réactionnaire bordelaise, et son catholicisme celles du journal *L'Action catholique*, dont il devient rapidement directeur. Adhérent à la Fédération nationale catholique dès sa création en 1924 (association religieuse de droite, dont le credo est d'agir « dans l'intérêt de la religion catholique, de la famille, de la société et du patrimoine national »), il y prononce des conférences qui font éclater son indéniable talent d'orateur et le transforment en vedette locale auprès du public catholique. Il grimpe rapidement les échelons, devenant très proche de l'abbé Daniel Bergey, polémiste de choc qui lui a mis le pied à l'étrier et lui présente le fondateur de la fédération, le général Édouard de Curières de Castelnau.

À leur contact, Henriot se découvre une vocation militante qui ne le quittera plus. Les choses s'accélèrent et il doit faire un choix : il laisse tomber l'enseignement pour se consacrer à la politique. Il ne le regrettera pas.

L'abbé fonde un parti politique, l'Union populaire républicaine (d'orientation catholique et conservatrice), dans lequel évidemment Henriot s'implique beaucoup.

Les conférences qu'il donne pour la fédération débordent de la région et on peut l'entendre dans toute la France, devant un public toujours grandissant, tandis qu'il continue de diriger son journal. Il écrit aussi dans *La Liberté du Sud-Ouest*, quotidien appartenant au groupe de presse catholique La Presse régionale, et dont il prend un temps la direction.

Toute cette activité trouve son point culminant en 1932. C'est à cette date qu'il devient député de la quatrième circonscription de Bordeaux, succédant à son mentor l'abbé Bergey. Il y mène jusqu'en 1940 une politique violemment antisémite, anticommuniste, antimaçonnique et antiparlementaire, et trouve le temps également de fréquenter brièvement les Croix-de-Feu et les Jeunesses patriotes.

À la suite de l'affaire Stavisky, toute sa fougue éclate :

> « "La justice est saisie", proclamait Philippe Henriot à la tribune. La Chambre était censée débattre du budget. "La justice est, en effet, tellement saisie qu'elle en paraît paralysée." Ce brillant orateur de droite n'était-il pas tout désigné pour faire tomber le gouvernement ? [...] À grand renfort de sous-entendus, d'exagérations et de prédictions, il condamna l'administration tout entière[86]. »

Et, lors de la manifestation du 6 février 1934, qui tourne à l'émeute et manque de renverser la République, on le trouve aux côtés des Ligues. Il en tirera d'ailleurs un livre, *Le 6 février*, qui paraîtra chez Flammarion la même année, dans lequel il écrira, en avant-propos :

> « "Bref, une soirée d'émeute. Une émeute préméditée, organisée – et des dégâts qui nous reportent aux journées les plus rouges de 1919, sous Clemenceau. On ne reviendra pas nous parler, sans doute, d'une indignation populaire soulevée par le scandale Stavisky. Au point où en sont les choses, il s'agit bel et bien, nul ne s'y trompe, d'un coup de force fasciste dirigé contre le régime. Le régime s'est défendu."
> Ainsi ment cyniquement *L'Œuvre*, en son éditorial, au matin du 7 février. Et si nous la citons au frontispice de ces pages, c'est que ce mensonge-là, c'est celui qui, amplifié, enjolivé, perfectionné, va être répercuté pendant les jours suivants à travers la France par les soins conjugués de la presse de gauche, d'une TSF domestiquée, d'un cinéma mutilé, et que ce concert magnifiquement orchestré par les loges maçonniques, va s'efforcer désespérément de couvrir la clameur d'indignation qui monte de la terre française[87]. »

En 1938, lors de la crise des Sudètes, il défend les accords de Munich et affirme, à la suite de Laval, qu'il faut préserver la paix en Europe. Et si pour cela il faut s'entendre avec ce monsieur Hitler, ce n'est pas un prix bien lourd à payer.

En 1940, il se rallie évidemment à Pétain (qui avait d'ailleurs fréquenté son père à Saint-Cyr, le monde est petit...) et s'enthousiasme pour sa Révolution nationale qui, sur bien des points (haine des communistes, des maçons, des athées), rejoint les idées qu'il professe depuis toujours. Il s'en fait l'écho auprès de nombreuses publications d'extrême-droite, notamment *Gringoire* et *Je suis partout*, dans lequel on trouve aussi les signatures de Drieu la Rochelle, Rebatet, Brasillach, entre autres. Toute la crème de la (future) collaboration.

Alors que commence l'Occupation, il s'exprime quotidiennement à Radio-Paris pour défendre la collaboration et exprimer toute sa haine envers le général de Gaulle et la Résistance.

S'engage alors une « guerre des ondes » entre Radio Londres et Radio-Paris. Pierre Dac, notamment, est un de ses adversaires les plus virulents, utilisant tout son humour pour ridiculiser l'emphase d'Henriot, chantant par exemple, sur l'air de *La Cucaracha*, « Radio-Paris ment, Radio-Paris ment, Radio-Paris est allemand ».

Orateur d'exception, doué d'une très grande éloquence, il passait pour être meilleur avocat de la collaboration que Pétain ou Laval eux-mêmes ! Au point que certains le créditent d'avoir modifié l'opinion publique, qui au moment de la défaite était pourtant massivement favorable à la Résistance.

Ce sont les nazis qui, le 6 janvier 1944, l'imposent à la tête du secrétariat d'État à l'Information et à la Propagande, en remplacement de Paul Marion (proche de Jacques Doriot), et contre l'avis de Pétain.

Galvanisé par cet encouragement, il continue de plus belle ses allocutions radiophoniques, et fait preuve d'une virulence inégalée :

> « [Il] n'hésite pas, le 9 février 1944, à parler des maquisards en termes vraiment insultants : "Assassins d'enfants, affameurs d'enfants, telle est la noble profession qu'au nom de leur patriotisme ont choisi les gens du maquis."
> Il s'adressait ainsi à de Gaulle : "La France dépouillée de ses colonies, livrée au bolchevisme et occupée par les nègres, ce serait cela votre libération." Il dénonçait les "judéo-gaullistes", "les Juifs qui ont voulu, qui mènent, qui financent cette guerre et qui en attendent une domination universelle"[88]. »

> « Son succès est tel que ces émissions jusqu'alors boudées deviennent de véritables succès populaires, et qu'Henriot devient celui par lequel la pensée collaborationniste s'insinue dans les esprits[89]. »

Il occupe à tel point le devant de la scène qu'il se transforme en cible prioritaire pour la Résistance. À la mi-juin 1944, le Comac (Comité d'action militaire) désigne un groupe de combattants chargé de le neutraliser et conduire à Alger, *via* Londres, où il sera traduit en justice (n'oublions pas que l'Algérie est libérée depuis novembre 1942, et que Pierre Pucheu, premier membre du gouvernement de Vichy à être jugé dans le cadre de l'épuration, a été condamné à mort le 11 mars 1944 et fusillé neuf jours plus tard). Les ordres sont de le prendre vivant, mais de l'abattre s'il résiste.

Le commando, constitué de quinze personnes, se présente à 5 h 30 du matin au siège du ministère, rue de Solférino. Cette nuit-là, seuls Henriot et sa femme se trouvent dans l'immeuble désert. Alors que les menaces planent sur les collaborationnistes, aucun garde n'est présent. En temps normal, un milicien du nom de Pentolacci veille sur le couple, mais ce soir-là, le ministre, rentrant tard avec sa femme du cinéma, l'a par sympathie autorisé à rentrer chez lui. Il se trouve donc, par pur hasard, absolument sans protection.

On toque pour réveiller le concierge. Entrouvrant la porte, il se trouve face à plusieurs canons de revolvers, fermement tenus par des hommes qui lui intiment le silence.

Une fois dans l'immeuble, le commando se répartit en trois équipes. La première est chargée de faire le guet et de monter la garde. La deuxième doit ratisser l'immeuble et sectionner tous les câbles de téléphone. La dernière fonce directement aux appartements du ministre.

Henriot est réveillé par des coups frappés à la porte.

« Qui est là ? demande-t-il d'une voix ensommeillée. »

Une voix lui répond qu'il s'agit de la milice, que des terroristes veulent l'enlever, qu'ils sont là pour sa protection. Il faut partir vite !

Le couple – son épouse, elle aussi réveillée, l'a rejoint, ils se tiennent tous deux près de la porte, elle en chemise de nuit, lui en pyjama – se méfie. Il faut que l'un des résistants glisse sous la porte une fausse carte de milicien, pour qu'il consente à entrebâiller la porte.

Le commando force alors l'ouverture et fait irruption dans la pièce, armes pointées sur le couple.

« Ah ! dit Henriot. Vous voilà ! Évidemment… ! »

Le chef du groupe assure à la femme du ministre qu'il ne lui sera fait aucun mal.

Henriot tente de saisir les canons des armes braquées sur lui. Durant un instant, il tient sa chance. Mais trop tard. Feu ! Feu !

Une rafale le jette à terre. Une seconde achève le travail. Il est mort. Sans rien dire, laissant la veuve tétanisée contempler le cadavre percé de toute part perdre son sang à travers la fumée qui se dissipe rapidement, le commando se replie. L'opération a duré moins de vingt minutes.

Ainsi s'achève la brillante carrière de celui qui se présentait comme « un grand chasseur de papillons devant l'Éternel » :

> « Même à Vichy, alors qu'il était vêtu de la dignité ministérielle, il partait, filet en mains, pour rechercher dans la forêt de Randan, à 15 ou 20 kilomètres, quelques-uns de ces volatiles diaprés.
> En 1937 ou 1938, il avait même écrit un article magnifique sur les papillons. Et Tardieu[90], qui suivait avec une sympathie amusée ce jeune espoir de la droite : "Plutôt", lui déclarait-il, "que de nous en... nuyer avec vos Ligues, écrivez-nous des choses comme ça, sur les papillons."
> Mais les plus beaux papillons du monde auraient été insuffisants pour détourner Philippe Henriot [du chemin qu'il s'était choisi], brûlant sans cesse d'une fièvre qui n'était pas seulement physique, et que l'époque exaspérait[91]. »

XIV

L'INTERNEMENT ADMINISTRATIF

« Le recours massif à l'internement administratif dans les heures et jours suivant la Libération est un phénomène connu aujourd'hui. Ce que l'on ignore souvent, c'est qu'au-delà de la procédure traditionnelle, qui débouchait sur une remise en liberté rapide ou au contraire un renvoi devant un tribunal, l'internement a pu aussi fonctionner localement comme un mode de sanction spécifique et autonome avec l'assentiment des plus hautes autorités judiciaires et administratives[92]. »

Un fait est à garder à l'esprit, si on veut comprendre pourquoi se produisent nombre d'événements sordides ou pathétiques tels que ceux décrits dans les chapitres précédents : il s'écoule, entre le débarquement de Normandie et la signature de l'armistice par le gouvernement Allemand, pratiquement un an. Onze mois de chaos, au cours desquels la France est soumise à différents pouvoirs contradictoires :

l'occupant qui tente encore de renverser la situation à son avantage ; Vichy qui essaie de survivre ; les différents mouvements de la Résistance intérieure qui désirent faire justice et traquer les collaborateurs et mettent en avant, pour faire valoir leur autorité, qu'ils sont les véritables libérateurs de la France (sans oublier les FFI de la onzième heure, qui veulent surtout se fabriquer un héroïsme à peu de frais) ; de Gaulle, enfin, qui entend restaurer l'État de droit le plus rapidement possible et devenir le président de la France libérée, et qui est représenté par les préfets, la police et la gendarmerie. La situation est donc à la fois le produit des tensions extérieures créées par les nazis et Vichy, et celui des pressions qui s'exercent à l'intérieur même de la Résistance (intérieure et extérieure).

Alors que le pays se débarrasse peu à peu de l'ennemi, savoir quoi faire des traîtres et des profiteurs, déterminer qui dispose du pouvoir de nettoyer la France, est un enjeu majeur.

Dans cette période trouble, le Gouvernement provisoire de la République française va reprendre la main sur l'épuration, notamment en l'insérant dans un cadre légal et institutionnel, même si cela se fera au moyen de dispositions exceptionnelles et destinées à s'appliquer aussi peu de temps qu'il sera nécessaire.

L'ordonnance du Comité français de la libération nationale, le 3 juin 1943, promulguée dans la foulée du procès de Pierre Pucheu (pour mémoire : il est condamné à mort le

11 mars de cette même année et fusillé neuf jours plus tard, le 20), marque le point de départ de ce travail législatif :

« Le général Giraud, agissant en vertu de la déclaration et des ordonnances du 14 mars 1943,
Le général de Gaulle, agissant en vertu du mandat à lui délivré le 25 mai 1943 par le Comité national français,
Considérant que, du fait de l'occupation du territoire français par l'ennemi, l'exercice de la souveraineté du peuple français, fondement de tout pouvoir légal, est suspendu ;
Que le Comité national français et le Commandement en chef civil et militaire ont décidé d'unifier leur action pour assurer la direction de l'effort français dans la guerre, la défense des intérêts permanents de la France et la gestion des affaires concernant les territoires et les forces relevant jusqu'à présent de leur autorité respective,
Ordonnent :
Article 1er – Il est institué un pouvoir central français unique qui prend le nom de Comité français de la Libération nationale.
Article 2 – Le Comité français de la Libération nationale dirige l'effort français dans la guerre, sous toutes ses formes et en tous lieux.
Article 3 – Le Comité français de la Libération nationale exerce la souveraineté française sur tous les territoires placés hors du pouvoir de l'ennemi ; il assure la gestion

et la défense de tous les intérêts français dans le monde ; il assume l'autorité sur les territoires et les forces terrestres, navales et aériennes relevant jusqu'à présent soit du Comité national français, soit du Commandement en chef civil et militaire.

Le Comité conclut les traités et accords avec les puissances étrangères, les deux présidents accréditent les représentants diplomatiques auprès des puissances étrangères, les représentants étrangers sont accrédités auprès d'eux.

Article 4 – Conformément aux documents échangés antérieurement entre le Comité national français et le Commandement en chef civil et militaire et, notamment la lettre du général Giraud du 17 mai 1943 et la réponse du général de Gaulle du 25 mai, le Comité français de la Libération nationale exercera ses fonctions jusqu'à la date où l'état de libération du territoire permettra la formation, conformément aux lois de la République, d'un Gouvernement provisoire auquel il remettra ses pouvoirs. Cette date sera, au plus tard, celle de la libération totale du territoire.

Article 5 – Des décrets détermineront l'organisation et le fonctionnement du Comité français de la Libération nationale.

Article 6 – La présente ordonnance sera exécutée comme loi[93]. »

Toute une série de mesures légales va alors être promulguée. Mais, on l'a vu, ces mesures ne sont guère suivies d'effets immédiats en métropole. Les circonstances chaotiques de la Libération rendent leur application difficile. Au contraire, ce sont les comités locaux de la Résistance et les FFI qui s'occupent dans un premier temps d'arrêter, juger et bien souvent condamner ceux qui sont accusés, ou simplement soupçonnés, d'avoir collaboré avec l'occupant. De plus, outre les difficultés logistiques qu'entraîne la volonté de rétablir l'autorité de l'État alors que la guerre continue de faire rage, une partie de la Résistance considère que, dans la mesure où les combattants présents sur le sol français et non les Forces françaises libres ont libéré le territoire, le privilège de faire le ménage leur revient, sans attendre le rétablissement de la République. Ils ont d'ailleurs bien souvent le soutien d'une population qui préfère une justice expéditive, violente, vengeresse et immédiate, au lieu d'attendre que se tiennent les procès. Une soif de sang et un ressentiment profond sont, véritablement, à exprimer. D'où les exécutions sommaires, les massacres collectifs, les tontes de femmes, les nombreuses scènes de barbarie qui font suite à la Libération.

C'est dans ce contexte complexe et tendu, tissé aussi bien de solidarité que de concurrence entre les différentes instances de la Résistance, que les premiers collaborateurs sont enfermés dans des camps, en attendant de pouvoir être jugés légalement. Cette mesure est un moyen de les mettre hors d'état de nuire aussi bien que de les soustraire à la vindicte populaire.

Politiquement, interner les suspects de collaboration dans des camps soumis à la surveillance de la gendarmerie et à l'autorité du préfet, exprime la volonté du CFLN de restaurer l'ordre républicain. Enfin, après l'Occupation, le chaos des combats, les troubles et la violence de la Libération, une prise en charge officielle et juridique de l'épuration se met en place. C'est aussi la manifestation d'une forme de coopération entre les deux Résistances, intérieure et extérieure : tandis que les FFI arrêtent et internent, le CFLN – et plus tard le GPRF – rédige et promulgue les ordonnances et les arrêtés rendant légales ces incarcérations.

Les lieux d'internement ne manquent pas. Les Allemands ont éprouvé la nécessité d'enfermer, durant l'Occupation, plus d'un demi-million de personnes : résistants, communistes, trafiquants de marché noir, Tziganes, prisonniers en attente de déportation vers les camps de concentration en Allemagne et même délinquants de droit commun, les catégories de personnes à priver de liberté étaient nombreuses.

En toute logique, au fur et à mesure de la Libération, les camps repris à l'ennemi sont donc réutilisés pour y circonscrire les individus accusés de traîtrise. Mais les suspects sont nombreux, et les camps insuffisants. Aussi, d'autres lieux, des plus classiques (prisons) aux plus inhabituels (casernes, lycées, voire châteaux) sont également réquisitionnés pour cet usage. D'après une liste établie par le ministère de l'Intérieur en décembre 1944, 171 sites auraient été utilisés, dans un contexte instable :

> « Les premiers internements témoignèrent de ces légitimités croisées et de cette chronologie complexe. Dès que les autorités officielles furent en place, elles cherchèrent à prendre au plus vite le contrôle de l'épuration, qui fut elle-même un enjeu de pouvoir. Si la situation varia avec les départements et la rapidité de leur libération, les premières semaines furent caractérisées par une grande improvisation. Résistants locaux mais aussi militaires conduisirent les personnes suspectes dans de multiples lieux d'internement administratif. Quand il s'agissait de camps déjà existants, souvent les FFI en prenaient le contrôle, avant une régularisation par le préfet ou le commissaire de la République et la désignation des nouveaux directeurs[94]. »

Une première ordonnance, promulguée le 4 octobre 1944 par Adrien Tixier, donne aux préfets le pouvoir, jusqu'à ce que la paix soit revenue, d'arrêter et d'interner les personnes jugées dangereuses ou de nature à contrecarrer le processus de libération nationale, et institue des commissions de vérification dont la tâche est d'étudier chaque dossier, afin de libérer ceux qui doivent l'être et de déférer les autres devant un juge.

Divers arrêtés et circulaires viennent également préciser ces dispositions, au fil des mois.

Adrien Tixier, militant SFIO et ancien directeur général du Bureau international du travail à Genève, est également un héros de la Première Guerre mondiale : il y a perdu un bras au combat en août 1914. Vivement opposé à l'armistice proposé par Pétain à l'Allemagne, il rejoint le général de Gaulle sitôt lancé l'appel du 18 juin, et travaille à ses côtés. Il occupe dès 1941 des fonctions importantes. D'abord représentant de la France libre en Amérique et ministre des Affaires sociales, il devient, à partir de septembre 1944 et jusqu'en 1946, ministre de l'Intérieur au sein du Gouvernement provisoire de la République française, succédant à Emmanuel d'Astier de La Vigerie. C'est donc à lui qu'incombe le rétablissement de la légalité dans une France livrée au chaos, tâche à laquelle il se consacre avec une grande énergie et beaucoup de zèle :

> « Dans une longue circulaire du 3 novembre 1944, il revenait sur le développement exponentiel qu'avait connu l'internement, sur la diversité des lieux d'internement et sur l'absence, le plus souvent, de dossiers ou même d'informations solides. "Le Gouvernement provisoire de la République – expliquait-il – entend diriger avec vigueur la répression des faits de collaboration et

des activités antinationales, mais il entend aussi sauvegarder la liberté individuelle dans le cadre de la légalité républicaine."[95] »

Son intention est également d'instruire les procès le plus rapidement possible, afin que soient désengorgés les camps :

« Il s'agit de régulariser [...] la situation de fait, souvent désastreuse, où se situent des milliers d'internés, afin que les nombreuses arrestations auxquelles il a été procédé immédiatement après la Libération et qui n'ont fait encore l'objet d'aucun examen soient soumises dans le plus bref délai à la décision des préfets[96]. »

Désengorger les camps, certes, mais aussi les soustraire à cette inadmissible fonction de prison par défaut, dans lesquelles sont enfermés des présumés coupables désignés comme tels sans jamais avoir eu droit à un procès en bonne et due forme, et encore moins à une instruction judiciaire. Afin de clarifier ce dernier point, parfois flou dans l'esprit des préfets ou des résistants qui procèdent aux arrestations, il précise, dans une autre circulaire :

« Dans de nombreux cas les mesures administratives d'internement, d'éloignement ou d'astreintes à résidence sont considérées par ces hauts fonctionnaires comme des peines destinées au même titre que les peines judiciaires, à punir les individus coupables d'actes de collaboration ou d'activités antinationales. Une telle pratique est particulièrement fréquente lorsqu'il s'agit de régler la situation d'individus arrêtés après la Libération et auxquels ne peuvent être reprochés que des faits de collaboration sans grande gravité. Il y a là, à mon sens, une confusion regrettable entre l'action administrative et l'action judiciaire. [...] Les mesures administratives de privation ou de restriction de liberté prévues par l'ordonnance du 4 octobre 1944 ne sont pas des peines en soi. Ce sont des mesures de police administrative destinées, conformément à l'article 1er de cette ordonnance, à mettre hors d'état de nuire les individus dangereux pour la défense nationale ou la sécurité publique. C'est donc ce critère du danger que la liberté de l'individu en question présente pour la défense nationale ou la sécurité publique qui doit être la base des décisions des préfets et commissaires régionaux[97]. »

Contrairement à ce qu'avait disposé Adrien Tixier dans l'ordonnance du 4 octobre 1944, une fois l'armistice signé, le 8 mai 1945, la situation exceptionnelle que constitue l'attribution aux préfets des pleins pouvoirs pour décider d'arrêter et d'interner toute personne dangereuse, sans décision préalable de justice, ne cesse pas. Il s'écoule plusieurs semaines avant que le ministre ne rédige une circulaire y mettant officiellement fin :

> « Le conseil des ministres a décidé qu'il convenait de revenir au plus tôt à la légalité républicaine d'après laquelle nul ne peut être arrêté sans décision de justice et incarcéré sans mandat délivré par un juge d'instruction. En conséquence, le conseil des ministres a décidé qu'il y avait lieu de prendre, dès maintenant, des mesures préparatoires en vue de la suppression du régime de l'internement administratif[98]. »

Le 10 mai 1946, la loi numéro 46-991 fixe la date légale de la fin des hostilités et met un terme officiel à l'internement administratif.

Au cours des deux années précédentes, cette procédure exceptionnelle a concerné environ 50 000 personnes, si on en croit les données établies par le ministère de l'Intérieur. Mais la plupart des historiens considèrent que cette estimation est très en dessous de la réalité. Ainsi, selon Bénédicte Vergez-Chaignon, si on compte « les arrestations désordonnées, les centres de détention improvisés [...] et les camps d'internement [...], plus de 100 000 personnes furent, en cumul, internées entre la Libération et [...] la fermeture du dernier camp[99] ».

Quant à leur gestion et aux conditions dans lesquelles s'exerce l'incarcération, on trouve évidemment une très grande variété de situations, des plus respectueuses de la morale et de la justice, aux plus iniques.

Ainsi, dans un rapport du 31 octobre 1944, le docteur Duhamel, chargé de l'inspection d'un camp parisien, signale ces abus :

> « Les femmes sont 200 dans la même pièce, elles ne peuvent même pas s'allonger sur le sol. L'eau des waters leur sert pour la toilette. Le dépôt est en principe un endroit de passage, mais en fait les intéressés y restent parfois deux mois. À l'heure actuelle, il y a environ 1 200 détenus au dépôt[100]. »

Parlant du même camp, une assistante sociale – qui a le triste privilège d'avoir été internée par les Allemands à Drancy, et qui peut donc comparer les deux « régimes » – ajoute :

> « Est-il humain de laisser des êtres humains, même coupables, dans une telle misère ? Les Français savent-ils que des femmes ont été tatouées de croix gammées sur le visage et sont ainsi marquées pour la vie ? J'ai connu les camps d'israélites comme je connais les prisons actuelles. Je n'ai jamais vu de telles horreurs qu'aujourd'hui. […] Faut-il vraiment que la France, enfin libérée, n'ait retenu d'une occupation d'un peuple abhorré que la plus sauvage de ses institutions[101] ? »

Adrien Tixier a beau tenter, au moyen de règlements et de commissions de contrôle, de maîtriser ce qui se passe à l'intérieur des camps, il est difficile de conjuguer une administration irréprochable avec les importantes difficultés matérielles qu'ils subissent : manques de moyens, de nourriture, de personnel sont la norme, de même que les soins médicaux insuffisants ou absents, l'hygiène déplorable, la surpopulation carcérale. Sans parler, bien sûr, des tensions très vives opposant internés et gardiens, qui souvent se connaissent et ont en commun d'importants contentieux... voire d'anciennes complicités : en effet, si les camps sont systématiquement dirigés par des résistants, le personnel de surveillance, quant à lui, peut aussi bien appartenir à la FFI qu'être constitué d'anciens matons y ayant exercé leur office durant l'Occupation ! Le manque de bras est ici comme partout un problème majeur, et on y remédie comme on peut...

Pénurie oblige, dans certains camps se pratique allègrement le marché noir. Dans d'autres, en raison de cette promiscuité entre détenus et geôliers, règne la corruption la plus révoltante, et l'arbitraire qui en découle.

Lorsque tout manque, du tabac à la viande en passant par le vin, le beurre et le sucre, recevoir ou envoyer des colis, ou même une simple lettre, obtenir un droit de visite, tout se monnaie.

Ce qui se passe derrière les murs est à déconseiller aux âmes sensibles. De nombreux témoignages évoquent avec force détails les mauvais traitements, les privations de nourriture, les coups, voire les tortures infligées aux internés… Dans certains endroits, les tentatives d'évasion sont réprimées dans le sang, et les gardiens autorisés à tirer à vue sur toute personne essayant de fuir.

Néanmoins, ni les mauvaises conditions d'incarcération ni les accusations de brutalité – le plus souvent, dans un cas comme dans l'autre, opportunément démenties par les responsables des camps – ne soulèvent l'indignation de la population, ni ne suscitent de sa part une grande compassion. Il ne faut pas oublier que, pour tous ceux qui sont libres et innocents, les conditions de vie sont déjà très mauvaises et les privations constantes. Alors, si ceux qui ont collaboré ou se sont engraissés sur le dos des honnêtes gens dorment sur des paillasses miteuses, sautent quelques repas et prennent quelques claques sans aucun doute méritées, tout cela ne risque pas d'émouvoir grand monde !

Cette indifférence prévaut même quand il s'agit d'un peu plus que quelques claques, voire de véritables sévices dignes de la Gestapo :

> « On m'a frappé à coups de matraque en caoutchouc et à coups de poings et à coups de pieds dans les côtes et dans le ventre. On m'a déshabillé, on m'avait mis dans une baignoire d'eau froide et on m'y a plongé la tête, on m'a fait des applications de courant électrique dans les parties, la verge, l'anus, derrière la tête. D. m'a

cisaillé les doigts avec une pince. Il m'a fait mettre à genoux sur une barre de fer sur laquelle il a fait passer du courant[102]. »

On pourrait penser que, d'une part, on peut tout à fait mettre en doute la parole du plaignant, qui se caractérise en général par une moralité douteuse (sinon, que ferait-il là ?). D'autre part, il est facile, à l'époque, de considérer que cela n'est que justice. Après tout, ceux qui se font martyriser de la sorte sont les mêmes qui, à leur tour, ont tout autant torturé et assassiné… Œil pour œil, en somme[103].

Réellement coupables ou suspectés pour rien, beaucoup d'internés administratifs vivent cet épisode de leur vie comme un puissant traumatisme. Certains cèdent même au désespoir et tentent de se suicider :

« [À Fresnes], ils se sont pour la plupart jetés de la coursive du quatrième étage. Cette chute d'une hauteur de quinze à seize mètres n'entraîne pas toujours la mort immédiate et nombre d'entre eux décèdent après une agonie de plusieurs heures. Un cas rapporté par l'abbé Popot[104] illustre la détermination de ces désespérés. L'un d'eux, seul occupant de sa cellule, est confessé en tête à tête. […] Bousculant l'abbé, il se rue dehors par la porte restée entrouverte et se précipite dans la nef de la division[105]. »

Le travail de triage des Commissions de vérification des internements administratifs, qui doit examiner les dossiers de chaque individu interné afin de décider de sa remise en liberté ou de sa présentation devant un juge, s'exerce donc dans des conditions pour le moins difficiles. D'autant que, pour beaucoup de détenus, le « dossier », quand il y en a un (« À la prison de Fresnes [...], seuls 150 des 1 000 cas examinés par la commission de triage entre le 16 septembre et le 3 octobre 1944, [en] ont un[106]. ») se résume à une preuve mineure découverte lors d'une perquisition (carte d'adhésion à un parti collaborationniste), à un témoignage, voire à de simples soupçons, basés sur des on-dit ou sur une attitude et un comportement suspects.

Dans la fièvre de la Libération, les FFI ne s'embarrassent guère de procédures judiciaires ni de présomption d'innocence. Face à une telle incurie, il n'est donc pas surprenant que les commissions soient d'une grande clémence, d'autant plus qu'elles sont soumises à la pression d'un ministère désireux que les choses aillent vite et qu'on traduise en justice des collaborateurs avérés, aux crimes sérieux. On estime qu'environ un interné sur deux est remis en liberté sans être déféré devant un tribunal. Cette indulgence ne va pas sans provoquer, parfois, le mécontentement de la population qui, dans certains cas, ira jusqu'à se faire justice, quand ce n'est pas le préfet lui-même qui décide, sous la pression des comités de résistance locaux ou par démagogie, de pratiquer des réinternements parfaitement abusifs !

Mais, en dépit des abus de toutes parts, et des difficultés nées à la fois de circonstances matérielles extrêmement difficiles et de conflits opposant ceux qui se jettent avec toute leur énergie dans le projet de faire renaître la paix et la sécurité sur le territoire afin de préparer sa reconstruction, les camps d'internement administratifs auront contribué, d'une certaine manière, à rétablir l'ordre républicain en France.

XV

L'APPAREIL LÉGISLATIF DE L'ÉPURATION

Trois principes fondamentaux ont servi de base à la législation de l'épuration, selon l'historien Robert Aron :

> « Premièrement : Le gouvernement de Vichy est un gouvernement illégitime ;
> Deuxièmement : L'armistice n'est pas la paix, mais implique, au contraire, même s'il se prolonge quatre ans, la continuation de l'état de guerre.
> Troisièmement : Des lois nouvelles peuvent avoir un effet rétroactif, lorsqu'elles s'appliquent à des délits nouveaux, que les précédents législateurs n'avaient pu ni prévoir, ni imaginer[107]. »

Le premier principe est évident – et énoncé par le général de Gaulle dès juin 1940.

Le deuxième mérite un éclaircissement. Le refus de l'armistice est la principale justification de toute l'épuration légale. En effet, en refusant de considérer que l'armistice du 22 juin 1940 met fin à la guerre, le général de Gaulle peut ainsi établir que tout acte de collaboration avec les Allemands est un crime d'intelligence avec l'ennemi. De plus, politiquement, cela lui permet de donner un fondement au refus de reconnaître le régime de Vichy comme gouvernement légal.

Le troisième point est en totale contradiction avec la Déclaration des droits de l'homme et du citoyen et avec le Code civil (respectivement : « Article 8 : Nul ne peut être puni qu'en vertu d'une loi établie et promulguée antérieurement au délit, et légalement appliquée » ; « Article 2 : La loi ne dispose que pour l'avenir ; elle n'a point d'effet rétroactif »). Cela ne va pas sans poser de graves problèmes constitutionnels. Mais sa motivation est aisée à comprendre : les lois promulguées après la Libération, pour punir des comportements qu'aucune disposition ne réprimait pendant l'Occupation, n'ont évidemment aucune utilité si leur temps d'application s'étend, conformément à la Constitution, à partir de la date où elles sont promulguées. Mais si le bon sens admet facilement cette obligation de rétroactivité, il est nécessaire de la justifier sur un plan juridique et politique.

Ce sera fait dans l'exposé des motifs de l'ordonnance du 26 août 1944 instituant l'indignité nationale :

« Les agissements criminels des collaborateurs de l'ennemi n'ont pas toujours revêtu l'aspect de faits individuels caractérisés susceptibles de recevoir une qualification pénale précise, aux termes d'une règle juridique soumise à une interprétation de droit strict. [...] Il ne s'agit pas de prononcer une peine afflictive ou même privative de liberté, mais d'édicter une déchéance. Le système de l'indignité nationale ne trouve pas sa place sur le terrain de l'ordre pénal proprement dit ; il s'introduit délibérément sur celui de la justice politique où le législateur retrouve son entière liberté et plus particulièrement celle de tirer, à tout moment, les conséquences de droit que comporte un état de fait[108]. »

Avant cela, l'ordonnance du 26 juin 1944 relative à la répression des faits de collaboration est le premier outil de l'arsenal législatif dont se dote l'épuration.

Corrigeant et augmentant celle du 18 août 1943, qui instituait pour une durée de trois mois une commission d'épuration à Alger, elle rend possible la répression en France :

« Article 1er – Il est institué, au fur et à mesure de la libération du territoire métropolitain, au chef-lieu de

chaque ressort de cour d'appel, une cour de justice qui aura pour objet de juger les faits commis entre le 16 juin 1940 et la date de la Libération qui constituent des infractions aux lois pénales en vigueur le 16 juin 1940 lorsqu'ils révèlent l'intention de leurs auteurs de favoriser les entreprises de toutes natures de l'ennemi, et cela nonobstant toute législation en vigueur.
Article 2 – Les auteurs des infractions visées à l'article 1er commises au préjudice de l'une quelconque des nations alliées en guerre contre les puissances de l'Axe, sont punis des mêmes peines que si les infractions avaient été commises au préjudice de la France.
Par interprétation des dispositions définissant les infractions, sont assimilés aux troupes françaises tous ceux qui ont continué la lutte notamment, les résistants, les prisonniers évadés, même isolés et les soldats alliés. [...]
Article 4 – Dès qu'une partie suffisante du territoire métropolitain est libérée, le commissaire délégué peut, s'il le juge opportun, constituer à titre provisoire, une cour de justice au siège de l'un des tribunaux libérés.
Cette cour provisoire de justice fonctionne jusqu'à ce que soit établie la cour de justice du ressort de la cour d'appel prévue à l'article 1er. Les procédures en cours seront immédiatement adressées à celles-ci.
Article 5 – Jusqu'à l'établissement de la cour de justice, les juridictions militaires ou de droit commun sont normalement compétentes.

Elles se dessaisissent d'office au profit de la cour de justice dès son installation[109]. »

Quelques mois plus tard, le 28 novembre, une nouvelle ordonnance abroge celle du 26 juin. Ce nouveau texte reprend en partie son prédécesseur, mais surtout le modifie en profondeur et le complète nettement, faisant passer le nombre d'articles de 36 à 83.

Parmi les modifications les plus importantes, l'article premier étend désormais la période d'infraction à toute date antérieure au 16 juin 1940.

Suivent, les 26 août, 30 septembre et 26 décembre 1944, et le 9 février 1945, une série d'ordonnances instituant, définissant, encadrant et réprimant ce nouveau crime, évoqué dans l'exposé des motifs de l'ordonnance du 26 juin 1944, et appelé l'indignité nationale.

Ce crime est constitué par le fait d'avoir « postérieurement au 16 juin 1940, soit sciemment apporté en France ou à l'étranger une aide directe ou indirecte à l'Allemagne ou à ses alliés, soit porté atteinte à l'unité de la nation ou à la liberté des Français, ou à l'égalité entre ceux-ci ». Ainsi, l'adhésion à certains partis tels que le PPF ou à un organisme comme la Milice, la participation, de près ou de loin, à la politique antisémite menée par le gouvernement de Vichy, qui ne constituaient jusqu'alors pas des crimes aux yeux de la loi, sont désormais définis comme tels et réprimés.

La peine encourue par celui qui se rend coupable d'indignité nationale est, en toute logique, la « dégradation nationale ». Cette sanction prive celui qui la subit de la jouissance de certains droits. Sa durée est variable, allant de quelques années à la perpétuité (les Français frappés d'indignité nationale à vie ont représenté environ 10 % des condamnés). L'indigne ne peut plus voter ni se présenter à une élection, perd son rang dans les forces armées, ne peut plus exercer de fonction publique ni diriger une entreprise opérant dans le domaine de la banque, la presse ou la radio, ne peut plus avoir de charge dans un syndicat ou une organisation professionnelle, ne peut plus travailler dans la justice, le journalisme ou l'enseignement, ne peut plus porter de décoration militaire et ne peut plus posséder d'arme. D'autre part, il peut être interdit de séjour, déchu de ses droits à la retraite et se faire confisquer tout ou partie de ses biens.

Entre août 1944 et la loi d'amnistie du 5 janvier 1951 qui mettra fin à ce chef d'accusation, plus de 50 000 personnes seront condamnées à cette peine, de manière plus ou moins sévère.

XVI

TRIBUNAUX DE L'ÉPURATION ET ÉPURATION DES TRIBUNAUX

L'épuration judiciaire constitue une justice d'exception et, en tant que telle, elle est limitée dans le temps. Aussi, des juridictions spéciales sont créées pour instruire ces affaires.

Les cours de justice sont des tribunaux pénaux et fonctionnent sans appel possible. Pour juger des délits civils, il existe une chambre spécifique rattachée aux cours de justice, appelée la chambre civique. On notera, pour l'anecdote, que les chambres civiques ont failli s'appeler « sections spéciales », ce qui a posé un petit problème : une juridiction de ce nom existait déjà et condamnait les crimes politiques… sous le gouvernement de Pétain.

Alors que la dégradation nationale est infligée dans les chambres civiques à titre de peine principale, elle est, dans les cours de justice, complémentaire à des peines plus sévères, telle que la prison.

Enfin, la Haute Cour de justice, quant à elle, juge exclusivement les membres du gouvernement de Vichy, c'est-à-dire le chef de l'État (autrement dit, le maréchal Pétain), le chef du gouvernement, les ministres, les commissaires généraux, les résidents (dans la France colonialiste de l'époque, les résidents sont les diplomates ou les militaires qui étaient détachés auprès du souverain local d'un protectorat, par exemple le Cambodge), les gouverneurs généraux et les hauts fonctionnaires.

Ces nouvelles juridictions, instituées par l'ordonnance du 26 juin 1944, sont le fruit d'une réflexion menée depuis les débuts de la Résistance, d'abord au sein de réunions clandestines et secrètes, ensuite par les membres du gouvernement provisoire à Alger.

Bien que fort critiquable sur de nombreux points (et ses détracteurs ne s'en priveront pas), cette cour présente l'énorme avantage de manifester à nouveau une autorité centrale, et remplace les vengeances individuelles par une justice républicaine :

> « Peu à peu cessent les représailles où la Résistance risquait d'être déshonorée, écrit de Gaulle en évoquant cette époque. Il y aura encore quelques séquestrations, pillages ou assassinats, dont les auteurs subiront, d'ailleurs, la rigueur des lois. Mais ces derniers soubresauts sont très exceptionnels[110]. »

Avec le ministre de l'Intérieur Adrien Tixier, François de Menthon est l'un des principaux artisans de l'épuration judiciaire, puisqu'il est aux côtés de De Gaulle à Alger, où il assume la fonction de commissaire à la Justice pour le Comité français de la Libération nationale. Après la Libération, il devient le premier ministre de la Justice du gouvernement provisoire, à partir de septembre 1944.

Il sera également chargé par de Gaulle d'instruire les procès du maréchal Pétain et de Charles Maurras ; c'est également de Gaulle qui le nommera procureur au tribunal de Nuremberg.

François de Menthon, aristocrate catholique considérant que la noblesse ne confère aucun droit mais impose au contraire beaucoup de devoirs, se bat au front pendant la guerre. Blessé et fait prisonnier, il s'évade et rejoint la Résistance dès 1940. Il crée ses propres mouvements avant de rejoindre Combat et d'en devenir l'un des responsables. Il participe à de nombreuses opérations, notamment de sabotage, et écrit également dans le journal clandestin homonyme. En 1943, se sentant plus utile dans la France libre, il décide de rejoindre de Gaulle en Algérie. Il participe, notamment avec Pierre-Henri Teitgen et Alexandre Parodi ou Michel Debré, au Comité général d'études, fondé à l'initiative de Jean Moulin dans le but de préparer, sur le plan administratif, politique, etc., l'après-guerre :

> « Le Comité des experts naît officiellement le 1er juillet 1942, date à laquelle Jean Moulin annonce sa constitution au général de Gaulle. Après le Bureau d'information et de presse (BIP), ce comité est le deuxième des services communs créés par Moulin dans le cadre de la Délégation générale naissante afin de faire coopérer les trois grands mouvements de la zone libre, Combat, Franc-tireur et Libération-Sud, et de les conduire progressivement à se placer sous l'égide de la France libre. La mission qui lui est assignée est prospective. En liaison avec les groupes d'études issus des mouvements, il doit travailler aux projets de réforme constitutionnelle, politique, économique et sociale à mettre en œuvre à la Libération, réfléchir aux modalités de la prise du pouvoir et prévoir les nécessaires changements de personnel administratif qui alors s'imposeront[111]. »

Pour François de Menthon, très vite, de nombreux problèmes pratiques se manifestent. En premier lieu, l'état déplorable des réseaux routiers, ferroviaires et téléphoniques rend très difficile, voire impossible dans certains cas, la communication entre Paris et la province, laissant alors aux FFI le champ libre pour organiser la justice sous une forme expéditive qui leur convient mieux, en dépit du fait que de Menthon « considérait les cours martiales de la Résistance comme une violation des intentions du gouvernement provisoire[112] ».

En matière de communication, la règle est simple et empirique : plus on s'éloigne de Paris, plus il est difficile d'imposer l'ordre républicain.

Pour rétablir partout la justice voulue par de Gaulle et instituer les nouvelles cours de justice, il crée un nouveau poste, celui d'inspecteur général de la magistrature, et il y nomme Maurice Rolland, qui a été résistant dans l'Organisation civile et militaire. Sa tâche, qu'il partage avec trois assistants, consiste à prendre son bâton de pèlerin et à traverser la France de part en part. Dans chaque cour d'appel visitée – il faut les visiter toutes, ce qui leur prend tout un mois –, il faut s'assurer tout d'abord de mettre en place la juridiction des cours de justice, ce qui ne se fait pas toujours sans difficulté. Il faut négocier avec les chefs locaux de la Résistance qui ne voient parfois pas d'un bon œil qu'on leur coupe l'herbe sous les pieds ou qu'on leur confisque un pouvoir qu'il leur paraît légitime de continuer d'exercer. Il faut négocier, intimider, résister aux pressions et savoir les exercer, c'est une lourde tâche ! Mais Maurice Rolland s'en acquitte tant bien que mal, et pourtant les problèmes à résoudre sont multiples : trouver des locaux, établir des liaisons entre les différentes instances (comités départementaux de Libération, préfecture, cour de justice, police, etc.), régler les problèmes de personnel, instruire les dossiers au plus vite…

Les choses se passent parfois dans une atmosphère de coopération. Mais il arrive aussi que l'opposition manifestée par les comités départementaux de Libération soit plus frontale. Dans de très nombreux endroits, la cour de justice n'est autorisée à fonctionner qu'à condition que le jury soit constitué uniquement d'anciens combattants faisant partie de la Résistance, ce qui pose un problème évident d'impartialité, mais comment faire autrement ?

Dans le Gard, à Alès, le changement n'est pas accueilli avec beaucoup d'enthousiasme et, plutôt que de se faire évincer du processus judiciaire, la cour martiale préfère enchaîner les procès express et les condamnations minutes. Bilan : dix-huit condamnés à mort dans la même journée…

L'autre tâche dont est chargé François de Menthon, tout aussi délicate, peut se résumer par le célèbre aphorisme de Juvénal : *Quis custodiet ipsos custodes ?* – autrement dit, qui nous gardera de nos gardiens ?

En effet, avant même que la justice se charge d'épurer la France de ses traîtres, il faut épurer la justice. Il faut accomplir cette tâche délicate avec une sévérité suffisante, mais pas exagérée. Un certain doigté est nécessaire, faute de quoi les tribunaux seront vides, non pas d'accusés – qui, en cette période, ne manquent pas – mais de magistrats !

Cette « épuration des épurateurs », pour reprendre l'expression d'Alain Bancaud[113], est néanmoins un travail essentiel, non seulement pour être sûr de rendre sereinement et efficacement la justice, mais aussi – et, peut-être, surtout – pour démontrer la probité de l'appareil judiciaire et, au-delà, de l'État français dans son ensemble.

Une série d'ordonnances encadre cette mission : celle du 10 septembre 1943 permet au gouvernement provisoire de déplacer, rétrograder ou suspendre les magistrats coupables de collaboration ; celle du 6 janvier 1944 autorise à les mettre à la retraite d'office ; celle du 7 septembre 1944 crée une Commission centrale d'épuration de la magistrature (CCEM), constituée de magistrats et des résistants. Son rôle est de conseiller le ministre de la Justice sur les mesures à prendre. Purement consultative, elle ne dispose par elle-même d'aucun pouvoir judiciaire.

En pratique, on constate peu de révocations ou de retraites anticipées. Selon les sources, entre 9 et 12 % des magistrats en exercice durant l'Occupation sont condamnés. Mais ce chiffre ne tient pas compte des sanctions officieuses. Certains sont privés d'avancement et bloqués dans leur carrière, d'autres sont mutés à des postes non désirés, etc.

D'une façon générale, la politique de la CCEM consiste à ménager la chèvre et le chou, c'est-à-dire à écarter les éléments les plus compromis et les plus voyants, mais à maintenir en place, autant que possible, un personnel qui, bien qu'imparfait, est nécessaire :

> « Les juges sont moins sanctionnés pour ce qu'ils ont fait que pour la manière dont sont perçus leur attitude passée et leur maintien présent. Le ministre de la Justice suspend en effet rarement de sa propre initiative. Quand il le fait, c'est à l'encontre de détenteurs des fonctions qui lui sont très proches, tels les directeurs de l'administration centrale, ou, très exceptionnellement, de magistrats qui ne sont pas attaqués localement, mais dont le jugement présente une forte charge symbolique. L'appréciation du caractère irréprochable des uns et scandaleux des autres dépend ainsi largement des nouvelles autorités locales[114]. »

Réinstaurer l'ordre républicain, représenter l'autorité gaulliste, juger sans délai tout en faisant preuve d'équité et objectivité, instruire des dossiers quelquefois inexistants, sanctionner sans céder à la vengeance aveugle ni au laxisme excessif, se juger soi-même, épurer de manière visible sans bouleverser les structures efficaces… Les tâches multiples, et quelquefois contradictoires, assignées aux cours de justice de l'épuration, sont presque impossibles à accomplir sans décevoir la population.

Et, de fait, elles ne satisfont personne. Beaucoup sont scandalisés par le fait, par exemple, que les jurés soient bien souvent des résistants ayant un contentieux à régler avec les personnes soumises à leur jugement.

Pour certains, la sévérité de certaines condamnations est inacceptable, frappant par exemple de dégradation nationale des personnes dont l'unique tort a été d'adhérer à des mouvements vichystes. À d'autres, ce qui paraît plus grave, c'est l'injustice fondamentale de ces cours, frappant le faible et ignorant trop souvent les véritables coupables, c'est-à-dire ceux qui ont profité de la situation pour s'enrichir sur le dos de la population et bâtir de véritables fortunes.

Machines judiciaires imparfaites, bancales, secouées de ratés, les cours de justice ne conviennent à personne. Mais elles remplissent pourtant une fonction importante : partout où elles sont instituées, elles remplacent la vindicte populaire par la justice, et les pouvoirs locaux issus de la Résistance par l'ordre républicain.

Formalisant l'épuration – qui, de toute façon, reste une opération politique et expiatoire bien plus que judiciaire –, elles rendent possible la reconstruction du paysage politique et, par là, du territoire, même si leur efficacité reste limitée :

> « Elles devaient [...] juger une nouvelle espèce de crime à laquelle les magistrats n'étaient absolument pas préparés par leur expérience passée. Quant au nombre d'affaires à juger – plus de 300 000 avaient été déférées aux cours de

justice et aux chambres civiques –, il était sans précédent [...] et le manque chronique de personnel compétent ne faisait rien pour arranger les choses[115]. »

Sur ces 300 000 dossiers, 127 000 entraînent des jugements. Sur ceux-là, 97 000 condamnations sont prononcées. Les sanctions vont de cinq ans de dégradation nationale à la peine capitale.

XVII

L'INSTRUCTION

À Paris (c'est la même chose en province, mais la plupart des procès « importants » ont lieu dans la capitale), le parcours classique du condamné obéit à une chorégraphie immuable.

D'abord, l'arrestation, évidemment. Elle s'effectue à domicile, généralement au petit matin, c'est-à-dire dès l'heure légale. On recommande parfois au prévenu de se munir de linge propre et d'une couverture, car l'internement administratif peut durer plusieurs jours.

Ensuite, après un bref passage au commissariat de quartier, direction le Dépôt, sur l'île de la Cité. Pour l'étape suivante, cela varie un peu : certains sont dirigés vers le Vélodrome d'Hiver, d'autres vers Drancy, d'autres ailleurs, pour une détention plus ou moins longue. Certains sont relâchés après examen de leur dossier par les autorités compétentes, et ne seront plus inquiétés. Les autres sont présentés au juge d'instruction. Après un interrogatoire et l'examen du dossier, il doit décider s'il prononce un non-lieu, qui entraîne une remise immédiate en liberté, ou bien une inculpation (aujourd'hui, on parlerait de mise en examen). Le plus souvent, pour éviter la fuite du prévenu, elle s'assortit d'un mandat de dépôt. Dans ce cas, l'accusé, escorté par des policiers, prend la direction de Fresnes où il restera quelques semaines, en attendant la fin de l'instruction et le début du procès.

La détention préventive des suspects présente certes l'avantage de les garder à disposition, mais génère un inconvénient majeur : celui d'engorger considérablement les prisons, qui connaissent, entre 1944 et 1947, une des plus fortes surpopulations de leur histoire...

Le centre pénitentiaire de Fresnes est emblématique, puisque, pendant l'Occupation, c'est ici que les nazis enfermèrent, supplicièrent et assassinèrent nombre de résistants ; ici que se donna la mort Berty Albrecht ; ici que les membres de l'Affiche rouge furent torturés, parmi de nombreux autres ; ici que Suzanne Spaak fut exécutée, quelques jours avant la libération de la capitale.

Après la Libération, Louis Renault, Sacha Guitry, René Bousquet, Robert Brasillach, Lucien Rebatet, Pierre Taittinger et même Tino Rossi (qui, selon la légende, était harcelé par les gardiens en quête d'autographe !), entre autres célébrités, prennent leur place, comme le dit un autre prisonnier anonyme :

« "Nous ne sommes certes pas plus persécutés que les communistes ou les Juifs hier : nous avons pris leur place", notait sans ironie un détenu arrêté pour collaboration. Et d'ajouter : "Mais aussi les fifis [les gardiens, membres de FFI] tiennent bien celui des gestapaches. [...]

"Fresnes est bien construit, s'est rappelé un autre prisonnier. Elle comporte de vraies fenêtres. On pourrait la prendre pour un hôtel. On m'avait seulement donné par erreur, au lieu d'une chambre, une grotte aux parois ruisselantes."[...]

Un détenu a décrit le menu quotidien dans le quartier des hommes : "Matin, jus de mauvais Viandox, simple rince-bouche, et demi-boule de pain pour la journée. Midi, une louche de soupe claire... Le soir, autre louche de soupe claire..." [...]

Rebatet lui-même a fait la description de sa cellule [...] : "couchette de fer avec une paillasse, planchette scellée au mur pour écrire, escabeau dans un coin, cabinet à chasse d'eau [...], haute fenêtre qu'il est permis d'ouvrir". [...] Mais, brusquement, il se trouva précipité dans le quartier des condamnés à mort, avec ses cachots qui avaient l'air de "caves fétides, rongées d'humidité." [...]

Ailleurs, il a noté : "Je m'étais attendu à tout, sauf à cet enfer grotesque, dissimulé dans les profondeurs de Fresnes, la prison civilisée des ministres, des amiraux, des écrivains studieux, des 'économiques' en fastueuse robe de chambre."[116] »

Malgré les efforts que fournissent les magistrats pour accélérer au maximum les procédures, celles-ci doivent suivre leur cours régulier. Constituer un dossier d'instruction nécessite du temps : il faut interroger le prévenu, auditionner des témoins à charge et à décharge, rassembler et examiner les différentes preuves, etc. :

> « Si, sur le fond des incriminations, le travail est inédit, la démarche reste similaire au travail des assises. Le magistrat instruit plus facilement à charge qu'à décharge, se défie par principe de l'accusé, mais va aussi où le mène la facilité. L'inculpé, plus ou moins bien secondé par son avocat, se défend par la négation, la contestation ou la réinterprétation des faits. Le crédit accordé par commodité aux témoins donne une importance fondamentale aux dépositions. Il n'est pas toujours possible, par exemple, d'établir autrement que par le témoignage des délations ou des engagements au service des Allemands[117]. »

Néanmoins, aussi bien pour le journaliste ou le pamphlétaire que pour le milicien, les preuves matérielles existent, elles sont publiques (textes et articles pour les premiers, actes d'engagement et photos pour les seconds), et ces dossiers-là sont très faciles à boucler. Mais pour le quidam qui a dénoncé ses voisins juifs, pour le commerçant qui a pratiqué le marché noir à l'échelle de son quartier, pour tous les gagne-petit de l'Occupation, les veules, les vichystes à la petite semaine, la tâche est longue, fastidieuse, incertaine… et pourtant nécessaire. Il faut commencer par instruire, quitte à classer sans suite. Et, d'ailleurs, de nombreuses affaires le seront : sur 311 263 dossiers présentés aux juges (il s'agit des chiffres officiels, communiqués par l'État le 31 janvier 1951), 171 252 sont instruits. Et sur ceux-là, 43 511 sont classés sans suite.

Quant aux autres, en fonction de la gravité des faits reprochés, ils sont jugés soit devant la cour de justice, soit devant la chambre civique qui en dépend.

La cour de justice se compose d'un président et d'un jury de quatre personnes, quasi exclusivement des hommes.

Un commissaire du gouvernement, magistrat professionnel tout autant que le juge, est chargé des réquisitions.

On y juge les affaires les plus graves, c'est-à-dire celles qui relèvent du pénal. On y trouve tous les « grands noms » de la collaboration intellectuelle (tous les Rebatet, les Brasillach, les Maurras…) ; tous les tortionnaires, les membres de la Milice ; ceux de la Carlingue ; les gros trafiquants du marché noir ; ceux qui ont dénoncé des Juifs, ou des résistants (20 000 lettres de délation ont été envoyées au Commissariat général aux questions juives…) ; et bien sûr tous les « collaborateurs économiques ».

Ce qui caractérise les audiences, si on les compare aux procès « classiques », c'est leur brièveté. Exceptionnellement, le procès de Brasillach dure un après-midi ; celui de Maurras, trois jours. Et si, pour un lecteur moderne, ces affaires semblent avoir été expédiées, ce sont au contraire des exemples de longueur ! La plupart du temps, tout se joue en une heure, deux au maximum. Il faut de l'abattage ! Les gens sont entassés comme des animaux dans les prisons, il y a des dizaines de milliers de dossiers à instruire, l'État fait pression pour que la justice en finisse au plus vite avec l'épuration. Tout le monde a hâte de passer à autre chose et la traditionnelle sérénité de la justice n'est pas de mise. C'est une période délicate de l'histoire, chacun est impatient d'en sortir.

Chaque procès se déroule en plusieurs temps.

D'abord l'acte d'accusation, exposé par le greffier, qui en profite pour dresser un bref portrait du prévenu et indiquer l'opinion du parquet sur l'affaire. Ensuite, c'est au tour de la défense de s'exprimer, pour faire valoir d'éventuels vices de forme, contester tel ou tel point de l'accusation, enfin, tenter d'interrompre le procès avant même qu'il ne commence. L'avocat en profite souvent pour placer quelques piques et tester sa défense. Le commissaire du gouvernement ne se laisse pas faire. L'échange, qui souvent fait la joie du public, peut se révéler plein de virulence, voire de fiel. Si, après délibération du président et du jury, les objections soulevées par la défense sont rejetées – et dans presque tous les cas elles le sont : que les vices soulevés soient réels ou pas, on préfère, de toute façon, juger les accusés plutôt qu'annuler les procès –, l'audience proprement dite peut commencer.

Elle débute par l'interrogatoire de l'inculpé, mené tambour battant par le président, suivi des réquisitoires, autre moment clé des débats. L'avocat, enfin, présente sa plaidoirie et tente de trouver des justifications aux actes qui sont reprochés à son client, invoquant souvent la stupidité, la naïveté, la lâcheté voire un patriotisme mal digéré, en un mot, jouant plutôt sur le contexte, pour émouvoir le jury et emporter sa compassion, que sur des points de droit – les ordonnances légiférant l'épuration ratissent de toute façon bien trop large pour que ce genre de stratégie technique soit payante. L'accusé, enfin, a droit à un dernier mot – souvent très bref –, et c'est déjà la délibération. Aussi expédiée que le reste, elle dure en moyenne vingt à trente minutes (par comparaison, elle peut durer plusieurs heures dans le cas d'un procès d'assises classique).

Pas d'appel possible. Si l'avocat estime que les droits essentiels de la défense ont été bafoués (notion à la fois vague et délicate à prouver…), il dispose de vingt-quatre heures pour se pourvoir en cassation. En général, il n'use pas de ce droit.

Et puis, condamné ou libéré, l'accusé quitte la scène et c'est au suivant de paraître. Et ainsi de suite, tout au long de la journée. Le spectacle est permanent pour le public, épuisant pour les magistrats :

> « Le public tente parfois de peser sur les débats, en dépit de l'interdiction de manifester. Souvent il est très hostile à l'accusé. Mais parfois, il est mécontent des magistrats et se réjouit de les voir en difficulté. Il s'insurge, il s'amuse, il se scandalise, tour à tour badaud, voyeur et citoyen. [...]
> Ont aussi un succès remarquable les procès, très spectaculaires, des équipes de tortionnaires ou d'espions les plus fameux. On hésite ici entre l'abjection et le grand guignol, ce qui offre à la presse des morceaux de bravoure sous couvert d'indignation.
> Le public dispose à l'énoncé du verdict d'une plus grande latitude pour exprimer sa satisfaction ou son indignation. Le condamné réagit à son tour. Il blêmit, il pleure, il se fige[118]. »

Cette justice expéditive et spectaculaire obéit à la même fonction que les exécutions sommaires et la tonte des malheureuses accusées de collaboration horizontale : son but est de fournir à la population un exutoire, de présenter à la foule des boucs émissaires qui s'offriront en pâture à son ressentiment et à sa colère, qui capteront assez l'attention pour éviter que chacun ne se pose trop de questions à propos de son voisin, de son épicier, de son maire, voire de lui-même…

Ainsi, 60 000 accusés sont présentés comme autant de sacrifices symboliques à toute une nation bien contente de les conspuer comme au théâtre, comme au carnaval, bien soulagée aussi de n'avoir pas à faire, grâce à ces coupables désignés, un examen de conscience et une autocritique qui pourraient se révéler désastreux.

Quant aux 60 000 accusés, comment s'en sortent-ils ? Voici les chiffres officiels :

- 6 724 acquittements ;
- 6 763 peines de mort, dont 2 853 prononcées en présence de l'accusé (elles entraînent 767 exécutions effectives, les autres – au nombre de 2 086 – étant commuées en prison à vie) et 3 910 par contumace ;
- 13 339 peines de travaux forcés, dont 2 702 à perpétuité (parmi elles, 454 en présence de l'accusé et 2 248 par contumace) ;
- 2 044 peines de prison allant de dix ans à la perpétuité (parmi elles, 88 prononcées par contumace) ;
- 22 883 peines de prison d'une durée inférieure à dix ans ;
- 3 578 peines de dégradation nationale, comme peine principale.

Voilà pour les cours de justice. Quant au menu fretin, qui n'est tout de même pas négligeable puisqu'il totalise 69 797 dossiers, il a droit pour sa part aux chambres civiques.

Qui constitue la cohorte de ces accusés sans éclat ? Des citoyens ordinaires, pas très différents des spectateurs (moins nombreux, moins enthousiastes que dans les cours de justice) venus assister à leur jugement. Ceux qui ont appartenu à une organisation vichyste ou collaborationniste (la moitié des inculpés), celles qui ont couché avec l'occupant, les travailleurs volontaires en Allemagne, les petits trafiquants, les délateurs plus mesquins que dangereux. Ce sont les collabos banals, en somme, ceux qui ont profité de la situation sans prendre de gros risques et n'en ont pas tiré un grand profit, ceux qui se sont laissé porter par le flot des événements et ont été entraînés dans le mauvais sens, qui n'ont pas représenté un véritable danger mais plutôt une nuisance, ceux dont la trahison n'a pas eu de lourdes conséquences.

De même que les cours de justice, les chambres civiques sont à la fois noyées sous les dossiers et pressées de toutes parts pour les instruire le plus rapidement possible. Cela pousse certains tribunaux à prendre des mesures qui relèvent davantage du bricolage que de la justice :

> « Le 15 mars 1945, la chambre civique de la Sarthe est priée par le commissaire de la République et le premier président de la cour d'appel de juger toutes les femmes

seulement accusées de relations sexuelles avec l'occupant, en audiences groupées, de façon à en avoir fini avant les élections du 29 avril. On propose même un "tarif" unique de cinq années d'indignité. Ce genre de disposition n'est pas exceptionnel[119]. »

Autre exemple d'abattage, en Seine-et-Oise :

« La chambre siège depuis un mois et demi, à raison de trois audiences par semaine ; chaque audience dure près de cinq heures et traite de huit à dix affaires, ce qui ne fait guère que trente minutes pour chacune. Il n'est pas possible d'aller plus vite, sous peine de réduire les droits de la défense. Il est donc décidé de passer à quatre audiences par semaine, mais en essayant de juger douze affaires[120]. »

Les chambres civiques fonctionnent de la même manière que les cours de justice, avec un président, un commissaire du gouvernement faisant office de procureur, et un jury tiré au sort. Devant le nombre d'affaires présentées, les listes n'étant pas infinies, il est fréquent qu'un juré soit plusieurs fois désigné par le sort, et qu'il ait à juger plusieurs dossiers.

Sur les quelque 70 000 inculpés passant devant les chambres civiques, 19 453 sont acquittés, 14 701 sont condamnés à la dégradation nationale à perpétuité (dont 4 755 par contumace) et 31 944 à la dégradation nationale pour une période allant de un à dix ans. Sur l'ensemble de ces condamnés, 3 184 voient leur peine commuée en raison de faits de résistance.

XVIII

JOSEPH DARNAND ET LE PROCÈS DE LA MILICE

La Milice, nous l'évoquons régulièrement depuis le début de ce livre. Il est temps de se pencher plus en détail sur cette organisation paramilitaire mise en place par le maréchal Pétain, et sous l'autorité de Joseph Darnand, ainsi présenté par le journaliste Éric Brunet :

> « Aux yeux du plus grand nombre, personne n'incarne mieux le double visage héros-salaud que le maréchal Pétain. À cela je réponds : personne, sauf Darnand[121]. »

De fait, à l'instar de son mentor, Darnand est un héros de guerre.

Issu d'une famille modeste de l'Ain, entouré de nombreux frères et sœurs, le futur patron de la Milice est éduqué dans le respect des valeurs catholiques. Après une scolarité sans éclat, il trouve une place comme apprenti chez un artisan ébéniste. C'est un jeune homme consciencieux et travailleur, que rien de particulier ne distingue des autres.

La Première Guerre mondiale lui fournit l'occasion de briller. Incorporé en janvier 1916 dans l'infanterie, il monte vite en grade : caporal en avril 1917, sergent en juin, adjudant en 1918. Et, en prime, plusieurs citations comme « nettoyeur de tranchées », entre autres actions d'éclat – à la fin de la guerre, le général Pétain, pas encore maréchal mais déjà héros de guerre, et à qui Darnand voue un véritable culte, lui remet en personne la médaille militaire.

Peut-être par goût de l'armée, peut-être par ambition personnelle, il se rengage pour deux années. Mais, en 1921, déçu de ne pas être promu officier, il démissionne. De retour à la vie civile, il occupe divers emplois sans grande envergure, ne manifeste pas de vocation particulière, vivote sans éclat.

À partir de 1925, il s'engage à l'extrême-droite, d'abord en militant à l'Action française, ensuite aux Croix-de-Feu, puis au PPF de Doriot. De plus en plus opposé à la République, de plus en plus radical dans ses opinions, il est à chaque fois déçu du manque d'ambition révolutionnaire des groupes auxquels il adhère. Lui, il ne veut pas perdre son temps en palabres. Ce qui l'intéresse, c'est lancer des bombes et jeter à bas cette démocratie qu'il déteste de toute son âme.

Il trouve enfin des militants selon son cœur lorsqu'il rejoint l'Organisation secrète d'action révolutionnaire nationale, plus connue sous le sobriquet de « la Cagoule ». Ce surnom est forgé par Maurice Pujo, fondateur des Camelots du roi (organisation royaliste, liée à l'Action française, faisant partie de la très étendue nébuleuse d'extrême-droite de l'époque), pour exprimer son mépris à l'égard de ce groupuscule.

Darnand devient le chef de l'antenne niçoise de la Cagoule. Il en profite pour nouer avec le milieu local des liens qui se révéleront précieux par la suite.

Après les attentats de l'Étoile et le putsch manqué de 1937, l'organisation est démantelée. Darnand est arrêté l'année suivante et, au terme d'un long procès, bénéficie d'un non-lieu.

Puis la guerre éclate.

L'ancien cagoulard, qui a toujours autant envie d'en découdre (au bout du compte, quand on observe son parcours, on finit par se demander si le plus important pour lui n'est pas tout simplement la bagarre, quel que soit l'adversaire), s'empresse de s'engager. Là encore, il fait preuve d'un héroïsme exceptionnel, au point de rafler de nouvelles médailles, faire la couverture de *Paris Match* et acquérir le surnom de « premier soldat de France » !

Fait prisonnier en juin 1940, il s'évade du camp de Pithiviers deux mois plus tard, rejoignant sa chère région niçoise où il se cache un moment parmi ses amis truands.

Sitôt que Pétain prend le pouvoir et instaure la Révolution nationale, il se rallie évidemment à lui et lui offre son concours. Le maréchal trouvera rapidement un emploi à cet homme violent et aux idées radicales.

Le 30 août 1940, le gouvernement de Vichy crée la Légion française des combattants (LFC) :

> « Ce vaste mouvement a pour but de donner tout à la fois un parti et une légitimité au régime, mais surtout au chef du gouvernement, le maréchal Philippe Pétain. "La Légion française des combattants a pour mission :
> 1 – de grouper, au service du pays, tous les anciens combattants ;
> 2 – d'organiser l'entraide combattante ;
> 3 – d'assurer la collaboration des anciens combattants à l'œuvre des pouvoirs publics dans le cadre des communes, des départements, des provinces et de la nation" (extraits des statuts)[122]. »

Pour y entrer, il faut prêter serment :

> « Je jure de continuer de servir la France avec honneur comme je l'ai servie sous les armes. Je jure de consacrer toutes mes forces à la patrie, à la famille, et au travail. Je m'engage à pratiquer l'amitié et l'entraide vis-à-vis de mes camarades des deux guerres, à rester fidèle à la mémoire de ceux qui sont tombés au champ d'honneur. J'accepte librement la discipline de la Légion pour tout ce qui me sera commandé en vue de cet idéal[123]. »

Darnand est nommé à la tête de l'antenne des Alpes-Maritimes de la LFC.

Comme c'est quelqu'un qui préfère, il l'a maintes fois prouvé sur le champ de bataille, prendre des initiatives plutôt que rester les bras croisés à attendre les ordres, il profite de cette responsabilité (lui que l'armée de cette Troisième République honnie avait toujours refusé d'élever au rang d'officier) pour créer à l'été 1941 sa propre organisation paramilitaire : le Service d'ordre légionnaire (SOL), qui rassemble à la fois des militants de choc de la LFC et des voyous niçois ravis de l'opportunité.

L'idée séduit le maréchal Pétain, qui étend cet organisme à toute la zone sud (c'est-à-dire la zone « nono », comme on appelait à l'époque plaisamment la zone non occupée) ainsi qu'à l'Afrique du Nord, avec à sa tête Darnand, qui quitte donc son bon soleil niçois pour s'installer à Vichy.

Si la LFC pouvait encore être vue comme un inoffensif rassemblement de patriotes, le SOL, pour sa part, annonce plus directement la couleur, comme en témoigne un extrait du serment que toute nouvelle recrue doit prêter en rejoignant ce corps : « Je jure de lutter contre la démocratie, la lèpre juive et la dissidence gaulliste[124]. » Voilà qui a le mérite d'être clair !

Et le programme qui en précise en vingt–et-un points ses objectifs est tout aussi limpide :

1. Contre l'égoïsme bourgeois ; pour la solidarité française.

2. Contre le scepticisme ; pour la foi.
3. Contre l'apathie ; pour l'enthousiasme.
4. Contre la routine ; pour l'esprit d'initiative.
5. Contre l'influence ; pour le mérite.
6. Contre l'individualisme ; pour la société.
7. Contre l'ancienneté ; pour la valeur.
8. Contre l'anarchie ; pour la discipline.
9. Contre l'égalitarisme ; pour la hiérarchie.
10. Contre la vaine liberté ; pour les vraies libertés.
11. Contre la démagogie ; pour la vérité.
12. Contre la démocratie ; pour l'autorité.
13. Contre le trust ; pour le métier.
14. Contre le capitalisme international ; pour le corporatisme français.
15. Contre la tutelle de l'argent ; pour la primauté du travail.
16. Contre la condition prolétarienne ; pour la justice sociale.
17. Contre la dissidence gaulliste ; pour l'unité française.
18. Contre le bolchevisme ; pour le nationalisme.
19. Contre la lèpre juive ; pour la pureté française.
20. Contre la franc-maçonnerie païenne ; pour la civilisation chrétienne.
21. Contre l'oubli des crimes ; pour le châtiment des coupables.

De fait, Darnand, en créant ce groupuscule de choc, ne cache pas ses intentions, qui sont de donner un coup d'accélérateur à la Révolution nationale, et tant pis (ou tant mieux, vu la mentalité de l'individu) s'il faut au passage botter quelques fesses, casser quelques crânes. Voici comment il expose ses motivations, en 1945, lors de son procès :

> « Moi, j'ai fait une Légion dans mon tempérament, tel que j'étais. Je ne leur ai pas caché. J'ai fait des discours. Ils ont été lus, ils ont été publiés. [...] J'ai été poussé, naturellement, [...] peut-être simplement parce que j'avais une qualité que d'autres n'avaient pas toujours eue : je m'étais battu contre l'ennemi.
>
> J'ai donc créé le SOL. Le SOL, c'est la conséquence de cette Légion mal fichue. J'ai tout de suite compris qu'on ne pouvait appuyer un gouvernement avec une association groupant un million et demi de membres qui n'étaient pas d'accord entre eux, et j'ai choisi, ou plutôt j'ai invité ceux qui étaient de véritables révolutionnaires, ceux qui pensaient sur le plan social qu'une véritable révolution devait se faire, qu'il fallait qu'on change complètement de régime. J'ai invité tous ces hommes à se joindre. C'est ainsi qu'on a fait le SOL[125]. »

Évidemment, le SOL ne chôme pas, et son menu quotidien se constitue de brutalités et de délations, de violences et de menaces en tout genre... Bref, le SOL est à la zone sud ce que la Carlingue est à la zone nord, l'enrichissement personnel en moins, la conviction politique en plus.

Parmi ses « faits d'armes », le groupuscule s'opposera avec violence aux Alliés lors du débarquement en Afrique du Nord le 8 novembre 1942. Pétain saluera alors leur dévouement et leur esprit de sacrifice.

Cette action sera son chant du cygne. En effet, en janvier 1943, Pétain décide de séparer le SOL de la LFC (qui, d'ailleurs, à ce moment-là, n'est plus que l'ombre d'elle-même, coquille vide sans grande utilité pratique) et d'en faire une organisation autonome, qui prend le nom de Milice française. Il nomme Laval à sa tête, secondé par Darnand qui en est, dans les faits, le véritable maître.

La Milice est instituée par la loi n° 63 du 30 janvier 1943 :

> « Article 1er – La Milice française, qui groupe des Français résolus à prendre une part active au redressement politique, social, économique, intellectuel et moral de la France, est reconnue d'utilité publique. Ses statuts, annexés à la présente loi, sont approuvés.
> Article 2 – Le chef du Gouvernement est le chef de la Milice française. La Milice française est administrée et dirigée par un secrétaire général nommé par le chef du Gouvernement. Le secrétaire général représente la Milice française à l'égard des tiers.
> Article 3 – Les conditions d'application de la présente loi seront fixées par arrêté du chef du Gouvernement. »

Quant aux statuts de la Milice française, annexés à la loi, ils précisent :

> « Article 1er – […] La Milice française a la mission, par une action de vigilance et de propagande, de participer à la vie publique du pays et de l'animer politiquement.
> Article 2 – La Milice française est composée de volontaires moralement prêts et physiquement aptes, non seulement à soutenir l'État nouveau par leur action, mais aussi à concourir au maintien de l'ordre intérieur.
> Article 3 – Les membres de la Milice française doivent satisfaire aux conditions suivantes :
> 1° Être français de naissance.
> 2° Ne pas être Juif.
> 3° N'adhérer à aucune société secrète.
> 4° Être volontaire.
> 5° Être agréé par le chef départemental. »

Les miliciens sont farouchement engagés dans la lutte contre le communisme, contre la Résistance, dans la propagande de la Révolution nationale et de la collaboration, et manifestent une totale adhésion aux idées antisémites et antimaçonniques de Vichy.

Au sein de ce groupe paramilitaire, Darnand constitue un noyau dur (on ne se refait pas !) qu'il appelle la

Franc-garde, et qui existera de fin 1943 à août 1944. Il le présente comme suit :

> « Cette Franc-garde sera composée de volontaires moralement prêts et physiquement aptes, non seulement à soutenir l'État nouveau par leur action, mais encore à le défendre contre ses agresseurs, à l'intérieur comme à l'extérieur.
> Pour créer l'esprit de corps, pour obtenir une discipline très stricte et pour montrer à tous que la Milice est une organisation n'ayant rien à cacher, pour forcer enfin tous ceux qui le portent à se manifester sans crainte, les francs-gardes porteront un uniforme…
> Cette Franc-garde, constituée en unités hiérarchiques instruites techniquement, préparées au combat, sera toujours prête à assurer le maintien de l'ordre. Le repérage des foyers de propagande adverse, la recherche et la poursuite des meneurs de forces hostiles, la répression des menées et des manifestations antigouvernementales seront les activités habituelles de la Franc-garde[126]. »

Si Hitler apprécie bien sûr franchement cette marque d'allégeance au nazisme, et cette fascisation supplémentaire de la France, il voit en revanche d'un très mauvais œil l'idée d'armer un groupe de soldats français qui ne serait pas directement sous ses ordres.

Mais un compromis est rapidement trouvé…

Darnand entre en août 1943 dans la Waffen SS sous le grade d'*Obersturmführer* (soit l'équivalent de lieutenant – le bougre a enfin réussi à être promu officier dans une armée régulière !) et prête serment auprès de Hitler ; à la suite de quoi les nazis, rassurés, autorisent la Franc-garde à s'armer. Les missions de ce groupe consistent alors à rafler des Juifs, prendre d'assaut des maquis, capturer, torturer, abattre des résistants…

« La Milice ne fut jamais un mouvement de masse, ses effectifs ayant à peine atteint les 30 000 adhérents (soit 0,15 % de la population). Sur ce total, moins de la moitié joua un rôle actif et les unités d'intervention de la Franc-garde comptabilisèrent environ 7 000 membres. Néanmoins, elle fut très présente dans la répression des maquis (Glières, Vercors mais aussi dans l'Ain, le Cantal, la Corrèze, le Cher et en Bretagne) et multiplia les exactions à l'encontre des résistants et des Juifs, radicalisant son action avec le temps. Citons sa participation au massacre des puits de Guerry (ancien hameau de la commune de Savigny-en-Septaine, à une douzaine de kilomètres du sud-est de Bourges) ou encore les assassinats de personnalités comme Hélène et Victor Basch (10 janvier 1944), Jean Zay (20 juin 1944) et Georges Mandel (7 juillet 1944). Voici ce que disait Joseph Darnand le 6 juin 1944 : “Les ordres sont clairs. Considérez les ennemis de la France, les Francs-tireurs

> et partisans, les membres de la prétendue armée secrète et ceux des groupements de résistance. Attaquez-vous aux saboteurs, qu'ils soient ou non parachutés. Traquez les traîtres qui essaient de saper le moral de nos formations." La Milice fut bien le bras armé de Vichy dans cette forme de "guerre franco-française" que constituait la lutte contre la Résistance[127]. »

Après l'assassinat de Philippe Henriot par la Résistance, des miliciens sillonnent en voiture les rues de Châteauroux et, en représailles, abattent des passants choisis au hasard.

C'est, pour Darnand, plus nazi que jamais, une période faste. En janvier 1944, il devient secrétaire général au maintien de l'ordre en remplacement de René Bousquet. Cette promotion s'effectue à la demande des Allemands et avec la bénédiction de Pétain, qui a toute confiance en lui. Sous l'influence de Darnand, le gouvernement de Vichy, jusque-là essentiellement autoritaire et réactionnaire, va se fasciser à grande vitesse.

Dans la foulée de sa nomination au gouvernement, la Milice, qu'il voit comme une chevalerie moderne, étend son action sur la zone nord.

L'influence et le pouvoir de Darnand grandissent. En juin, alors qu'il a quitté Vichy pour Paris et occupe un bel appartement dans le XVIe arrondissement, il devient secrétaire d'État à l'Intérieur. La fonction est sensiblement la même que celle de secrétaire général au maintien de l'ordre, mais le titre, plus ronflant, lui convient davantage.

Et puis le vent tourne.

Les Alliés sont aux portes de Paris. Pétain, n'écoutant que son courage, désavoue alors la Milice dans une lettre adressée à Laval, missive que Darnand a l'occasion de lire et qui provoque aussi bien sa colère que son mépris. Il n'empêche que la situation tourne au vinaigre.

Bon nombre de miliciens fuient en direction de l'Allemagne. Leur chef, comme la plupart des membres du gouvernement de Vichy, s'exile à Sigmaringen. Mais l'exil, ce n'est pas pour Darnand. Lui est d'une autre trempe, de l'acier dont on fait les guerriers – ou, mieux, les chevaliers…

Le voilà donc à nouveau sur le front. Où ? En Italie, cette fois-ci, lancé aux trousses des partisans.

Les Anglais l'arrêtent le 25 juin 1945 et le confient aux autorités françaises. Il est, comme beaucoup d'autres, incarcéré à Fresnes.

Son procès a lieu le 3 octobre 1945. Il ne dure que quelques heures. Un seul témoin se présente pour la défense, rappelant son passé héroïque, mais l'accusé est indéfendable. Et d'ailleurs il ne cherche pas à se justifier, il assume. Quand on lui demande d'expliquer sa participation à la Cagoule, il répond par exemple :

> « Je ne pense pas qu'on fasse grief aux chefs militaires qui étaient à la tête de cette organisation d'être actuellement

dans la Résistance. Ce sont les mêmes, monsieur le Président[128]. »

Son seul regret sera d'avoir été désavoué, à la fin, par Pétain : « L'ingratitude n'est pas que le fait des démocraties[129] », ironisera-t-il.

Quant au réquisitoire, il est sans appel :

« Trêve d'hypocrisie, Darnand, soyons francs : ce n'était pas parce que c'étaient des terroristes ou des brigands que vous traquiez les maquisards [...] dans toute la France : c'est uniquement parce que c'étaient des patriotes, uniquement pour obéir aux ordres de vos maîtres allemands et uniquement parce qu'ils voulaient empêcher la victoire de l'Allemagne. Dans ces conditions, j'ai le droit, quant à moi, de déclarer en mon âme et conscience que Darnand a du sang français sur les mains, et du meilleur. [...] Ce que j'ai entendu, c'est la voix de ma conscience qui me disait : "Tu peux tuer cet homme en toute tranquillité." Mesdames et messieurs les jurés, non sans émotion, je le reconnais, ni sans tristesse en pensant au passé militaire de Darnand, mais c'est très fermement, au nom de la patrie, au nom de la justice, que je viens vous demander de prononcer le châtiment suprême à l'encontre de ce traître et de cet assassin qu'est Darnand[130]. »

Il est sans surprise condamné à mort. Il ne formule pas de recours en grâce auprès du général de Gaulle. Toutefois, quelqu'un s'en charge à sa place (et contre sa volonté). Il est évidemment rejeté, le 7 octobre. Le lendemain, Darnand écrit à de Gaulle pour solliciter la grâce, non pas de sa personne, mais des miliciens qui l'ont accompagné dans sa lutte contre le bolchevisme et la démocratie. Le chef de la France libre lui fera savoir sa réponse :

> « Vous direz à Darnand que j'ai lu sa lettre. Je n'ai pas le temps d'y répondre. Dites-lui en tout cas que je suis obligé de le faire fusiller par raison d'État, mais que de soldat à soldat, je lui garde toute mon estime[131]. »

Dans ses mémoires, il ajoutera :

> « Rien, mieux que la conduite de ce grand dévoyé de l'action, ne démontrait la forfaiture d'un régime qui avait détourné de la patrie des hommes faits pour la servir[132]. »

Le surlendemain, le 10 octobre 1945, Darnand est conduit au fort de Châtillon et il est fusillé. Ses dernières paroles sont un extrait du *Chant des cohortes*, qui servait d'hymne à la Milice :

> « À genoux, nous fîmes le serment, de mourir en chantant, s'il le faut, pour la France nouvelle. »

XIX

L'ÉPURATION ÉCONOMIQUE

> « Nous pensons que le rassemblement de certaines catégories d'individus de race juive dans des camps de concentration aura pour conséquence administrative la constitution d'un dossier, etc. Spécialistes des questions ayant trait à l'identité, nous nous permettons d'attirer tout particulièrement votre attention sur l'intérêt que présentent nos machines automatiques Photomaton, susceptibles de photographier un millier de personnes en six poses et ce en une journée ordinaire de travail[133]. »
> (Courrier adressé par la firme Photomaton le 3 mai 1941 au gouvernement de Vichy)

La machine de guerre allemande a d'importants besoins. Et pour ceux qui sont prêts à s'employer à les satisfaire, il y a de bonnes affaires à réaliser. Renault, Berliet, les Aciéries du nord de la France, la banque Worms, etc. – ces quelques exemples sont tout sauf exhaustifs – ont participé, certains par opportunisme économique, d'autres par adhésion aux idées de Pétain, quelques-uns par idéologie nazie, beaucoup par anti-syndicalisme et anti-communisme, à la collaboration économique exigée par l'Allemagne et encouragée par le gouvernement de Vichy, et cela leur a rapporté parfois des fortunes.

Mais les meilleures choses ont une fin et les grands patrons, convaincus de trahison comme les autres, sont jugés par les tribunaux de l'épuration.

Pourtant, beaucoup d'observateurs de l'époque (journalistes, résistants, avocats), ainsi que le grand public, ont le sentiment d'une grande disparité entre les différents jugements rendus, estimant que les cours de justice sont bien promptes à frapper d'indignité nationale le moindre individu ayant commis la faute d'adhérer à une organisation vichyste, mais qu'elles laissent dans l'impunité les véritables profiteurs, c'est-à-dire les collaborateurs économiques.

Jean Paulhan se fait d'ailleurs l'écho de cette accusation dans l'une de ses *Lettres aux membres du Comité national des écrivains* (il y en aura cinq en tout, paraissant dans diverses publications liées à la Résistance), qu'il écrit avant la *Lettre aux directeurs de la Résistance* :

> « Les ingénieurs, entrepreneurs et maçons qui ont bâti le mur de l'Atlantique se promènent parmi nous bien tranquillement[134]. »

Mais qu'appelle-t-on la collaboration économique ?

Il faut d'abord garder à l'esprit que, dans la mesure où la France a signé l'armistice, le gouvernement de Pétain est contraint d'assumer les exigences financières des nazis, qui sont très élevées (pour mémoire : ils imposent une dette de guerre quotidienne d'environ 400 millions de francs de l'époque, ce qui revient à un million et demi de nos euros).

C'est dans le but d'instaurer, entre le vaincu et le vainqueur, une coopération qui ne soit pas trop défavorable au premier, notamment sur le plan industriel, qu'est instituée en 1941 la Délégation générale aux relations économiques franco-allemandes. Cet organisme est dirigé par Jacques Barnaud (polytechnicien et personnage important de la banque Worms) avec le concours de Jean Terray (directeur général de la Société nationale des constructions aéronautiques) et Bernard Lechartier (haut cadre de la SNCF) :

> « En présence des exigences allemandes en matière économique, notamment dans le domaine des importations et des exportations, des commandes de matériel de guerre, des revendications financières, de la main-d'œuvre, du ravitaillement, des applications pratiques des problèmes de souveraineté, le rôle de la D.G.R.E. consistait à assurer les tractations avec la section

> économique à Paris de l'Administration militaire allemande en France[135]. »

Les besoins de l'Allemagne, dans de nombreux domaines (aéronautique, chantiers navals, électricité, automobile, métallurgie, gaz, matières premières diverses, etc.), croissent. Les négociateurs français cherchent alors à obtenir des contreparties en échange des efforts fournis, comme la création de sociétés franco-allemandes, afin d'être associés aux profits générés par la guerre.

L'État français, quant à lui, est motivé par l'idée d'importer l'efficacité de l'occupant (par rapport à une France rendue exsangue par la guerre, l'Allemagne affiche une sensible supériorité technique et logistique) sur son territoire. D'après René Norguet, secrétaire général à l'Industrie et au Commerce intérieur dans le gouvernement de Pierre Laval :

> « L'Occupant "veut faire profiter la France de l'expérience acquise", avec le souci de "jeter les bases d'une organisation européenne inspirée de l'organisation allemande" ; il ajoute que, sous la double condition d'obtenir des "contreparties" et "une situation paritaire", la collaboration économique peut être "une école et un stimulant extrêmement précieux"[136]. »

Un certain nombre d'industriels et de financiers anticipent de leur côté la victoire définitive de l'Allemagne en Europe, et le retour de la paix. Leur but est alors de se positionner le plus tôt possible pour, une fois le Reich victorieux installé durablement, occuper une position de choix dans le nouveau tissu économique qui se mettra en place.

De plus, tous ne sont pas d'un patriotisme excessif. Certains ne voient pas du tout le problème qu'il pourrait y avoir à travailler avec ces Allemands que la Résistance regarde comme des ennemis, mais qu'ils considèrent, eux, comme des alliés, notamment dans la lutte contre les communistes, les syndicats, les francs-maçons ou les Juifs. Tel est le cas du fondateur des usines Renault :

> « Louis Renault avait [...] partagé l'enthousiasme des siens pour l'exemple allemand de maximisation des profits et de guerre contre les salaires. [...] Celui dont les profits de la guerre de 1914-18 avaient fait un géant jouait au "pacifiste", sabotant le réarmement. En pleine "drôle de guerre", il clamait dans ses ateliers : "La défense nationale, je m'en fous ; ce que je veux, ce sont [...] des voitures qui paient..." [Il] ne rêvait en revanche que plaies et bosses en France. Grand bailleur de fonds des ligues, puis de la Cagoule qui les unit en 1935-1936, il soutint le plan fasciste, mûr dès 1934, qui balaierait la République sur fond de défaite militaire[137]. »

Tous ceux-là, ces patrons, ces industriels, ces banquiers, se regroupent autour de Yves Bouthillier, ministre des Finances (condamné à trois ans de prison après la Libération, il deviendra directeur de la Banque commerciale de Paris) ; Pierre Pucheu, que nous connaissons déjà ; Jean Bichelonne, ministre à la Production industrielle (il mourra à l'hôpital dans des circonstances douteuses, au cours de l'exil à Sigmaringen du gouvernement de Vichy) ; Jacques Barnaud, déjà cité lui aussi (inculpé de haute trahison, il bénéficiera d'un non-lieu faute de charges suffisantes) ; et François Lehideux, industriel et technocrate (lui aussi bénéficiera d'un non-lieu à la Libération et poursuivra une brillante carrière dans l'industrie). Ce sont eux les principaux artisans – mais il y en a évidemment d'autres – de cette vision germaniste, fasciste, anticommuniste et antisémite de l'avenir européen, à laquelle évidemment souscrit Laval.

Au bout du compte, la très importante collaboration des entreprises françaises est difficile à contester :

- Les huit usines des Aciéries du Nord s'occupent de la maintenance du matériel roulant ferroviaire servant essentiellement à l'armée allemande. L'unité de Marseille est dirigée par des membres de la Légion française des combattants…
- La société Gnome et Rhône fournit des moteurs d'avions à l'Allemagne. Nationalisée à la Libération pour faits de collaboration, elle change de nom pour devenir la Snecma.

- Beaucoup de cimenteries et d'entreprises des bâtiments et travaux publics (telles que Sainrapt et Brice) participent activement à la construction du mur de l'Atlantique.
- Etc.

Pourtant, résister est possible. Des exemples sont répertoriés :

> « Des familles célèbres d'industriels français, notamment les Michelin ou les Peugeot, ont participé à la guerre de l'ombre et en ont payé le prix jusque dans leur chair, de même que des responsables d'entreprise connus, comme Max Heilbronn, administrateur des Galeries Lafayette et spécialiste du sabotage des voies ferrées, ou Robert de Vogüé, dirigeant de Moët et Chandon et animateur d'un réseau de résistance, tous deux arrêtés et déportés dans des camps allemands[138]. »

Et il y en a bien sûr d'autres, moins célèbres mais aussi héroïques. Toutefois, ils ne sont pas la majorité, loin de là, et la pique attribuée à de Gaulle et adressée aux chefs d'entreprise (« Je n'ai vu aucun de vous, messieurs, à Londres[139] »), bien qu'apocryphe, est en très grande partie justifiée.

Les historiens considèrent qu'un tiers de la production industrielle française est livrée à l'occupant. Certains secteurs sont évidemment bien plus touchés que d'autres. Ainsi, en 1944, lors de la construction du fameux mur de l'Atlantique, ce chiffre s'élève à 80 % pour les bâtiments et travaux publics.

Bien sûr, au cours des grands procès qui se tiendront après la Libération, chacun se défendra selon une stratégie simple, éprouvée et en apparence inattaquable : les grands patrons, les industriels, les banquiers n'avaient pas d'autre choix que d'obéir aux Allemands, sous peine de tout simplement perdre leurs entreprises.

Mais dans le préambule de l'ordonnance du 18 octobre 1944 portant sur la confiscation des profits illicites, le législateur expose un autre point de vue :

> « Pendant quatre années, l'ennemi a favorisé les actes de tous ceux qui, ne connaissant pas d'autre loi que celle de leur intérêt personnel, ont accepté de s'associer à son œuvre de pillage et de destruction.
>
> À mesure que s'achève la libération du territoire, la justice reprend ses droits. Il est enfin permis de déférer aux tribunaux ceux qui ont collaboré avec l'Allemagne. Indépendamment de l'action répressive, qui doit s'exercer contre ces mauvais citoyens, la plus élémentaire justice fiscale exige que soient reversés au Trésor public tous les gains qui ont été rendus possibles par la présence de l'ennemi. Alors que la nation s'appauvrissait, il est inadmissible que certains se soient enrichis à ses dépens.

Tel est le but de la présente ordonnance.

Elle prescrit la confiscation des profits réalisés du 1er septembre 1939 au 31 décembre 1944, lorsqu'ils proviennent du commerce avec l'ennemi, du marché noir ou de toute autre spéculation illicite.

En outre, lorsque les profits ont été soustraits aux impôts de droit commun ou que ceux qui les ont réalisés n'ont pas l'excuse d'avoir agi sous l'empire de la contrainte, l'ordonnance prévoit une amende qui pourra s'élever au triple de ces profits. [...]

Afin d'assurer à l'ordonnance sa pleine efficacité, tous pouvoirs nécessaires sont donnés aux comités [de la Libération] pour atteindre, à travers les interpositions de personnes, les véritables bénéficiaires de l'activité coupable et leurs complices[140]. »

Une seconde ordonnance, promulguée le 6 janvier 1945, étendra jusqu'à la fin de la guerre la période couverte par la répression.

Les peines supplémentaires encourues sont multiples : dégradation nationale, amendes plus ou moins lourdes, prison, etc. Et, dans certains cas, comme pour Renault, la nationalisation de l'entreprise fautive.

Comme pour tous les autres procès de l'épuration, le jugement repose essentiellement sur l'appréciation subjective des jurés et des magistrats. Les critères sont les mêmes que pour les autres inculpés, à savoir l'attitude pendant l'Occupation, les idées politiques, la mentalité. La différence est qu'il faut mettre aussi en balance les bénéfices symboliques de l'éventuelle condamnation, avec les dégâts concrets qu'elle provoquerait sur le tissu industriel et économique du pays.

Toute la difficulté consiste donc à sanctionner les dirigeants coupables de trahison, sans mettre en péril des entreprises dont la France a plus que jamais besoin pour se relever de ces cinq années de cauchemar.

Un fait reste cependant certain :

> « Il existait une forte demande d'épuration, qui a été attisée par la presse, en particulier communiste. La Libération de Paris n'est même pas accomplie que la campagne est déjà lancée contre Renault, érigé en parangon de la collaboration économique. "Justice contre les traîtres et les profiteurs de la trahison. Les dirigeants des usines Renault devront payer" (*L'Humanité*, 22 août 1944). La confiscation des biens et des trusts est, à la fin de l'Occupation, l'un des principaux mots d'ordre économique du PC, répété à travers tout le pays (et approuvé dans les autres secteurs de la Résistance)[141]. »

Les premières actions sont même menées avant que soient écrites les ordonnances, puisque dès septembre 1944 (rappelons que l'ordonnance relative à l'épuration économique sera promulguée le 18 octobre), les CDL mettent sous séquestre les possessions d'industriels accusés de collaboration. Quinze d'entre eux en font les frais à Nice et à Marseille – autant d'usines dont les ouvriers prennent le contrôle.

Lorsque le gouvernement provisoire suit le mouvement, l'épuration économique prend brièvement une ampleur nouvelle : le 26 septembre, Louis Renault est inculpé et écroué ; il est suivi de près par Latécoère et Amiot (l'entreprise d'aviation a considérablement aidé à l'effort de guerre allemand) ; et d'autres encore.

Renault ne sera pas jugé : il mourra de maladie pendant sa détention préventive à Fresnes.

Son entreprise est aussitôt nationalisée. Une telle mesure est spectaculaire mais rarissime. Les entreprises qui le seront se comptent en fait sur les doigts de la main, et le sort réservé aux usines Renault est en quelque sorte l'arbre qui cache la forêt.

De plus, après des débuts fracassants qui laissaient présager, à la grande joie des communistes et des syndicats, que le gouvernement provisoire porterait un coup fatal au capitalisme, force est de constater que les mises sous séquestre et les condamnations diminuent assez vite.

Il faut dire que les procédures sont longues. Elles nécessitent notamment l'examen d'un nombre important de documents, et des expertises comptables. Certains dossiers s'éternisent ainsi jusqu'à la fin des années 1940 ! Pour, finalement, aboutir bien souvent à des non-lieux pour absence de charge. C'est que le caractère illicite des profits est difficile à prouver, et tout autant, sauf dans les cas les plus flagrants, la volonté de collaboration. La défense a beau jeu de clamer, à chaque fois, qu'il était impossible de refuser de travailler pour les Allemands, sous peine, tout bonnement, de voir l'entreprise réquisitionnée et le personnel réduit au chômage ou au STO. Certains tentent aussi des marchandages sordides en mettant en balance leur indélicatesse économique avec des faits de résistance plus ou moins avérés, plus ou moins improuvables – quelquefois, l'expédient est efficace.

D'une façon générale, ceux qui ont « seulement » cherché à s'enrichir, de manière apolitique si on ose dire, passent entre les mailles du filet. La justice concentre son courroux sur les vichystes forcenés, les fascistes, les antirépublicains. Il s'agit toujours de faire des exemples frappants, mais aussi de nettoyer l'industrie et la finance française une fois pour toutes.

L'épuration économique, comme toutes les autres formes d'épuration, est une affaire d'expiation et de sacrifice, de réparation du tissu national, et s'il s'avère que beaucoup, à divers degrés, sont coupables, il n'est pas nécessaire de condamner tout le monde. Satisfaire le besoin de justice (et quelque obscur désir de vengeance, aussi) sans perdre de vue la nécessaire réconciliation, prélude à la reconstruction du pays, telle est la dialectique à l'œuvre du début à la fin de l'épuration.

Finalement, la collaboration économique, marché noir inclus, représente entre un vingtième et un dixième des condamnations prononcées par les cours de justice, ce qui peut sembler peu.

Pourtant, il y a suffisamment d'épurés parmi les grands patrons pour qu'une page de l'histoire économique du pays se tourne :

> « Il eût été inconcevable que les ténors de la collaboration économique – dont par définition même la fréquentation des autorités allemandes, quels qu'en fussent les motifs, avait été notoire – restassent en fonction. "Déchus mais pas bannis", pour reprendre l'expression d'Hervé Joly, des grands noms du monde des affaires (Marcel Paul à Pont-à-Mousson, Georges-Jean Painvin chez Ugine, René-Paul Duchemin chez Kuhlmann, Henry Ardant à la Société Générale) quittèrent leurs postes, avec des chances de reconversion inégales. Enfin, même si, dans la sphère économique comme dans presque toutes les autres, le pays ne disposait guère d'un vivier fourni en élites de rechange, le moment de l'épuration permit aussi de mettre fin à certains archaïsmes. On vit ainsi donner congé à ce qui restait de patronat de droit divin, dont les espoirs de suppression du syndicalisme de revendication disparurent avec Vichy[142]. »

XX

LE PROCÈS BRASILLACH

« Y aurait-il aujourd'hui un seul Français molesté à Alger si l'on avait fait savoir que, pour un cheveu arraché à un nationaliste, dix Juifs seraient abattus sur la Côte d'Azur ? Le temps des négociations est passé. Le temps des conciliations est mort[143]. »

Lorsque Robert Brasillach, qui a écrit ces lignes, est fusillé en 1945, il laisse à seulement 35 ans une œuvre impressionnante et l'impression d'un grand gâchis, d'une vie entière jetée à la poubelle : il est l'auteur d'une vingtaine d'ouvrages, sans parler de ses très nombreux articles, signés dans *Je suis partout* et dans divers autres journaux.

En 1939, il rate de peu le Goncourt (soufflé par Philippe Hériat), mais a reçu, quatre ans avant, à l'âge de 26 ans, le prix Paul Flat de l'Académie française pour l'ensemble de son œuvre critique.

Cependant, la plus belle récompense reçue par ce polémiste, et pamphlétaire au style aussi brillant que féroce, lui a sans aucun doute été décernée à titre posthume par le général de Gaulle, voulant une dernière fois, dans ses *Mémoires de guerre*, justifier le refus de donner suite à son recours en grâce : « Dans les lettres, comme en tout, le talent est un titre de responsabilité[144]. »

Nul doute qu'il aurait été content d'un tel *satisfecit*.

Pour le chef de la France libre, Brasillach est non seulement un excellent écrivain, mais encore, en raison de la position qu'il occupe dans la littérature de son époque, un représentant de la France. Aussi, de son point de vue, le choix qu'il a fait de se donner aux Allemands est impardonnable.

Condamné à mort à 35 ans, Brasillach est, parmi les fusillés célèbres de l'épuration, l'un des plus jeunes. Il a aussi le tragique privilège d'être l'unique écrivain dont la sentence de mort a été exécutée. Sa peine n'a pas été commuée, ni graciée.

Voici les derniers mots qu'il couche sur le papier, la veille de son exécution :

> « On dit que la mort ni le soleil ne se regardent en face. J'ai essayé pourtant. Je n'ai rien d'un stoïcien, et c'est dur de s'arracher à ceux qu'on aime. Mais j'ai essayé pourtant de ne pas laisser à ceux qui m'aimaient ou à ceux qui me voyaient ou pensaient à moi une image indigne. Les journées, les dernières surtout, ont été riches et pleines. Je n'avais plus beaucoup d'illusions, surtout

depuis le jour où j'ai appris le rejet de mon pourvoi en cassation, rejet pourtant prévu. [...] J'ai encore écrit quelques poèmes. Une de mes nuits a été mauvaise, et le matin j'attendais. Mais les autres nuits, ensuite, j'ai dormi bien calmement. Les trois derniers soirs, j'ai relu le récit de la Passion, chaque soir dans chacun des quatre Évangiles. Je priais beaucoup et c'est la prière, je le sais, qui me donnait un sommeil calme. Le matin, l'aumônier venait m'apporter la communion. Je pensais avec douceur à tous ceux que j'aimais, à tous ceux que j'avais rencontrés dans ma vie. Je pensais avec peine à leur peine. Mais j'essayais le plus possible d'*accepter*[145]. »

Robert Brasillach est né à Perpignan en 1909 et sa sœur voit le jour l'année suivante ; ils sont tous deux issus d'un père militaire de carrière (lui-même étant petit-fils de soldat) et d'une mère infirmière. Très tôt, le père est déplacé au Maroc, où il vit en garnison près de Rabat, et l'enfant a donc très rarement l'occasion de le côtoyer. Arthémile Brasillach est tué en 1914, au cours de la troisième guerre du Maroc (qui oppose les Français aux résistants marocains, hostiles à l'installation d'un protectorat dans leur pays).

Très vite, il se forge de son père disparu au champ d'honneur, soldat forcément héroïque et viril, une image très idéalisée. D'après un de ses biographes, Peter Tame (spécialiste de la représentation du fascisme et du communisme dans la fiction française et traducteur de Robert Brasillach en anglais), « cette tendance à idéaliser certains personnages d'autorité [...] se répéta souvent dans la vie de Brasillach, et intervint dans son attitude à l'égard des différents chefs des mouvements fascistes[146] ».

À l'école, le jeune Brasillach se révèle un élève doué. Après avoir publié son premier poème à 16 ans, dans un hebdomadaire littéraire qui a pour titre *Le Coq catalan*, il poursuit sa scolarité à Paris au prestigieux lycée Louis-le-Grand, puis à l'École normale supérieure, où il rencontre son futur beau-frère (et futur fondateur du négationnisme...) Maurice Bardèche. C'est aussi pour lui l'occasion de côtoyer ceux qui seront appelés à devenir de grands noms de la société française, comme Simone Veil, René Clair ou Henri Queffélec.

Son précoce parcours littéraire se poursuit en parallèle de ses études, par la publication d'un feuilleton et de plusieurs articles dans *La Tribune de l'Yonne*, où réside désormais sa famille.

Durant ces années de formation, il hésite entre se lancer dans une carrière dans l'enseignement et devenir écrivain à plein temps. Son échec à l'agrégation, en 1932, tranchera pour lui.

Il publie ses deux premiers livres, *Présence de Virgile* et *Le Voleur d'étincelles*, alors qu'il accomplit son service militaire.

À la même époque, il fait ses premiers pas de journaliste d'extrême-droite en signant des papiers dans à peu près toute la presse antisémite et/ou réactionnaire de l'époque : on le trouve aussi bien à *L'Intransigeant* que dans *Candide*, à *L'Étudiant français* (revue rattachée à l'Action française et à Maurras) que dans *Je suis partout*, dont il deviendra l'un des chroniqueurs les plus célèbres.

Comme pour beaucoup de militants d'extrême-droite de l'époque, sa vocation politique se déclare le 6 février 1934, lors de la manifestation antiparlementaire organisée par les ligues, qui tourne à l'émeute et fait trembler la République. Brasillach en garde un souvenir durable :

> « Ce fut une nuit de sacrifices, qui reste dans notre souvenir avec son odeur, son vent froid, ses pâles figures courantes, ses groupes humains au bord des trottoirs, son espérance invincible d'une révolution nationale, la naissance exacte du nationalisme social de notre pays[147]. »

Il n'est pas le seul à vivre cette nuit-là (dont il faut souligner les importantes conséquences politiques et le lourd bilan humain : 30 morts et plus de 2 000 blessés) comme une épiphanie fasciste. L'écrivain Pierre Drieu la Rochelle, personnage torturé et complexe, qui à la Libération préférera se donner la mort plutôt que de fuir à Sigmaringen ou d'affronter le tribunal, et témoin lui aussi de la violence qui s'empare des rues de Paris, évoque dans un texte exalté « le couple divin, le Courage et la Peur[148] ».

Ses deux carrières, littéraire (seul ou en collaboration avec Maurice Bardèche qui a entre-temps épousé sa sœur) et journalistique, se poursuivent en parallèle, la première marquée par une grande exigence stylistique, la seconde par un antisémitisme et une agressivité pamphlétaire de plus en plus extrêmes.

En 1937, il se rend en Allemagne, pour assister au congrès annuel du parti nazi, qui se tient à Nuremberg. Il en revient plus que jamais exalté et enthousiaste à l'égard du Führer, en témoigne un texte qu'il publiera dans *La Revue universelle*, « Cent heures chez Hitler ».

Ce qu'il découvre le bouleverse, le transporte :

> « Ne voyait-il pas, dans le nazisme et sa fureur, ses pulsions pour l'instant maîtrisées, [...] le contraire absolu de ce qu'il détestait plus que tout et qui était la République, sa vie parlementaire, son rituel bourgeois et ses ridicules méthodes quand il en aurait fallu de radicales[149] ? »

Lorsque la guerre éclate, il est brièvement mobilisé.

Après l'armistice, il reprend sa casquette de rédacteur en chef à *Je suis partout*, où il laisse libre cours à son pétainisme forcené teinté de nazisme flamboyant. Ennemi véritable de la Troisième République, la Révolution nationale et la collaboration instaurées par Pétain lui semblent un bon point de départ mais ne lui suffisent pas : ce qu'il veut, lui, c'est une victoire totale du Reich sur l'Europe, et une France absolument nazie. Il veut vivre enfin à domicile son fantasme guerrier. En cela, ses idées sont assez proches de celles que professent, par exemple, Darnand et Doriot (il se rendra d'ailleurs sur le front de l'Est pour consacrer un long reportage aux aventures de la LVF, que dirige ce dernier).

Parmi tous ceux qui espéraient, par opportunisme, corruption ou idéologie, la victoire de l'Allemagne sur la Russie, et imaginaient pour l'Europe une « paix de mille ans » (pour reprendre l'expression de Neville Chamberlain), il est un des rares à anticiper la défaite du nazisme.

Face à l'inéluctable avancée du rouleau compresseur allié, alors que la libération de Paris n'est plus qu'une simple question de jours, il refuse de suivre ses amis dans l'exil. Il préfère se cacher chez une amie et vivre de près la défaite, dans – peut-être – une sorte de fureur quasi érotique.

C'est pour le faire sortir de sa tanière que la Résistance arrête et fait emprisonner sa mère. Stratégie payante : le fils se constitue prisonnier le 14 septembre 1944. On l'incarcère à Fresnes, où il partage son temps entre la préparation de son procès, avec son avocat Jacques Isorni (qui sera aussi celui de Pétain), et la rédaction d'un recueil de poésie, *Poèmes de Fresnes*, qui sera publié à titre posthume aux éditions… Minuit et demi [*sic*].

Au cours de l'instruction, les défenseurs de l'écrivain, tout en étant pour la plupart à l'opposé des idées qu'il professait dans les torchons antisémites où il sévissait, ne manquent pas.

André Malraux écrit à Jacques Isorni :

« Grandi dans l'atmosphère de *L'Action française*, où un Léon Daudet se répandait chaque jour en insultes atroces, mais auxquelles personne n'attachait plus aucune importance, Brasillach a suivi cette pente sans se rendre compte que la présence de l'ennemi donnait aux invectives de son journal une portée terrible[150]... »

Néanmoins, affirme-t-il dans une seconde lettre adressée à Jacques Isorni, « Robert Brasillach est l'un des esprits les plus brillants de sa génération[151] ». Et il n'est pas le seul à le penser. Paul Claudel, sollicité par l'avocat, abonde également dans ce sens, évoquant « son talent, qui fait honneur à notre pays[152] » (il fait évidemment allusion à ses ouvrages de critique littéraires et non à ses articles dans *Je suis partout*) ; Paul Valéry n'affirme pas autre chose, lui qui crédite l'accusé « d'un incontestable talent [...] et de vues très originales[153] » ; Marcel Aymé affirme pour sa part sa « très grande estime pour [...] ses hautes qualités d'écrivain[154] ».

Tous s'accordent à dire que Brasillach est un futur grand écrivain, que son œuvre compte et fera date, que son antisémitisme, son nazisme forcenés sont au mieux une exaltation purement stylistique, au pire une erreur de jeunesse ; tous espèrent qu'il ne sera pas gravement condamné, que son talent et surtout sa jeunesse joueront en sa faveur.

Il en ira tout autrement – et c'est d'ailleurs un peu vite oublier que Camus aussi, pendant l'Occupation, a écrit dans *Combat* avec exaltation, que la fougue donc n'excuse pas tout.

L'audience a lieu le 19 janvier. Les débats, fidèles en cela aux autres procès de l'épuration, ne durent que quelques heures.

C'est un jour de très grand froid. Brasillach attend son avocat dans une petite pièce réservée aux accusés, attenante à la cour. Derrière ses célèbres lunettes cerclées, son visage est pâli par la rigueur de l'hiver et sans doute aussi par la tension.

Menotté et surveillé par ses gardes, il échange une triste poignée de main avec Isorni. Ils ne se parlent pas. L'heure n'est plus vraiment aux bavardages – et puis, dans les semaines qui ont précédé ce jour fatidique, ils ont eu tout le temps qu'ils voulaient de se confier l'un à l'autre, comme en témoigne leur riche correspondance.

Présidé par Maurice Vidal, le procès commence à 13 heures et il est mené au pas de charge. Il débute par la lecture de l'acte d'accusation, qui dure quarante-cinq minutes. Le juge enchaîne sur un interrogatoire de l'accusé, pendant deux heures.

D'un commun accord, aucun témoin n'est présenté, ni à charge ni à décharge :

> « De quoi pourraient-ils témoigner, puisqu'on est d'accord sur la presque totalité des faits, à quelques menus détails près[155] ? »

C'est donc sans pause ni transition qu'à 15 h 45, le commissaire du gouvernement Marcel Reboul entame ses réquisitoires :

> « Brasillach se présente devant vous paré de toutes les séductions de l'écrivain, et je dirai maintenant que je l'ai entendu – car je ne le connaissais pas – paré de toutes les séductions de l'éloquence persuasive. […]
> Pourquoi cet homme riche de tant de dons, comblé de tant de succès, qui aurait pu, s'il était demeuré dans la ligne de ses aspirations premières, devenir l'un des plus éminents écrivains de notre pays, a-t-il abusé de ses dons, de ses succès, de cette autorité pour tenter d'entraîner la jeunesse d'abord vers une politique stérile, ensuite vers l'ennemi[156] ? »

Puis, oubliant un instant de convaincre les jurés, il se tourne vers l'accusé et c'est à lui seul qu'il adresse ses mots, revenant sur une de ses saillies les plus célèbres et les plus scandaleuses, à propos de la rafle du Vel' d'Hiv. Il avait écrit, commentant la décision de Laval de livrer aux nazis, qui n'en demandaient pas tant, les enfants juifs raflés en même temps que leurs parents :

> « Il faut traiter le problème juif sans aucun sentimentalisme. [...] Il faut se séparer des Juifs en bloc et ne pas garder de petits[157]. »

Laissant la phrase planer un instant dans le silence à la fois horrifié et fasciné de la salle comble – où on peut reconnaître des célébrités du monde des lettres, comme Simone de Beauvoir, et beaucoup de journalistes (de *Combat*, *L'Aurore*, *Franc-Tireur*, etc.) –, il reprend, visage tourné vers Brasillach toujours, sans le quitter des yeux :

> « Et même lorsque, tout de même, à la vue des excès, vous croyez opportun et politique de jeter un pleur sur ces séparations effroyables qui sont imposées aux mères israélites arrachées de leurs enfants, lorsque vous sentez ce qu'il y a d'atroce dans ce martyre qui commence à Paris pour les Juifs, et qui finira dans les camps exceptionnels de sévérité, en Pologne, vous dites : "Je réprouve ces séparations", mais immédiatement, rectifiant – et je vous cite votre article "Les sept internationales contre la patrie", vous spécifiez : "Il ne faut pas oublier que ces

séparations sont l'œuvre de quelques policiers provocateurs", est-ce que vous croyez que c'est sérieux ? Est-ce que vous pensez aujourd'hui que vous pouvez soutenir l'argument de votre pitié après avoir écrit cette phrase de mauvaise foi : les séparations, œuvre de quelques policiers provocateurs[158] ? »

Après être revenu aux jurés, il conclut :

« Ce que je cherchais, [...] c'est un mot de pitié... Voilà ce que je voulais, voilà ce que j'ai cherché, et je n'ai rien trouvé, parce qu'il n'y avait rien. Alors, j'ai compris que vous étiez seul, seul avec votre talent magnifique qui était inutile parce qu'il n'était pas miséricordieux. J'ai compris qu'il fallait que je me lève pour accomplir mon devoir, car, si je ne l'avais pas fait, trop de voix mortes d'outre-tombe auraient pu chuchoter à mon oreille ce mot terrible que vous avez préparé pour d'autres : "Qu'attend-on ?"[159] »

On pourra, au passage, se troubler du fait que l'accusateur Reboul faisait déjà partie du parquet sous le gouvernement de Vichy ; on pourra aussi s'étonner de la connivence qui lie l'avocat de la défense et le commissaire du gouvernement : en effet, le premier est propriétaire de l'appartement que loue le second, et ils se connaissent fort bien. Procès joué d'avance, alors ? Difficile de l'affirmer.

Mais procès, en tout cas, qu'ils ont abondamment *répété* – au sens théâtral du mot :

> « Ils n'ont pas cessé, depuis des mois, d'échanger au sujet de Robert Brasillach, [...] fourbissant des armes sur la nature desquelles ils ne se cachaient rien, n'ignorant plus rien l'un de l'autre ni de chacune de leurs intentions, arrivant le 19 janvier 1945 en étant persuadés, l'un et l'autre, qu'aucune surprise ne se produirait. L'accusateur certain de l'emporter. L'avocat devant plaider comme s'il avait une chance[160]. »

L'avocat prononce effectivement sa plaidoirie, sans lire ni consulter ses notes, préférant tout miser sur la sincérité de l'admiration qu'il éprouve pour son client. Son discours explore des arguments évidents : la jeunesse de Brasillach, son emportement, sa fougue certes mal placée mais peut-être pardonnable, le fait que son client n'a pas de sang sur les mains, qu'il n'a commis que des crimes intellectuels, et, surtout, son véritable talent d'écrivain, incontestable, sur lequel il insiste avec ce lyrisme qui deviendra sa marque de fabrique :

> « Pour nous, la littérature de Brasillach serait un peu comme un matin rayonnant, avec ses premières ferveurs, ses espérances, ses amitiés pour toujours... Il est celui qui a merveilleusement dépeint, de cette phrase

allongée, souple et pleine, notre éveil à la vie, notre extase devant les richesses de l'existence. C'est lui qui a exprimé nos goûts, nos angoisses, nos combats, nos premières désillusions d'hommes. Il a été notre jeunesse – la mienne. Il a été la jeunesse de toute ma génération et, condamné ou acquitté, demain, dans un demi-siècle, c'est par lui, par lui seul peut-être, qu'elle se transmettra à nos enfants. C'est par lui que le patrimoine de nos 20 ans ou de nos 30 ans a quelque chance de survivre[161]. »

Il est 18 h 30. Le juge s'adresse une dernière fois au prévenu, pour lui permettre de faire une ultime déclaration, ainsi que le prévoit la loi.

Brasillach se lève et prend la parole d'une voix assurée :

« Sans doute, la cour pourrait me demander si je regrette ce que j'ai écrit. Si je répondais que je regrette ce que j'ai écrit, vous penseriez tous que c'est pour sauver ma peau et vous me mépriseriez à bon droit. Je vous dirai donc que j'ai pu me tromper sur les circonstances, sur des faits ou sur des personnes, mais je n'ai rien à regretter de l'intention qui m'a fait agir[162]. »

Refusant pendant un instant de *jouer le jeu* maintenant que, de toute façon, il est perdu, Isorni sans qu'on ne lui ait rien demandé se tourne vers son confrère pour une dernière attaque, une pique qu'ils n'ont certes pas répétée au cours de leurs informelles et amicales réunions dans l'appartement que le premier loue au second :

> « Votre institution – le ministère public – sonne aujourd'hui les fanfares de la Résistance. C'est bien. Mais vous avez été, pendant quatre ans, le parquet de la collaboration. Que vous le vouliez ou non, vous êtes solidaire de ce ministère public un et indivisible qui, pendant quatre ans, a poursuivi et fait condamner les Juifs, qui a poursuivi et fait condamner les réfractaires, qui a poursuivi et fait condamner les communistes !
> Et quand je songe que, bien souvent, les Allemands choisissaient leurs otages parmi ceux que votre ministère public avait fait condamner, je ne vous reconnais plus le droit d'invoquer les victimes ni de prendre leur défense. C'est moi, au contraire, qui ait le droit de me tourner vers elles ; [...] et de [leur] demander : De quoi avez-vous le plus souffert : des écrits d'un journaliste ou des actes d'accusateurs aujourd'hui impitoyables, et qui sont marqués, de manière indélébile, dans votre douleur et dans votre sang[163] ? »

Cette ultime envolée est sans doute sincère. De la part d'un homme qui, défendant les communistes pendant l'Occupation et les collaborateurs après la Libération, s'en explique ainsi : « [Pendant la guerre], j'étais du côté des prisonniers. Puis il y a eu la Libération. Les prisonniers ont changé. Mais moi, je suis resté du côté des prisonniers[164] », on ne s'attendrait pas à moins. Mais évidemment elle ne sert à rien et il le sait. Pour des raisons éthiques et politiques (les cours de justice n'en sont qu'à leurs débuts, et elles doivent, pour s'imposer face aux cours martiales des FFI, frapper les esprits), le procès est joué d'avance.

À 18 h 35, les débats commencés cinq heures et demie plus tôt sont terminés.

Le jury se retire pour délibérer. Vingt minutes plus tard, le verdict tombe : Brasillach est reconnu coupable et condamné à mort.

– C'est une honte ! hurle quelqu'un.

– C'est un honneur ! répond face au public l'accusé, qui ne peut pas résister au plaisir, même dans les circonstances les plus terribles, de placer un bon mot.

La demande de grâce n'y fera rien.

La pétition déposée par le Comité national des écrivains, appuyant le recours déposé par le condamné, au motif que « le lieutenant Brasillach, père de Robert Brasillach, est mort pour la patrie le 13 novembre 1914[165] », et signée par (entre autres) Paul Valéry, François Mauriac, Paul Claudel, Émile Henriot, Jean Paulhan, Jean Anouilh, Jean-Louis Barrault, Jean Cocteau ou Albert Camus, n'y fera rien non plus.

Au matin du 6 février 1945, neuf ans jour pour jour après un autre 6 février qui a énormément compté pour lui tout en étant peut-être le premier cran du terrible engrenage qui l'a conduit à cette condamnation à mort, on vient le chercher dans sa cellule. Le substitut du procureur de la République, accompagné de Marcel Reboul, du juge d'instruction, d'un greffier, du docteur Paul, médecin qui sera chargé de constater le décès après l'exécution, et d'un lieutenant-colonel, lui annonce que son recours en grâce a été rejeté et lui précise que c'est l'heure.

Jacques Isorni est également présent.

Brasillach reste seul un court moment en cellule avec son aumônier, le temps de se confesser.

Ensuite, il rédige deux ultimes lettres, dont une destinée à son avocat. Enfin, il troque ses habits de prisonnier contre un costume civil ; il se coiffe une dernière fois.

Puis tous se mettent en route en direction du fort de Montrouge, où il doit être fusillé.

Dès l'instant où la voiture démarre, Brasillach se tait.

Quelques minutes plus tard, il est lié au poteau d'exécution.

Le peloton le met en joue. Aux ordres du lieutenant-colonel, il fait feu. Le maréchal des logis porte le coup de grâce. Le médecin constate le décès : il est 9 h 38.

XXI

LE COMITÉ NATIONAL DES ÉCRIVAINS ET L'ÉPURATION INTELLECTUELLE

« Peut-on écrire sans conséquence ?
Rarement comme sous l'épuration les intellectuels ont compris qu'il fallait peser les mots avant de les aligner pour en faire des phrases. S'il y a une leçon à tirer, c'est celle-là : l'homme d'idées, celui qui travaille en principe dans l'intelligence, devrait se sentir responsable de ce qu'il écrit au moment même de sa création. Il ne devrait écrire qu'en pensant à n'avoir jamais à se renier ou à se reprocher l'une quelconque de ses phrases dans l'avenir, à n'en avoir pas honte, par-delà les modes et les régimes. Bref, il devrait pouvoir assumer ses écrits non pas seulement dans l'instant mais pour la postérité et être capable de se relire sans rougir [166]. »
(Pierre Assouline)

« Je me suis toujours demandé pourquoi les abrutis glaireux de CNE l'avaient [*Guignol's band*] *interdit ? Quelle lubie*[167] *?* »
(Céline, lettre de mars ou avril 1948 à Jean Paulhan)

« Mais j'y songe, que ces CNE sont fats, et d'une fatuité bien naturelle, toute française. [...] Et merde alors ! Pour qui ils se prennent ces trous du cul ligués ! de l'essence divine[168] ? »
(Céline, lettre de mai ou juin 1948 à Jean Paulhan)

Le Comité national des écrivains (CNE), qui ne plaît guère, dans ces décisions et son existence même, à l'auteur du *Voyage au bout de la nuit*, est issu d'un premier mouvement de résistance intellectuelle, Université libre, fondé par Georges Politzer, Jacques Decour et Jacques Solomon.

Le premier est un philosophe d'obédience marxiste, le deuxième est écrivain et professeur de littérature allemande (et le plus jeune agrégé de France dans cette discipline), le troisième est physicien et l'un des premiers scientifiques français à s'intéresser à la physique quantique ; tous les trois, adhérents aux PCF avant la guerre (Georges Politzer était même responsable de la commission économique du comité central), le restent quand ce dernier est interdit et passe dans la clandestinité.

Dès juillet 1940, Politzer édite un bulletin clandestin avec la complicité de son épouse. Puis, avec ses amis

Decour et Solomon, ils décident d'aller plus loin et d'organiser un réseau de résistance universitaire. Nous sommes en septembre 1940. Université libre vient de naître, portée par trois communistes mais indépendante du PCF qui, dans un premier temps, pacte germano-soviétique oblige, se tient éloigné de la Résistance.

Pour protester contre l'arrestation par la Gestapo de leur ami Paul Langevin (scientifique de renom et de toute première importance), ils organisent l'une des rares manifestations parisiennes de l'Occupation, à laquelle participent surtout des étudiants, moins frileux que leurs professeurs. Ils sortent dans la foulée le premier numéro de la revue *Université libre*, et reprennent celle de leur ami Paul Langevin, qui existe depuis 1939, *La Pensée libre*[169].

Entre-temps, Hitler ayant trahi ses accords avec Staline, le PCF s'engage dans la lutte aux côtés des Alliés. C'est donc tout naturellement que le mouvement Université libre est encouragé à se rapprocher du parti.

Le Front national des écrivains (FNE), dont le nom renvoie explicitement à la Résistance communiste, est le fruit de ce rapprochement. Il est fondé au printemps 1941.

Pour encourager les intellectuels méfiants à l'égard du communisme à rejoindre le FNE, une troisième publication est lancée, *Les Lettres françaises*, dirigée par Jacques Decour et Jean Paulhan[170], mais l'arrestation de Decour repousse la parution du premier numéro.

C'est une période noire pour le FNE ; les trois fondateurs historiques du mouvement se font arrêter chacun à quelques jours d'écart : 14 et 17 février 1942 pour Politzer et Decour, 1er mars pour Solomon.

Aucun des trois ne reviendra vivant. Ils seront fusillés, peu de temps après leur arrestation, au mont Valérien. *Université libre* cesse de paraître au bout de cinq numéros, mais *Les Lettres françaises* lui succèdent, paraissant à partir de septembre 1942. On trouve notamment dans le premier numéro un appel lancé à tous les écrivains, par-delà les clivages religieux, idéologiques ou politiques, à rejoindre le FNE pour faire front commun face à l'ennemi.

L'appel est entendu et de nombreux auteurs rejoignent le FNE (entre autres, Aragon, qui s'implique considérablement dans son organisation, ou Mauriac et Vercors, fondateurs des Éditions de Minuit). L'organisation gagne rapidement en importance et, pour marquer son progressif détachement – formel plus que profond, cependant – d'avec le PCF, elle change une nouvelle fois de nom et devient le Comité national des écrivains :

> « Le Comité national des écrivains fut la principale instance de la Résistance littéraire. Groupement littéraire à vocation politique, il est l'héritier des nouvelles formes d'intervention collective des intellectuels depuis l'affaire Dreyfus, et plus directement des structures de la mobilisation antifasciste des années 1930[171]. »

C'est dans le numéro 6 des *Lettres françaises* que se dévoile le véritable but du CNE ; il s'agit, tout comme le fait au même moment le Comité national de la Résistance sous l'égide de Jean Moulin, de préparer l'après-victoire, c'est-à-dire l'épuration :

> « Jusqu'à la Libération, sinon de la totalité du territoire, du moins de la capitale intellectuelle, les tâches corporatives et prospectives de la presse clandestine ou du Comité national des écrivains concerneront plutôt la définition des règles éthiques à respecter à l'égard de la presse autorisée et l'épuration à venir des milieux artistiques[172]. »

Concrètement, leurs deux actions principales consisteront à réfléchir à des nouvelles règles de déontologie pour assainir les milieux du journalisme, de la littérature et du cinéma, tout en publiant des listes d'écrivains compromis et qui seront donc, à la Libération, frappés d'interdiction de publier.

Concernant les éventuelles sanctions pénales qu'ils devraient subir, le débat fait rage entre ceux qui, tel Paulhan, considèrent qu'un droit à l'erreur devrait s'appliquer aux intellectuels, et ceux qui estiment au contraire que l'écrivain, comme tout autre et peut-être même davantage, est comptable de ses pensées devant la justice sitôt que celles-ci s'apparentent à de la trahison, et qu'il peut, comme tout autre collaborateur, être châtié.

Paradoxalement, cette position-là a les faveurs de Drieu la Rochelle, qui écrit dans *La Nouvelle Revue française* de Gallimard :

> « Soyez fidèles à l'orgueil de la Résistance comme je suis fidèle à l'orgueil de la collaboration. Ne trichez pas plus que je ne triche. Condamnez-moi à la peine capitale. [...] Nous avons joué, j'ai perdu. Je réclame la mort[173]. »

Tandis que la France se libère, un certain nombre d'écrivains collaborationnistes fuit vers Sigmaringen avec le gouvernement de Vichy. Ceux qui feront le choix de rester, comme Brasillach, essuieront les plâtres d'une épuration qui cherche encore ses marques et ses limites, et paieront parfois le prix fort de ces tâtonnements. La presse de l'ombre et les écrivains issus de la Résistance se manifestent au contraire en pleine lumière et vont, juste retour des choses, occuper le terrain – d'abord au sens propre du terme :

> « Constituée de journaux issus de la Résistance (*Combat*, *Libération*, *Franc-Tireur*, *Défense de la France*, etc.) et de quelques anciens titres non "compromis" comme *Le Figaro*, *Le Populaire* et *L'Humanité*, la nouvelle presse

s'approprie les locaux désertés des feuilles collaborationnistes, qui sont mises à l'index[174]. »

Mais ils le font aussi au sens politique, intellectuel, idéologique. Aux « valeurs » de la collaboration succèdent celles de la Résistance, qui se confondent sur bien des points avec les idées défendues par le communisme. Le clivage, qui se poursuit jusqu'à nos jours, entre une gauche qui a la légitimité de la morale et des idées, et une droite suspecte par nature d'être réactionnaire et figée dans ses certitudes douteuses, s'enracine dans ces années-là. Désormais, l'intellectuel engagé ne peut plus être que de gauche (au sens le plus large du terme, c'est-à-dire incluant le communisme évidemment). Les intellectuels de droite (au sens le plus large du terme là aussi), les Maurras, les Drieu la Rochelle, ont fait leur temps.

Le CNE est bien entendu l'ardent défenseur de cette manière de penser, alors même qu'en son sein des débats en agitent les membres. Tous ne sont pas d'accord avec cette « prise de pouvoir », encore moins avec cette réglementation de ce qui peut et ne peut pas s'écrire. Il s'en trouve pour penser que la liste noire des écrivains collabos, et donc interdits de publication, n'est pas très éloignée de l'odieuse « liste Otto » imposée par les nazis.

Au fil des années d'épuration, alors que les procès s'abattent sur les intellectuels (Brasillach, Rebatet, Maurras, Drieu la Rochelle, Céline…), que les éditeurs (Gallimard,

Denoël et d'autres), et les organes de presse sont compromis, cette division va se creuser, jusqu'à provoquer le départ du CNE de Jean Paulhan, Mauriac, Duhamel et plusieurs autres, en profond désaccord avec la violence de certaines sanctions, ce qui fera dire au journaliste Pierre Assouline :

> « Il ne fait guère de doutes que chez les intellectuels, cette époque est une date, celle d'une cassure[175]. »

Il est difficile de dresser le bilan de ces procès contestés ; évoquons brièvement quelques cas parmi bien d'autres :

- Brasillach, déclaré coupable de haute trahison et d'intelligence avec l'ennemi et condamné à mort, est exécuté.
- Maurras, déclaré coupable de haute trahison et d'intelligence avec l'ennemi et condamné à la réclusion criminelle à perpétuité, finira ses jours à l'hôtel-Dieu de Troyes et mourra en 1952.
- Drieu la Rochelle se suicide pour éviter le procès.
- Rebatet, déclaré coupable de haute trahison et d'intelligence avec l'ennemi et condamné à mort, voit en 1947, à la suite d'une pétition signée par Camus, Paulhan, Mauriac, etc., sa peine être commuée en prison à vie par le président de la République.
- Vincent Auriol sera libéré en 1952 à la suite de l'amnistie de 1951.

- Léon Daudet meurt en 1942, échappant à toute poursuite.
- Giono, à qui l'on reproche d'avoir écrit dans le journal collaborationniste *La Gerbe*, est libéré après un internement administratif de quelques mois.
- Montherlant, à qui l'on reproche l'hypocrisie de son attitude (« Nul écrivain n'a poussé aussi loin le reniement, sinon Montherlant, qui ayant chanté l'héroïsme, trahit lorsque fut venue l'heure de l'héroïsme[176] ») ; obtient un non-lieu.
- *La Nouvelle Revue française* est interdite de parution jusqu'en 1953.
- *Je suis partout* cesse de paraître ; l'hebdomadaire est saisi en vertu de l'ordonnance du 18 octobre 1944 relative à la collaboration économique ; les journalistes sont condamnés à de très lourdes peines (réclusion criminelle à perpétuité, travaux forcés, etc.).

Reste le « cas Céline ». Parler de l'épuration des intellectuels sans mentionner cet auteur est impossible.

Il existe une fascination, en France, pour les écrivains – pour les artistes et les intellectuels en général – qui semblent avoir fait profession d'incarner la fameuse phrase de Nietzsche : « Si tu regardes longtemps dans l'abîme, l'abîme aussi regarde en toi[177]. »

La lignée de ces auteurs qui ont regardé le mal en face, qui se sont fait dévorer par lui, remonte à loin, sans doute à Sade, et on semble considérer qu'elle s'éteint avec Céline.

Oui, la France éprouve un mélange d'horreur et d'admiration pour ces écrivains qui ont trop côtoyé l'abîme, qui ont trop regardé au fond, qui s'y sont perdus ; pour ces Icare des grands gouffres, pour ces Prométhée qui, au lieu de dérober aux dieux le feu, leur volent les ténèbres pour nous les offrir, et se mettent, faisant cela, au-delà des normes de jugement habituelles.

La France aime les martyrs mais, plus encore, elle les aime *coupables*. Vieux pays bercé par une irréconciliable dialectique faisant tournoyer ensemble l'intransigeante laïcité et le profond catholicisme – la « fille aînée de l'Église » et le berceau des Lumières –, la France a toujours eu un faible pour Lucifer, pour l'ange déchu. Pour celui qui, si près de Dieu, a choisi de lui tourner de dos et de tomber dans l'obscurité d'une nuit sans fin.

Céline est le plus grand écrivain français du XXe siècle parce que, dans ce registre qui mêle éclat du style et irréparable faute morale, il est sans concurrence et laisse loin dans la poussière tous les Rebatet, les Drieu la Rochelle, les Brasillach. Céline est incontestable comme écrivain, incontestable comme salaud ; il est le seul à occuper légitimement cette place, le seul de sa catégorie.

Le docteur Destouches, dans l'entre-deux-guerres, est déjà dans le monde des lettres un personnage qui compte, un poids lourd, un incontournable.

Le *Voyage au bout de la nuit* a paru en 1932 et, immédiatement, ce roman a provoqué un séisme. Le Goncourt raté de peu, le Renaudot, l'emballement des critiques et, à la fin, les honneurs du public, qui l'achète en masse :

> « *Voyage au bout de la nuit* [est] un des succès de l'année 1932 : il ne faut pas moins de trois imprimeries pour faire face à la demande et fournir les libraires[178]. »

Céline est l'une des premières « stars » littéraires, plongée avec délices au cœur de polémiques, ragots, conflits, etc., et orchestrant sa promo – on ne dit pas encore les choses de cette manière mais le cœur y est – comme un diable !

> « La publication, en 1932, par un inconnu, de *Voyage au bout de la nuit* déclencha aussitôt une vague de réactions plus passionnelles les unes que les autres : certains saluèrent avec enthousiasme une œuvre qui arrivait à point nommé pour rajeunir le paysage littéraire quelque peu engourdi de l'époque. D'autres, au contraire, cherchèrent à étouffer cette chimère qui semblait vouloir remettre en cause les notions même de bon goût, de morale et de littérature. Nul ne fut indifférent. Ironie des chroniqueurs, échanges d'invectives, accusations et

autres procès constituèrent l'arrière-plan d'une réception pour le moins houleuse [...] puisqu'on relève d'octobre 1932 à mars 1933 plus de cent comptes rendus consacrés à cette œuvre polémique et qu'elle tint la une des chroniques littéraires pendant quatre mois[179]. »

À la parution de son roman suivant, *Mort à crédit*, en 1936, son succès se tasse légèrement. Les ventes demeurent bonnes (mais pas exceptionnelles) ainsi que les critiques, mais les empoignades qui se sont produites autour du *Voyage* n'ont pas lieu et Céline, s'il confirme qu'il est un écrivain avec qui il faut compter, ne tient plus le haut de pavé. Il n'est plus une vedette. Il est déçu et le fait savoir avec son sens de la mesure et sa bonne foi habituels. Ainsi, dans une lettre adressée à son ami Henri Mahé :

« La critique a été immonde, droite ou gauche je fais l'union et le summum de la haine envieuse, aveugle de la hargne fumière... ! Daudet[180] et Descaves se sont foireusement dégonflés[181] ! »

Et dans *Bagatelles pour un massacre*, qu'il écrira l'année suivante, de retour de Russie où il s'est rendu pour dépenser les droits d'auteur (en roubles, non convertibles en francs) rapportés par la traduction du *Voyage*, il s'épanchera encore sur cette injustice :

> « Huit jours encore avant *Mort à crédit* pas un seul journal de la "gôche" qui ne soit venu par envoyé spécial, me passer une petite liche bien fournie… m'offrir ses colonnes et à quels prix… ! Ah ! les saloperies fumières… ! Ah ! comme ils sont tous vils et fiottes[182] ! »

Bagatelles pour un massacre est la suite du, premier pamphlet antisémite, né d'une double conjonction :

> « Le demi-échec de *Mort à crédit*, ce qu'il a vu au pays des soviets, ont fait naître et s'accumuler une colère qui doit, pour s'exprimer, éclater bruyamment. Il rentre de Russie avec l'idée de *Mea culpa*. Parti romancier, il revient pamphlétaire[183]. »

Contre toute attente, *Mea culpa* trouve un public, ce qui encourage son auteur à poursuivre dans cette voie pamphlétaire et à aller plus loin – pour coller à l'air du temps, peut-être, et renouer avec la bonne presse qu'il avait eue dans les journaux d'extrême-droite aux temps du *Voyage* ?

En tout cas, la machine est lancée et il écrit et fait paraître très vite *Bagatelles pour un massacre* (1937) et *L'École des cadavres* (1938), qui vont faire polémique, diviser la critique, attirer les lecteurs et le remettre pour de bon sur le devant de la scène. (Le dernier pamphlet, *Les Beaux Draps*, paraîtra quant à lui en 1941.)

La suite est avant tout une conjonction funeste avec l'histoire.

Céline a-t-il collaboré ? Au sens de l'ordonnance du 26 juin 1944, oui, de toute évidence. Même s'il n'a écrit qu'un seul livre pendant la période visée par la loi, et très peu d'articles dans les journaux collaborationnistes de l'époque[184] (mais les nombreuses lettres qu'il leur adressait, d'un antisémitisme et d'un nazisme sans ambiguïté, ont été souvent publiées), il entretenait des relations cordiales avec l'occupant. Pour le reste – et notamment les dénonciations dont il aurait été l'auteur – le débat continue de diviser les historiens.

En tout cas, le 8 juin 1944, les choses commençant à sentir le roussi, les autorités allemandes lui délivrent un passeport, ainsi qu'à son épouse, Lucette.

Le 15 juin, il vide son compte en banque (il a auparavant vendu, au galeriste Bignou, le manuscrit du *Voyage au bout de la nuit* et celui de l'introduction de *Guignol's band*, paru quelques semaines auparavant), et c'est tout naturellement qu'il prend la fuite, à la manière romanesque et flamboyante qui correspond bien à son personnage, c'est-à-dire dans un certain désordre, accompagné de son épouse et de son chat Bébert, sans oublier de se munir de son magot (un million de francs en pièces d'or, tout de même), de faux papiers et, au cas où la situation tournerait mal, de deux capsules de cyanure.

Le 17 juin, ils arrivent à Baden-Baden. Ils séjournent pendant quelque temps au Brenner's Park Hotel, mis à disposition des hôtes français de marque par le Reich. Céline cherche à obtenir un visa pour le Danemark, où l'attend un autre magot, sous forme de lingots d'or, fruit d'un placement effectué quelques années auparavant. Mais c'est peine perdue pour l'instant. Les voilà ensuite transférés à Berlin. Et puis le gouvernement en exil à Sigmaringen lui propose de les rejoindre en qualité de médecin. Pourquoi pas ? Il accepte.

Le 18 mars 1945, son visa pour le Danemark arrive enfin. Céline, sa femme, son chat, son magot, son cyanure repartent donc une nouvelle fois.

Le 22 mars, ils prennent leurs quartiers chez une ancienne maîtresse de l'écrivain ; il récupère enfin son trésor.

Le 19 avril, le juge d'instruction de la cour de justice de Paris lance un mandat contre Céline, qui n'a bien sûr pas l'intention de rentrer en France pour y finir ses jours en prison, ni envie de connaître un pire destin : Brasillach a été fusillé deux mois et demi plus tôt et Drieu la Rochelle vient de se suicider.

En mai, le Danemark est libéré de l'occupant par les troupes du général Montgomery. Céline hésite à fuir encore. Il reste. Il a tort.

Le 17 décembre, sa femme et lui sont arrêtés par les autorités danoises. Il n'utilise pas le cyanure, finalement. Quant au magot, il n'en profite pas davantage. Aussitôt après son incarcération à Copenhague, la France demande son extradition, qui est refusée. Dix jours plus tard, Lucette est libérée.

Il reste en prison un an et demi. Le 27 juin 1947, promettant aux autorités de son pays d'accueil de ne pas le quitter, il est libéré sur parole. En France, la série noire a continué : Maurras et Rebatet en prison, Cousteau en prison, son ancien éditeur Denoël assassiné, Laval fusillé, Pétain enfermé. Plus personne ne reste pour le soutenir en cas de procès – mais il ne croit pas au procès, dans son cas. Il est convaincu d'en savoir trop et de devoir connaître une fin tragique comme Denoël, son ancien éditeur.

Le couple et le chat (mais pas les lingots ni le cyanure) s'installent dans une maison mise à disposition par son avocat danois, Thorwald Mikkelsen. Ils y resteront trois ans, au cours desquels Céline écrira beaucoup. Des livres, bien sûr, mais aussi diverses correspondances, très soutenues, notamment avec Jean Paulhan.

Les tentatives d'extradition se poursuivent, toujours sans résultat, grâce aux efforts menés par Raoul Nording, le consul général de la Suède à Paris.

Le 21 février 1950, son procès a lieu, sans lui. Il est condamné à un an de prison, 50 000 francs d'amende, la confiscation de la moitié de ses biens et bien entendu la dégradation nationale.

Céline et ses avocats tentent de faire valoir que la peine a été effectuée au Danemark.

Son avocat français, Jean-Louis Tixier-Vignancour (ancien militant des Croix-de-Feu, des Camelots du roi et du PPF, ancien secrétaire général adjoint à l'Information de l'État français sous Pétain), obtient l'amnistie de son client en avril 1951, ce qui n'est pas bien difficile, puisque l'amnistie de janvier 1951 absout pratiquement tous les collaborateurs, à part ceux qui ont du sang sur les mains, et tel n'est pas le cas de Céline.

Quelques semaines plus tard, le couple Destouches est de retour dans son pays natal. Il n'en bougera plus. Contrairement à ses craintes, l'ermite de Meudon ne sera pas assassiné. Il continuera d'écrire et de publier jusqu'à ce qu'il décède, de cause naturelle, le 1er juillet 1961, à l'âge de 67 ans. La veille de sa mort, il adressera cette ultime lettre à Gaston Gallimard :

> « Mon cher éditeur et ami,
> Je crois qu'il va être temps de nous lier par un autre contrat, pour mon prochain roman *Rigodon*… dans les termes du précédent sauf la somme – *1 500* NF [nouveaux francs] au lieu de 1 000 – sinon je loue, moi aussi, un tracteur et vais défoncer la NRF, et pars saboter tous les bachots !

Qu'on se le dise !
Bien amicalement vôtre
Destouches[185]. »

XXII

LE PROCÈS DE VICHY

La Haute Cour de justice de l'épuration, créée par l'ordonnance du 18 novembre 1944, est chargée de juger les membres du gouvernement de Pétain et leurs complices.

Elle est située à Paris et présidée par Pierre Sylvain Paul Mongibeaux, premier président de la Cour de cassation, assisté du premier président de la chambre criminelle de la Cour de cassation et d'Henri Picard, premier président de la cour d'appel de Paris.

Le jury se compose de 24 personnes (au lieu de seulement quatre pour les autres cours), tirées au sort sur deux listes de 50 noms. La première regroupe des sénateurs et des députés choisis pour n'avoir pas voté les pleins pouvoirs à Pétain le 10 juillet 1940 ; la seconde des résistants désignés par l'Assemblée consultative (instance représentant les différents mouvements de résistance, les syndicats et les partis politiques).

La loi du 27 décembre 1945 fondra les deux listes en une seule, constituée cette fois de 96 députés élus à l'Assemblée nationale constituante.

Deux particularités sont à souligner : la première est que les décisions sont prises en commun par les magistrats et les jurés ; la seconde est que le condamné ne peut ni faire appel ni se pourvoir en cassation. Son seul recours est la grâce présidentielle.

Entre le procès de l'amiral Jean-Pierre Esteva, résident général de France en Tunisie, jugé le 15 mars 1945, reconnu coupable de trahison, condamné aux travaux forcés à perpétuité et gracié le 11 août 1950 (il mourra quelques mois plus tard), et celui d'André Parmentier, directeur général de la police et secrétaire général du ministère de l'Intérieur, jugé le 1er juillet 1949, condamné à cinq ans d'indignité nationale et aussitôt relevé de cette condamnation pour faits de résistance (pratique courante dans les tribunaux de l'épuration, et qui présente l'avantage de sanctionner sans pour autant devoir se séparer de personnes dont on va avoir besoin pour reconstruire la France), la Haute Cour instruit 108 dossiers, et reprendra du service quelques années plus tard, entre 1954 et 1960, au fur et à mesure que les condamnés par contumace se présentent, de gré ou de force, devant elle.

Parmi tous ces dossiers, les deux plus importants sont évidemment ceux de Philippe Pétain et de Pierre Laval.

Jacques Isorni assurera la défense de l'ancien chef de l'État, en collaboration avec Jean Lemaire et Fernand Payen. Au fil de la préparation du procès, il passe beaucoup de temps avec le maréchal déchu, au point d'en devenir l'ami, ainsi qu'il le raconte dans ses mémoires :

> « C'est bien ce jour-là, à cette minute hors du réel où il se livra à moi, que s'affirma le sentiment qui allait nous unir et que je ne parviens pas à définir. Il me semble mélangé de tout ce qui peut provenir de la détresse, de la solitude, peut-être même de l'orgueil humilié, de la crainte, et, pour ma part, de ce que je ressentais profondément en lui, avec tous les souvenirs de ce qu'il avait vécu et l'éclat de sa gloire. [...]
>
> Et pourquoi l'aimai-je ? Je l'avais toujours admiré depuis que j'avais commencé à connaître un peu les grandes pages de l'Histoire. [...] Ce qui m'attirait c'était, dans son extrême faiblesse actuelle, cet appel qu'il m'adressait. Je pense aussi que notre grande différence d'âge [au moment du procès, Isorni a 34 ans, Pétain 89] nous portait l'un vers l'autre, avec cette particularité que c'était à moi d'être l'aîné. [...] Exalté par une tâche que j'assumerais sans retour, je lui fis redresser la tête. [...]
>
> Je vécus pour ainsi dire en tête à tête avec lui pendant près d'un mois. [...]

L'événement allait créer entre le maréchal et moi une intimité à peine croyable[186]. »

Et, d'ailleurs, ce tête-à-tête, cette intimité, durera bien au-delà du procès, et se poursuivra même après le décès de Pétain, puisque Isorni militera pendant des années pour obtenir la révision du jugement, et écrira une quantité invraisemblable de livres visant à réhabiliter son cher maréchal.

Le procès, en tout cas, s'ouvre le 23 juillet. Il se terminera le 15 août 1945, ce qui est exceptionnellement long. Il fera bien sûr salle comble, et tous les médias couvriront l'événement.

Pétain se présente en grand uniforme, avec médailles et képi, la tête haute et le regard droit, sous les regards de la foule venue assister au procès le plus important de l'épuration. Il pénètre dans le tribunal comme une vedette, sous les crépitements des appareils photographiques.

Après la lecture de l'acte d'accusation et l'appel des témoins, le président Mongibeaux s'apprête à commencer l'interrogatoire de l'accusé, quand le bâtonnier Payen, l'un des défenseurs de Pétain, l'interrompt pour annoncer que le maréchal a une déclaration à faire. Autorisé à s'exprimer, ce dernier prend la parole :

« C'est le peuple français qui, par ses représentants, réunis en Assemblée nationale, le 10 juillet 1940, m'a confié le pouvoir. C'est à lui que je suis venu rendre des comptes.

La Haute Cour, telle qu'elle est constituée, ne représente pas le peuple français, et c'est à lui seul que s'adresse le maréchal de France, chef de l'État. Je ne ferai pas d'autre déclaration. Je ne répondrai à aucune question. Mes défenseurs ont reçu mission de moi de répondre à des accusations qui veulent me salir et n'atteignent que ceux qui les profèrent.

À votre jugement répondront celui de Dieu et celui de la postérité. Ils suffiront à ma conscience et à ma mémoire. Je m'en remets à la France[187]. »

Il se rassied, avec la dignité de celui qui se croit dans son bon droit, « père de la nation » qu'il s'imagine toujours être, tandis que dans la salle abasourdie par cette déclaration enfle un brouhaha que tente avec peine de contenir le président.

Le procès se déroulera donc sans que son principal protagoniste daigne répondre aux questions, ou s'exprimer. Jean Schlumberger, envoyé spécial du *Figaro*, note :

« Malgré les paroles du président Mongibeaux demandant que ce procès, qui se plaide devant l'Histoire, se déroule "dans la sérénité et la dignité", nous sentons dès l'abord un heurt brutal entre des thèses raidies dans leur parti pris. Il eût été puéril d'attendre qu'entre l'acte d'accusation, et la déclaration d'incompétence formulée contre la Haute Cour [...], il y eût autre chose qu'un refus de discuter[188]. »

C'est au tour d'Isorni de s'insurger : d'après lui, le procureur aussi bien que le président ont fait savoir publiquement qu'ils pensaient Pétain coupable, ce qui est inadmissible au regard de la présomption d'innocence.

Enfin, après ces préliminaires entachés d'incidents, le procès proprement dit peut commencer. *Exit* l'interrogatoire de l'accusé, c'est donc sans transition que les témoins, à charge et à décharge, vont se succéder du 23 juillet au 9 août à la barre et répondre aux questions des magistrats et des avocats.

Pour la défense, citons notamment Édouard Daladier les 24 et 25 juillet, Léon Blum le 27, Édouard Henriot le 30.

Tout le *who's who* de la Troisième République se présente en fait au tribunal.

Les 3 et 4 août, c'est au tour de Pierre Laval de s'exprimer.

Son apparition fait sensation. Son visage est scruté. Comment est-il, après sa fuite, après son séjour en prison ?

Cela ne fait que vingt-quatre heures qu'il est de retour en France. Avant cela, il était en Espagne, et avant cela encore, à Sigmaringen.

On conserve en mémoire les manœuvres folles qu'il a tentées pour conserver son règne, tout à la fin.

À l'annonce de son nom, tout le monde dresse l'oreille ! Les jurés, le public, les journalistes !

> « On allait assister à quelque chose de formidable, d'écrasant, de sensationnel. Un avant-goût de révélation inédite venait à la bouche de tout ce monde passionné. Enfin, le vrai procès allait commencer[189] ! »

Il s'avance à la barre et on le jauge. A-t-il changé ? On lui trouve le même sourire à la fois doux et cruel, le même regard sagace et inquiet, inquisiteur et méfiant. Il se dégage de lui un orgueil et une présence aristocratique intacts. Comme si rien n'était arrivé.

Effectivement, quand il s'exprime, on comprend tout de suite que, pour lui, rien n'a changé. Il parle comme un homme habitué à être écouté et qui, lui-même, depuis longtemps, n'écoute plus les autres. Sûr de lui, pédagogue, dominateur, il expose sa vérité, sans réellement imaginer que d'autres puissent se fourvoyer au point de ne pas la partager :

> « Le 10 juillet 1940, nous étions devant le Parlement tout entier réuni et, malgré les difficultés de communication [...], plus de 700 parlementaires étaient représentés. [...] On peut dire que le Parlement était complet, eh bien, le 10 juillet, il n'y a pas eu, à aucun moment, sous aucune forme, ni directe, ni indirecte, la moindre réserve, la

moindre protestation, contre l'armistice qui avait été signé par le maréchal. [...] Le lieu était pourtant bien choisi, la séance secrète le permettait, on pouvait, sous des formes variées, le dire... On n'a rien dit, sous aucune forme. Voilà un fait, il est évident[190]. »

Quant à Camus, qui chronique le procès pour le journal *Combat*, il estime dans son éditorial du 2 août 1945 :

« Il ne s'agit pas de prouver que Pétain a eu tort de croire à l'armistice, la preuve en a été faite par un autre, dont la stature grandit tous les jours au-dessus de ces misérables querelles où des témoins plaident sans arrêt pour leur propre cause. [...] Il s'agit d'établir si Pétain a servi l'Allemagne, [...] s'il est responsable des déportations, tortures et fusillades dont nous avons été abreuvés, s'il a été, enfin, qu'il l'ait voulu ou non, le serviteur de l'ennemi et l'agent de ses infamies[191]. »

Le procès établira les responsabilités de Pétain dans l'armistice de la France et dans la collaboration, mais fera l'impasse sur la politique antisémite qu'il a conduite.

Le 11 août, « à la suite de ces longs débats, qui l'ont souvent laissé [...] perplexe[192] », le pays tout entier attend que le procureur général Mornet présente son réquisitoire, dont les conclusions, arrivant au bout d'un discours qui dure plusieurs heures, sont implacables :

> « Le gouvernement de Pétain, né de la défaite et d'un abus de confiance, n'a pu se maintenir pendant quatre années qu'en [...] collaborant dans tous les domaines avec la politique d'Hitler.
> Cela, messieurs, c'est la trahison. [...]
> La France s'est redressée, au prix de ses martyrs, au prix de ses ruines. Elle a repris victorieusement sa place dans le combat. Mais on a failli la déshonorer. Or, cela, messieurs, c'est le crime le plus grave qui puisse être commis contre la patrie. [...]
> Cela, messieurs, c'est le crime le plus grave auquel il n'est ni atténuation ni excuse, contre lequel une cour de justice chargée d'appliquer la loi ne peut qu'appliquer la peine la plus haute qui soit inscrite dans l'échelle des châtiments prévus par la loi.
> La loi française, messieurs, ne contient aucune disposition qui, à raison de l'âge, permette de substituer à cette peine, la plus haute qui existe dans nos lois, une peine équivalente, assortie des mêmes déchéances !
> Me plaçant, moi, sur le terrain de la loi, [...] c'est la peine de mort que je demande à la Haute Cour de justice de prononcer contre celui qui fut le maréchal Pétain[193]. »

Les deux dernières audiences, consacrées aux plaidoiries du bâtonnier Payen et des avocats Lemaire et Isorni, ont lieu les 13 et 14 août.

> « Ô ma patrie, victorieuse et au bord des abîmes ! Quand cessera-t-il de couler, ce sang plus précieux depuis que nous savons qu'il n'y a plus que des frères pour le répandre ? […]
> Magistrats de la Haute Cour, écoutez-moi, entendez mon appel. Vous n'êtes que des juges ; vous ne jugez qu'un homme. Mais vous portez dans vos mains le destin de la France[194]. »

C'est par ces mots que le toujours enflammé Jacques Isorni conclut sa défense. Puisque l'accusé refuse de s'exprimer, le procès est terminé. Il est 9 heures du soir, la nuit dehors est en train de tomber.

Philippe Pétain est ramené dans sa cellule. Le jury et les magistrats se retirent pour délibérer. Sept heures plus tard, à 4 heures du matin, ils sont parvenus à une conclusion.

Pétain est extrait de sa cellule et ramené au tribunal. Le président lit l'arrêt de la cour :

> « La cour, après en avoir délibéré, […]
> Condamne Pétain à la peine de mort, à l'indignité nationale, à la confiscation de ses biens.

Tenant compte du grand âge de l'accusé, la Haute Cour de justice émet le vœu que la condamnation ne soit pas exécutée[195]. »

De Gaulle entend le souhait du tribunal et commue la peine en détention perpétuelle. Pétain, conduit au fort du Portalet pour y être emprisonné, y passe deux mois avant d'être transféré à l'île d'Yeu où il demeure six ans, totalement seul, à l'exception de ses gardiens et de sa femme, autorisée à le visiter une fois par jour.

Le 29 juin 1951, dans le but d'adoucir sa peine et de lui permettre de finir décemment ses jours, il est déplacé une dernière fois, dans une maison de Port-Joinville, où il est assigné à résidence. Trois semaines plus tard, le 23 juillet, il meurt.

Ainsi se termine le plus important procès de l'épuration qui, après des débats entachés d'irrégularités, un jugement connu d'avance et une non-exécution de la peine tout aussi prévisible, laisse dans la bouche de tous ceux qui y ont assisté, qu'ils soient résistants ou collabos, pétainistes ou gaullistes, un goût d'inachèvement.

Le procès de Laval sera beaucoup plus rapide et tumultueux ; sa fin beaucoup plus brève.

Les principales caractéristiques de Pierre Laval, homme de gauche ayant tellement mal tourné qu'il en devient un cas d'école, ce sont d'une part son pacifisme – mais un pacifisme prêt à tout, notamment à toutes les trahisons – et d'autre part son désir de bien faire – mais un désir de bien faire assorti de l'immense prétention de se croire indispensable et de penser avoir toujours raison. Ces deux traits le conduiront aux pires extrémités. Et, au bout du compte, le perdront.

Élève doué issu d'une famille modeste, Pierre Laval est le parfait exemple de l'ascension sociale républicaine. Sa carrière, brillante, démarre sur les chapeaux de roue : en 1914, il devient le plus jeune député de sa circonscription – quelques années plus tard, il sera le plus jeune sénateur de France, et le premier Français consacré *man of the year* par le *Times*. Homme de tous les records, il sera à quatre reprises président du Conseil et dix fois ministre. Il est l'un des piliers incontestables de la Troisième République, et ses actions en faveur du progrès social (il est à l'origine de la loi de 1930 sur les assurances sociales) en font une personnalité très populaire.

Au début des années 1930, Laval est un quadragénaire qui a réussi sur tous les plans : sa carrière politique est admirable, il a fait fortune dans les médias (il possède plusieurs journaux régionaux, ainsi que Radio-Lyon et deux régies publicitaires). Il est peut-être un peu moins à gauche qu'avant. Disons qu'il s'agit un grand bourgeois de gauche, qui a réussi à ne pas totalement oublier ses origines.

Son seul souci concerne sa santé : son estomac le fait de plus en plus souffrir, on hésite entre un ulcère et un cancer, dans tous les cas il faudrait moins fumer, lever le pied, mais pas question pour Laval de ralentir. Il passe notamment beaucoup de temps à entretenir et développer ses réseaux d'influence, afin de promouvoir et d'imposer, dans la crise mondiale qui s'annonce, ses idées pacifistes.

Il est important d'insister sur la réussite de Laval, et sur sa popularité. Laval est un homme aimé, admiré, un homme dont la France est fière. Et c'est à cette aune seulement qu'on peut comprendre la violence de la déception qu'il engendre en se mettant au service de Pétain, des nazis, de la politique antisémite de Vichy ; à cette aune aussi qu'on peut comprendre le déferlement de haine qui va s'abattre sur lui lors de son procès.

Un temps écarté du pouvoir, Laval revient au gouvernement en 1934, après la crise du 6 février.

Entre traités hasardeux (avec Mussolini notamment) et politique de la rigueur, il perd la confiance du peuple et le soutien du gouvernement. Contraint de démissionner en 1936, il reviendra une nouvelle fois aux commandes, rappelé par Pétain.

C'est le moment de bascule. Sa certitude que la paix est possible en Europe, son obsession de vouloir la construire à tout prix, va le conduire à prendre des décisions irréversibles. Il avait affirmé en mars 1933 :

> « Oui, je veux la paix et je ferai tout pour la paix. Je ne veux pas que mon pays soit détruit et qu'un jour on

puisse lire sur un écriteau planté au bord de la Seine : “Ici était Paris.”[196] »

Ainsi, plutôt la collaboration que la guerre. La paix à n'importe quelle condition, même le sacrifice de milliers de vies humaines. Ce n'est pas le moindre paradoxe de la pensée de Pierre Laval. Partant des meilleures intentions, il est l'un des plus efficaces organisateurs de la collaboration, du STO et de la déportation, allant jusqu'à livrer aux Allemands – qui ne l'exigeaient pas –, lors de la rafle du Vel' d'Hiv, les enfants juifs pour ne pas séparer les familles…

Après le débarquement, et l'inexorable avancée des Alliés en direction de Paris, il se livre à diverses tentatives désespérées de négociation avec Eisenhower et de Gaulle, qui restent sourds à ses revirements bien tardifs.

Il va alors plus loin et tente de reformer l'Assemblée nationale afin d'offrir un rempart à la Résistance. Certains (Herriot, Abetz) sont dans un premier temps séduits par ce plan, mais très vite le Reich interrompt la plaisanterie et Laval est embarqué de force à Sigmaringen, où il se désolidarise du « gouvernement en exil ».

Il négocie avec Franco sa fuite en Espagne, où il se rend en avion le 2 mai 1945. Là, il est interné pendant trois mois, le temps de préparer sa défense – complètement aveugle au fait qu'il court de grands risques s'il se présente devant un tribunal.

Ici, les sources divergent. Est-il retourné en France de son plein gré, pour justifier ses actes et les assumer, ou bien a-t-il été contraint ? Selon Albert Naud, qui était pendant l'instruction son avocat commis d'office, Laval a été livré pieds et poings liés par Franco, désireux de montrer à la France sa bonne volonté. Laval n'avait pas du tout l'intention de se présenter devant la justice de son pays – en tout cas, certainement pas dans l'immédiat. Toujours selon l'avocat :

> « Un jour, peut-être, quand les passions se fussent apaisées, quand les circonstances politiques eussent paru favorables, Laval se fût décidé à rentrer au bercail pour ouvrir, par la suite, du haut de tribunes publiques, un grand débat platonique sur son cas. À coup sûr, l'heure n'était pas encore venue de tenter pareille aventure[197]. »

Mais, prêt ou pas à se défendre, volontaire ou non pour répondre aux questions de la Haute Cour, Laval est bel et bien de retour en France ce 2 août 1945, et aussitôt interné à Fresnes. Il est auditionné le lendemain, en qualité de témoin, au procès de Pétain.

Le sien débute le 4 octobre, après une instruction que tous s'accordent à trouver bâclée, voire volontairement sabotée, au cours de laquelle Laval et ses conseils prennent peu à peu conscience, avec inquiétude, que le procès, loin d'être l'occasion pour le célèbre accusé de s'exprimer sereinement sur ses choix politiques, sera plus probablement une exécution dans les règles.

Premier coup de théâtre, de mauvais augure : par voie de presse, après seulement quatre semaines d'interrogatoires, la défense apprend que l'instruction est terminée. Demandant par courrier des explications aux juges, elle n'obtient aucune réponse.

Deuxième coup de théâtre : la constitution du jury, selon les avocats, s'effectue en violation de toutes les règles de droit (nombre de candidats insuffisants, noms ajoutés au dernier moment sur la liste, etc.).

Dernier coup de théâtre, qui va décider les trois avocats à jeter l'éponge : la veille de la première audience, le président de la Haute Cour fait l'annonce publique, reprise par toute la presse, qu'il ne se laissera pas intimider par la défense ni par les témoins, qu'il n'acceptera notamment pas qu'elle en produise un trop grand nombre, et qu'« il faut en finir avant les élections, la Haute Cour dût-elle siéger de jour et de nuit[198] ».

Le procès débute le 3 octobre ; les élections constituantes donnant naissance à la Quatrième République auront lieu le 21.

Pour Jacques Baraduc, Albert Naud et Yves-Frédéric Jaffré, c'en est trop. Ils se retirent de l'affaire et s'en expliquent dans un communiqué adressé au président Mongibeaux :

« Nous avons constaté l'impossibilité matérielle absolue où nous sommes d'assister utilement notre client à l'audience. Une instruction préalable et complète était nécessaire, indispensable. On nous l'avait annoncée et promise. Elle a été brusquement terminée, malgré nos protestations. Nous craignons que la hâte apportée à ouvrir les débats ne soit inspirée non par des préoccupations judiciaires, mais motivée par des raisons politiques. Les déclarations que vous auriez faites hier et qui sont reproduites par la presse ne nous laissent aucun doute.
[…]
C'est avec tristesse que nous renonçons à la mission qui nous était confiée. Nous vous exprimons tous nos regrets de ne pouvoir apporter à l'œuvre de justice une contribution que nous aurions voulue conforme aux traditions de notre ordre[199]. »

Laval est donc contraint de se présenter sans assistance à la barre, aussitôt accueilli aux cris de « À mort ! » ou « Douze balles dans la peau ! » par une foule furieuse, prête à le lapider, que le président aura tout au long de l'audience beaucoup de mal à contenir.

Cette ambiance de lynchage pèse sur tout le procès, qui dure cinq jours et que tous les observateurs, y compris ceux issus de la Résistance, s'accordent à trouver bâclé et joué d'avance.

La première déclaration du procureur général donne le ton :

« L'affaire Laval est une affaire qui aurait pu venir à l'audience sans qu'il soit besoin de la faire précéder d'une instruction judiciaire préalable, pour la raison que les faits étaient connus… Est-il nécessaire, pour établir le caractère criminel de cette politique, de recourir à des témoignages, à des confrontations, à des enquêtes ? Je vous dis non[200]. »

Le premier incident a lieu quelques minutes plus tard :

« Laval n'y pouvant plus tenir s'écria :
– Mais vous étiez tous aux ordres du gouvernement, vous tous qui me jugez, les magistrats. Et vous, monsieur le procureur général !
Mongibeaux :
– Je vous répète une fois de plus…
– Vous pouvez me condamner, vous pouvez me faire périr, vous n'avez pas le droit de m'outrager.
[…] Alors les injures commencèrent à jaillir du banc des jurés […] :
– Un peu plus de modestie, fourbe [201] ! »

À la reprise de l'audience, Laval persiste à vouloir s'expliquer. Il désire, non pas se défendre, mais justifier ses actes, ses décisions, et le cours de politique qu'il tente de donner provoque une exaspération grandissante des magistrats aussi bien que du jury. Les incidents, invectives, dialogues de sourds, parole coupée de part et d'autre et interruptions d'audience sont monnaie courante. Il n'est pas question d'écouter Laval pérorer – tout le monde dans ce tribunal estime, peut-être à raison, qu'on l'a *assez entendu*, depuis trois ou quatre ans – ni même de le juger, mais de le condamner, une fois pour toutes, d'exorciser le gouvernement français de sa présence.

Oui, vraiment, la haine qu'on lui voue est à l'exacte proportion de l'admiration qu'on lui a naguère portée.

Excédé par cette ambiance délétère, il décide finalement, le 6 octobre, de ne plus répondre aux questions qui lui sont posées :

> « Monsieur le président, la façon injurieuse dont vous m'avez posé les questions tout à l'heure et les manifestations auxquelles se sont livrés certains jurés me montrent que je peux être la victime d'un crime judiciaire. J'aime mieux me taire[202]. »

Cette ultime sortie de l'accusé provoque un nouveau tollé dans le public, au point que le président menace une énième fois d'expulser la salle.

Lorsqu'on connaît le narcissisme de Laval, on peut mesurer, pour qu'il renonce à s'exprimer, à quel point le procès lui semble violent et injuste.

Ce dernier se poursuit donc sans lui, ou presque : en effet, la parole devant revenir en dernier à l'accusé, après les réquisitoires et en l'absence de plaidoirie faute d'avocat, le président de la Haute Cour lit une longue déclaration que Laval lui a fait parvenir depuis sa cellule de Fresnes, et dans laquelle il tente de se disculper des accusations de trahison qui sont portées contre lui.

Peine perdue, évidemment. Après une longue délibération (de plusieurs heures), les magistrats et le jury le déclarent coupable. Il est condamné à mort, à l'indignité nationale et à la confiscation de la totalité de ses biens.

Il ne désire pas déposer de recours en grâce.

Le jour de son exécution est fixé au 15 octobre. Dans l'intervalle, ses avocats tentent de convaincre le général de Gaulle, ainsi que Pierre-Henri Teitgen, ministre de la Justice, de la nécessité de recommencer ce procès qui n'a ni queue ni tête.

Le ministre rend sa décision l'avant-veille de l'exécution :

> « J'estime en conscience :
>
> 1. que les incidents survenus aux audiences du procès Laval, s'ils sont évidemment regrettables, ont été voulus et provoqués par l'inculpé qui, sachant ce qu'il méritait, a cherché par tous les moyens à retarder son jugement ;

> 2. que la procédure suivie en l'absence de l'accusé à ces audiences a été celle que prévoit la loi ;
> 3. que la condamnation prononcée est au fond parfaitement justifiée ;
> 4. qu'en conséquence cette condamnation doit être amenée à exécution[203]. »

De Gaulle se range à son opinion. Le sort de Laval est scellé, qui tente quand même, par deux voies différentes, d'y échapper. Il adresse tout d'abord au général de Gaulle une ultime missive, dans laquelle éclate une dernière fois la très haute opinion qu'il a de lui-même, et où il exprime non pas son désir d'être gracié, mais – le diable se niche dans les détails – sa volonté de « dire, le plus tôt possible, la vérité aux Français » :

> « Ils connaîtront la véritable histoire de l'Occupation, ils sauront aussi à la suite de quelles fautes et de quels abandons, comment Hitler a pu mettre le feu à l'Europe. Toutes les responsabilités seront découvertes. [...] J'accepterai de m'expliquer devant n'importe quel tribunal s'il consent à me laisser parler. Je vous demanderai la publication de mes débats au *Journal officiel*[204]. »

Pierre Laval, ou l'homme qui voulait avoir le dernier mot.

Comme cette première voie a échoué, il a recours le matin même de son exécution, le 15 octobre, à la seconde : le cyanure. Mais il est sauvé *in extremis* par Francis Poutrel, l'interne, tandis que le docteur Paul refuse tout geste médical sous prétexte qu'il est ici pour constater le décès, et rien d'autre.

Le suicidé a bien sûr laissé une ultime lettre où il a écrit cette phrase : « On m'a fermé la bouche à l'audience, on veut éteindre ma voix pour toujours[205]. »

Tandis qu'il demeure entre la vie et la mort, toutes les personnes présentes se demandent comment il a pu se procurer la capsule de cyanure devant mettre fin à ses jours. Une enquête sera d'ailleurs menée, qui ne donnera rien (le principal intéressé expliquera, une fois revenu à lui, qu'il possédait le poison depuis longtemps).

Après plus d'une heure de lavages d'estomacs intensifs, dans une prison paralysée, chacun attendant l'issue de ce dernier rebondissement dans une affaire qui n'en a déjà connu que trop, le condamné à mort est définitivement hors de danger.

Tandis qu'on le mène au lieu de son exécution, parfaitement rétabli, il formule une dernière requête : commander lui-même le peloton. Toujours ce désir, irrépressible, d'avoir le dernier mot – y compris en donnant l'ordre d'ouvrir le feu sur sa personne. Mais l'officier refuse.

> « Quelques minutes suffirent pour le conduire au poteau. Il refusa l'escabeau qu'on lui proposait pour s'asseoir, se laissa lier au poteau et mourut courageusement[206]. »

Quant aux autres dossiers traités par la Haute Cour de justice, au nombre de 108 comme on l'a vu, huit ne seront jamais jugés, l'action de la justice étant interrompue par le décès des inculpés.

L'issue des autres jugements est la suivante :

- 3 acquittements (Émile Laure, secrétaire général du chef de l'État, Félix Olivier-Martin, secrétaire général de la jeunesse et Marcel Peyrouton, gouverneur général de l'Algérie) ;
- 42 non-lieux ;
- 18 peines de mort dont trois exécutées (outre Pierre Laval : Joseph Darnand et Fernand de Brinon), cinq commuées, et dix contumaces ;
- 8 peines de travaux forcés, dont deux à perpétuité ;
- 14 peines de prison dont une à perpétuité ;
- 15 peines de dégradation nationale, dont sept seront suspendues pour « faits de résistance ».

XXIII

LES AUTRES FORMES D'ÉPURATION

Aucun domaine n'a été épargné par la collaboration. En tout état de cause, aucun non plus n'a été négligé par l'épuration. Et des univers aussi variés que l'Église, l'armée, la police, la médecine, le théâtre, l'armée ou la fonction publique se sont, après la Libération, trouvés sur la sellette. Tous les corps de métier, tous les domaines de l'activité professionnelle au sens large, sont scrutés par le regard de la justice, avec toujours la même interrogation paradoxale : jusqu'à quel point peut-on se montrer inflexible, implacable, sans mettre en péril le fonctionnement des corporations, celui de la société même qu'on prétend débarrasser des éléments néfastes ?

Certains domaines nous semblent plus emblématiques que d'autres, et c'est de ceux-là – l'Église, la police, l'armée, l'Université, le monde du spectacle – que va traiter ce chapitre.

Depuis le siècle des Lumières et la Révolution française, et plus encore depuis la Troisième République balayée par Pétain et remplacée par la Révolution nationale, la rupture entre l'Église et l'État, consommée avec la loi de 1905, constitue un cas unique en Europe. L'Espagne, l'Allemagne, l'Italie, même la Grande-Bretagne, sont des pays profondément religieux. La France est un pays laïc – et le clergé français, s'il s'accommode tant bien que mal de cette situation, après tout il n'a pas le choix, ne l'apprécie pas du tout. Il éprouve la nostalgie palpable d'un temps meilleur, où il avait son rôle à jouer dans la société, où la France était sa « fille aînée »…

> « Pour combler cette distance, pour reconquérir cette masse, l'Église de France a, depuis deux siècles, fait fond sur trois stratégies :
> – La stratégie de "chrétienté" : grâce à de bonnes lois, et avec l'aide d'un pouvoir redevenu chrétien, l'Église pourra enfin, pense-t-on, rechristianiser la société. Elle a cru ce temps revenu […] à l'époque de Vichy, les déclarations d'hommes comme le cardinal Suhard en témoignent ;
> – La stratégie des "institutions chrétiennes" : il s'agit de rechristianiser la société grâce au rayonnement des institutions catholiques – écoles, patronages, organisations charitables, etc. […]

– La stratégie de la "conquête" : l'Église, alors, fait appel au militantisme de ses fidèles (l'Action catholique) ou de ses clercs (les prêtres ouvriers, et ainsi de suite) priés de se mêler au monde, comme jadis les apôtres parmi les pêcheurs. [...]

Sous l'Occupation, l'Église va utiliser les trois stratégies à la fois[207]. »

Et, comme pour instaurer la Révolution nationale, Pétain a besoin de l'Église et de ce qu'elle représente, l'institution (qui partage en plus avec le maréchal un anticommunisme et un antimaçonnisme viscéraux) va se mettre au service du gouvernement de Vichy, en tout cas de certains de ses aspects.

À la Libération, si le général Bidault (président du CNR, d'obédience catholique) a d'abord l'intention d'épurer les rangs de l'Église à hauteur d'un tiers de ses représentants, de Gaulle estime qu'il faut faire preuve de moins de sévérité. D'autant que, dans l'ensemble, la population porte son attention sur d'autres secteurs de la société civile. Le pape, de son côté, accepte le principe d'une épuration, et consent à couper quelques têtes, à condition que celles-ci soient en petit nombre. Un compromis est donc trouvé et, finalement, seuls quelques évêques sont contraints à la démission.

Dans la police, les choses sont forcément plus problématiques :

> « Seul pays vaincu à avoir signé un armistice avec l'Allemagne, la France est aussi le seul à conserver un gouvernement sur son territoire occupé aux trois cinquièmes. Cette situation inédite, les interlocuteurs nouveaux et inattendus qu'elle met en présence, placent la police [...] dans une position d'autant plus singulière et ambiguë que le nouveau régime et les hommes qui le dirigent [...] sont porteurs d'une idéologie [...] qui recoupe sur certains points celle de l'occupant nazi. [...]
> Servir l'État français [...] va amener les policiers – tout en servant les intérêts de l'occupant – à transgresser clairement tout ce qui avait fait l'objet de leur mission pendant plusieurs décennies de démocratie[208]. »

La participation de la police à la politique antisémite mise en place par les nazis, avec la complicité du gouvernement de Vichy, est tout à fait documentée et connue[209]. On le sait, des policiers français se sont chargés des diverses rafles et arrestations, notamment celle du Vel' d'Hiv, ou ont été chargés de la surveillance de certains camps d'internement comme celui de Pithiviers, ou encore, quelquefois au plus haut niveau, se sont compromis avec la Gestapo et se sont livrés à des spoliations, des brutalités, des tortures et quelquefois des assassinats.

Néanmoins les policiers, apportant à la Résistance une aide précieuse, voire décisive, ont aussi rendu possible la libération de Paris par son peuple, et avant l'arrivée des Alliés, ainsi que le souhaitait de Gaulle lorsqu'il avait appelé les Parisiens à se soulever.

Bien que la police ne participe pas à la grève générale du 15 août 1944, précédant l'insurrection, ce qui lui sera d'ailleurs reproché ensuite, elle fait preuve au cours des jours suivants d'un héroïsme qui ne peut pas lui être retiré, même si on peut trouver ce sens du sacrifice tardif et peut-être opportuniste. Au cours des combats pour la libération de Paris, 150 policiers trouvent la mort ; 1 000 sont blessés. Dans le reste de la France, si, dans certaines régions, la police est directement intégrée aux FFI, dans d'autres (comme à Marseille), elle est au contraire neutralisée et désarmée par les résistants.

Quoi qu'il en soit, en dépit des exhortations du CNR à une épuration sans pitié de la police (« La nation se souviendra, pour leur réserver ses plus extrêmes rigueurs, des fonctionnaires indignes qui, traîtres à leurs mandats, et sous prétexte d'obéir à un prétendu gouvernement [...], se sont servilement transformés en complices de l'oppresseur[210] »), de Gaulle, qui a toujours en ligne de mire la réconciliation nationale, la reconstruction de la France et ses propres ambitions présidentielles, ne l'entend pas tout à fait de cette oreille. Il ne peut évidemment pas s'aliéner la police, dont il a besoin pour restaurer l'ordre républicain face aux nombreux groupes paramilitaires (milices patriotiques, gardes civiques républicaines, etc.) qui partout en France apparaissent et s'arrogent le droit de prendre en charge la sécurité de leurs concitoyens. Aussi, il botte en touche, affirmant que la seule faute des policiers aura été de servir l'État de fait (ainsi qu'il nomme le régime de Vichy, pour bien marquer son illégitimité), poussés à le faire par une culture de l'obéissance qui est la nature profonde de leur fonction.

Autrement dit, cet argument consistant à se disculper de la collaboration en invoquant la discipline et la docilité, qu'il dénie à tous les grands serviteurs de l'État – ministres, hauts fonctionnaires… –, il l'accorde bien volontiers à la police.

Néanmoins, même effectuée avec beaucoup de circonspection et une certaine bienveillance au bénéfice du doute, l'épuration de la police est nécessaire. Et elle doit s'effectuer le plus rapidement possible.

Puisqu'il est impossible d'accuser la police de collaboration sur la simple base de son obéissance au gouvernement de Vichy dans sa volonté de favoriser les entreprises de l'ennemi, ce qui reviendrait tout bonnement à envoyer devant les tribunaux à peu près l'ensemble de la profession, l'article 3 de l'ordonnance du 28 novembre 1944 précise les choses :

> « Il n'y a ni crime, ni délit à la charge des auteurs ou des complices, lorsque les faits n'ont comporté de leur part que la stricte exécution – exclusive de toute initiative personnelle – d'ordres ou d'instructions reçus sans aucun dépassement de ceux-ci ou de l'unique accomplissement d'obligations professionnelles, sans participation volontaire à un acte antinational.
> Toutefois, les lois, décrets, règlements, ordres ou autorisations ne constituent ni le fait justificatif [...], ni les autorisations ou approbations prévues dans les définitions de certaines infractions lorsque le prévenu avait la faculté de se soustraire à leur exécution par son initiative personnelle et que sa responsabilité ou son autorité étaient telles que son refus aurait servi la nation[211]. »

Autrement dit : obéir à un ordre contraire aux intérêts de la France n'est pas nécessairement un crime... mais cela dépend.

Dans ces conditions, si l'on considère par ailleurs que la population éprouvait une rancœur parfois très importante – et souvent justifiée – à l'égard de la police, comment a-t-elle été épurée, concrètement ?

Le ministère de l'Intérieur établit sept critères qui peuvent conduire à une épuration administrative, c'est-à-dire une sanction pouvant être une rétrogradation, une mutation punitive, une mise à la retraite d'office ou une révocation (sans préjuger bien sûr d'éventuelles poursuites judiciaires) :

- des sentiments collaborationnistes manifestes ;
- une propagande active ;
- une attitude antinationale ;
- un excès de zèle ou un abus de pouvoir ;
- l'appartenance à un groupe collaborationniste ;
- une hostilité marquée à la Résistance ;
- un avancement ou des récompenses liés aux circonstances de l'Occupation.

Environ un policier sur cinq, après examen de son dossier, fait l'objet d'une sanction – la plus répandue (plus d'un cas sur deux) étant la mise à la retraite. Néanmoins, effectuée trop rapidement, considérée par beaucoup comme bâclée, la procédure donne lieu à de nombreux recours présentés au Conseil d'État, qui entraîneront un grand nombre de réintégrations rétroactives.

Les délais de recours ayant été allongés par le législateur, et le traitement de chaque dossier demandant énormément de temps, l'épuration de la police donne l'impression de s'étirer interminablement, année après année, en dépit du vœu formulé par le ministère de la Justice d'en finir au plus vite. On en trouve les ultimes traces dans des arrêtés du Conseil d'État datant de 1970 ! Quant aux annulations, elles sont légion : elles concernent six décisions sur dix à la fin des années 1940, et jusqu'à huit sur dix au cours de la décennie suivante !

Qu'en est-il des hauts responsables ?

> « René Bousquet, Maurice Papon. En deux noms, la cause est entendue, et la légende noire écrite : les hauts fonctionnaires de l'administration préfectorale de Vichy, issus du radicalisme républicain, servirent sans ciller l'État français jusque dans les pires errements de la collaboration d'État. Après une épuration particulièrement douce, ils constituèrent les cadres administratifs ou économiques de la Quatrième République[212]. »

Une épuration « particulièrement douce », c'est le mot : René Bousquet, secrétaire général de la police entre 1942 et 1943, principal organisateur, entre autres, de la rafle du Vel' d'Hiv, est jugé très tardivement (en 1949) au cours d'un procès mené à la hâte et entouré d'une relative indifférence. La sanction qui s'abat sur lui frappe par sa clémence : seulement convaincu d'indignité nationale (et acquitté de l'accusation d'atteinte aux intérêts de la France), il est condamné à la peine minimale (cinq ans de dégradation nationale) et en est relevé aussitôt. Après avoir passé deux mois de détention préventive à Fresnes, il ressort libre du tribunal. Exclu de la vie politique, il mènera néanmoins une belle carrière dans la finance.

Alors que la perspective de nouveaux procès devient pour lui de plus en plus inquiétante à la fin des années 1980 et au début des années 1990, il est finalement tué de cinq balles dans le corps par Christian Didier.

Quant à Maurice Papon, secrétaire général de la préfecture de la Gironde et directeur d'un Service des questions juives dont il n'existe aucun équivalent sur le reste du territoire, et donc possiblement responsable direct de la déportation des Juifs dans la région bordelaise, il ne sera tout bonnement pas inquiété avant de longues années (voir p. 359) et poursuivra une belle carrière, émaillée de coups d'éclat, tels que le massacre du 17 octobre 1961[213], alors qu'il dirige la préfecture de police de Paris.

Sans doute peut-on voir, dans cette instrumentalisation de la force publique par Vichy, dans sa soumission à l'occupant, dans le refus du gouvernement provisoire d'accomplir une réelle purge et un réel renouvellement du corps et de son élite, l'origine de la profonde défiance qui existe depuis lors entre le peuple et la police supposée le protéger et le servir. Peut-être aussi, dans cette épuration manquée, peut-on voir l'origine des cris de CRS-SS qui retentiront pendant la révolution de Mai 68. Les gauchistes qui crieront ce slogan n'auront pas oublié que les Compagnies républicaines de sécurité sont nées des cendres des Groupes mobiles de réserve, ni qu'elles ont été créées par Pierre Pucheu pendant l'Occupation pour aider les sections spéciales dans leur traque des militants communistes et des résistants.

Si l'épuration de la police est, sinon un fiasco, en tout cas légitimement critiquable, en est-il de même pour l'armée ?

Premier constat : les militaires ne sont pas tellement frappés par l'épuration judiciaire, puisque seuls quelques centaines de soldats seront traduits en justice. En revanche, l'épuration administrative frappe fort :

> « En effet l'épuration ne se contente pas des têtes, elle veut frapper aussi les exécutants. Ce qu'on appelle [...] l'épuration administrative de l'armée recouvre deux mesures juridiquement distinctes mais confondues dans la pratique, et qui visent :
> 1 – La mise à l'écart des cadres compromis sous Vichy ;
> 2 – L'intégration des cadres ayant participé à la Libération à l'exclusion de tous les autres. [...]
> En principe, tous les officiers et sous-officiers qui n'ont pas répondu aux appels du général de Gaulle du 6 juin 1944 sont exclus de l'armée. [...]
> Tout semble donc réuni, à la Libération, pour opérer un vaste renouvellement de l'armée française, avec élimination des "vichystes corrompus" et intégration des "forces vives de la nation", issues de la Résistance[214]. »

Mais le traitement des dizaines de milliers de dossiers est très long et, entre les exclusions, les réintégrations et les réductions d'effectifs liées à un contexte de crise budgétaire, il est difficile de se faire une idée précise du nombre de soldats effectivement chassés de l'armée au motif d'avoir collaboré avec l'ennemi. Cependant, il semble assez élevé pour que le ministre de la Défense nationale puisse affirmer, le 4 avril 1946, devant l'Assemblée constituante :

> « "Le ministère des Armées est au premier rang de l'État tant pour le nombre et le pourcentage de fonctionnaires frappés par l'épuration que pour le nombre de résistants intégrés dans ses cadres." Il évalue ainsi à plus de 11 000 le nombre des officiers issus de la Résistance et des Forces françaises combattantes intégrés dans l'armée active[215]. »

Toutefois, les études historiques ultérieures ont tendance à prendre ce chiffre avec précaution, en raison notamment de la difficulté à l'étayer par des sources fiables. L'armée n'est pas surnommée pour rien la « grande muette » ! Et si, au cours de l'année 1945, le discours politique est impitoyable et que de spectaculaires procès purgent l'armée de ses officiers supérieurs, en ce qui concerne les grades subalternes, en revanche, la clémence prévaut, inspirée par la nécessité vitale de conserver suffisamment de soldats pour terminer la guerre.

Néanmoins, une fois la victoire acquise, l'urgence de réduire les effectifs est réelle. Cette très importante déflation (on parle de 16 700 officiers) a tout d'abord un but économique, mais elle est aussi l'occasion de faire un ultime ménage parmi les éléments vichystes qui subsistaient encore dans les rangs.

Comparée à ces trois dossiers explosifs que sont l'Église, la police et l'armée, l'épuration des milieux universitaires et du spectacle représente une tâche facile, presque une récréation !

Pendant la collaboration, l'Université, d'une certaine façon, se tient loin de Vichy, et réciproquement. Pétain n'est pas connu pour son amour des intellectuels. De son point de vue, ces coupeurs de cheveux en quatre que sont les universitaires, peu enclins à obéir à un chef et à respecter l'ordre ou les valeurs établies, sont – avec les francs-maçons et les Juifs (et d'ailleurs ces trois-là bien souvent s'assemblent) – les artisans de la défaite de la France, et de sa décadence.

Aussi, que ce soit dans la Résistance ou dans la collaboration, on ne trouve pas beaucoup d'universitaires.

Néanmoins, après la Libération, une épuration est tout de même nécessaire, comme dans les autres secteurs de la société. Elle n'a pas donné lieu à beaucoup d'instructions. Sur 1 500 fonctionnaires enseignants du supérieur, 170 passent devant le Conseil supérieur d'enquête : 77 d'entre eux sont révoqués, quelques autres subissent des sanctions d'une moindre sévérité. On notera que, en proportion, les universitaires sont parmi les fonctionnaires les plus exposés à des sanctions lourdes (révocation et retraite anticipée). La raison n'est évidemment pas à chercher dans des faits de collaboration plus graves qu'ailleurs, mais dans un désir, de la part du gouvernement, de renouveler le personnel. Ainsi, dans l'examen des dossiers, l'âge joue nettement en la défaveur des inculpés et, sous couvert d'épuration, on met à la retraite forcée des mandarins dont on souhaite depuis longtemps le départ.

Reste tout de même les cas d'Albert Rivaud, Georges Ripert, Jacques Chevalier, Joseph Barthélémy et Jérôme Carcopino. Tous les cinq, anciens universitaires, sont déférés devant la Haute Cour de justice en raison de leur participation au gouvernement de Pétain.

Albert Rivaud, ancien professeur de Pétain à l'École de guerre, docteur en lettres, professeur de philosophie et membre de l'Académie des sciences morales et politiques, entre en 1940 dans le gouvernement de Vichy en qualité de ministre de l'Éducation, mais n'y reste guère : les Allemands, qui ont eu vent de ses articles d'avant-guerre préconisant une alliance franco-britannique pour faire face au Reich, ne l'aiment pas beaucoup.

Exclu pendant deux ans de l'Éducation nationale en conséquence de l'épuration administrative, il est réintégré en 1947, son passage devant la Haute Cour s'étant soldé par un non-lieu. Il manifestera jusqu'à la fin de sa vie sa fidélité à Pétain, allant jusqu'à participer au comité célébrant en 1956 le centenaire de la naissance de l'ancien maréchal.

Georges Ripert, doyen de la faculté de droit de Paris, est connu avant-guerre pour son opposition à l'antisémitisme. Néanmoins, politiquement très à droite, il trouve très vite sa place dans le gouvernement de Vichy : en effet, sitôt Pétain au pouvoir, Ripert devient membre du Conseil national (il s'agit d'une assemblée consultative dont le rôle est de rechercher les moyens d'améliorer la situation précaire dans laquelle se trouve le pays après la défaite). Brièvement secrétaire d'État à l'Éducation nationale et à la Jeunesse (avant que Jérôme Carcopino ne lui succède), il fait preuve d'un zèle particulièrement enthousiaste quant à l'éviction des professeurs juifs.

1943 constitue sa grande année, puisque, après avoir réédité le *Traité élémentaire de droit civil* de Marcel Planiol en y explicitant et justifiant les lois sur le statut des Juifs par de vaseux arguments économiques, il rédige la préface d'un ouvrage allemand étudiant le droit nazi.

À la Libération, il bénéficie cependant d'un non-lieu pour « faits de résistance », bien que personne n'ait pu, à ce jour, décrire les faits en question. Réintégré à la faculté de droit, il publiera plusieurs ouvrages faisant étalage de ses positions politiques réactionnaires.

Jacques Chevalier, philosophe reconnu, influencé entre autres par Bergson, auteur de nombreux ouvrages remarqués, doyen de la faculté de lettres de Grenoble, participe de manière sporadique au gouvernement. Il sera néanmoins, à la Libération, « qualifié de “ligueur fanatique” et [de] grand admirateur du franquisme, qu’il avait soutenu en 1937[216] ». Le tribunal ne le ménagera pas : il est condamné le 12 mars 1946 à vingt ans de travaux forcés, à la dégradation nationale et à la confiscation de la moitié de ses biens. Sa peine sera d’abord commuée en quatre ans de prison, puis il obtiendra une libération conditionnelle un an plus tard, et sera gracié peu après.

Joseph Barthélémy, docteur en droit, enseignant à la faculté de droit de Lille et occupant des chaires à la faculté de droit de Paris et à l’École libre des sciences politiques, passe dans les années 1930 du Front populaire à la réaction pure et dure, suivant un parcours intellectuel que l’on commence à bien connaître.

Ministre de la Justice entre 1940 et 1943, il s’avère un indéfectible soutien du maréchal Pétain, contribuant à rédiger le projet de Constitution de 1941 et la loi sur le statut de Juifs.

Incarcéré à Auch le 6 octobre 1944, il meurt d’un cancer avant de passer en jugement.

Jérôme Carcopino, enfin, historien spécialiste de la Rome antique et auteur d’un grand nombre d’ouvrages sur la question, dirige entre 1940 et 1942 l’École normale supérieure, tout en étant (en 1941) secrétaire d’État à l’Éducation nationale et à la Jeunesse auprès de l’amiral Darlan.

À ce titre, non seulement il concourt à l'application des lois excluant les Juifs et les francs-maçons de la fonction publique, mais encore, dans le cadre de la réorganisation scolaire, il prend l'initiative de proposer à Pétain l'instauration d'une limitation du nombre d'étudiants juifs (tout en assurant n'être pas antisémite).

Après 1942, il mène un certain nombre d'actions pour aider ses élèves à esquiver le STO – ce geste jouera plus tard en sa faveur puisque, grâce à ces faits de résistance, il obtient un non-lieu.

Bien après la guerre, et jusqu'à son décès en 1970, il clamera pourtant à qui veut l'entendre son admiration intacte pour le maréchal Pétain.

Et pour la petite histoire, à Fresnes, où il est interné en attendant d'être présenté à la Haute Cour de justice, il partage brièvement sa cellule avec un détenu célèbre : Sacha Guitry, lui aussi poursuivi pour faits de collaboration.

Les vedettes sont d'ailleurs nombreuses à passer devant les cours de justice de l'épuration. Pour ne citer que celles dont les noms sont encore connus de tous aujourd'hui, mentionnons – outre Sacha Guitry – Pierre Fresnay, Arletty, Coco Chanel, Henri-Georges Clouzot, Marcel Carné, Fernandel, Michel Simon…

> « Le monde du spectacle pouvait paraître un curieux terrain pour la chasse aux traîtres. À vrai dire, les vedettes de la scène, de l'écran et des salles de concert étaient

restées très en vue durant les sombres années de l'Occupation, et leurs faits et gestes avaient eu un certain écho[217]. »

Ces procès plaisent évidemment beaucoup au public, assuré d'avoir sa ration de ragots et de bonnes répliques, fasciné hier comme aujourd'hui par les turpitudes des stars.

Pour la plus grande joie des spectateurs, les arguments de défense oscillent souvent entre la vraie naïveté et l'ironie pure.

Ainsi, quand tel quatuor explique avoir joué 72 fois à Radio-Paris pour ne pas laisser à la musique allemande le monopole des ondes, on est en droit de sourire. Et quand Fernandel explique qu'il était membre du Cercle européen (organisation collaborationniste) parce qu'il ne pouvait pas résister aux bons repas qui y étaient servis, il ne peut que mettre les rieurs de son côté.

En général, les sanctions ne vont pas beaucoup plus loin qu'une interdiction temporaire d'exercer.

Quelques condamnations sont néanmoins plus lourdes : Jean Mamy, alias Paul Riche, réalisateur du tristement célèbre film de propagande antimaçonnique *Les Forces occultes*, et collaborateur actif du régime de Vichy, sera condamné à mort, de même que son scénariste, Jean Marquès-Rivière, autre propagandiste zélé de la politique antisémite de Vichy.

Jean Mamy, exécuté le 29 mai 1949, aura le navrant privilège d'être le dernier fusillé de l'épuration. Marquès-Rivière, lui, trouvera le temps de fuir (comme quelques autres) dans l'Espagne franquiste pour échapper au procès.

Pour finir sur une note plus légère, voici le questionnaire que la SACEM, la Société des gens de lettres et celle des auteurs et compositeurs dramatiques, a adressé à leurs membres dans le but d'épurer les rangs des musiciens, écrivains ou metteurs en scène – le lecteur décidera par lui-même si les personnes qui l'ont rédigé étaient ironiques ou non :

> « – Avez-vous fait des dénonciations ?
>
> [...]
>
> – Avez-vous été partisan de la collaboration : a) avant 1942 ; b) après 1942 ?
>
> – Même si vous n'avez pas aidé la propagande ennemie et si, par l'écrit, la parole, le fait ou le geste, vous n'avez pas été un collaborateur agissant, jugez-vous, en votre âme et conscience, que vous n'avez pas failli à votre devoir d'intellectuel français chargé d'une mission de confiance auprès de la masse, et que votre attitude, votre comportement, dans le privé comme dans le public, a été conforme à la dignité patriotique qu'il convenait de garder, après une défaite humiliante, pendant une occupation matériellement et moralement odieuse et face à un adversaire qui, désireux d'avilir notre pays en

ayant l'air d'appeler à la collaboration, affamait notre peuple, étouffait notre pensée, notre culture et notre liberté, torturait nos compatriotes, fusillait nos otages et se conduisait en ennemi mortel de notre génie et de notre civilisation[218] ? »

XXIV

LES LOIS D'AMNISTIE ET LA FIN DE L'ÉPURATION

Une première forme d'amnistie est mise en place dès 1944, avec la création de chambres de révision destinées à annuler les condamnations pénales prononcées par les tribunaux de Vichy contre des résistants.

En ce qui concerne les collaborateurs, en revanche, il faut attendre un peu plus longtemps. Même si, bien entendu, dès le début de l'épuration, une réflexion se met en place pour déterminer le meilleur moyen de conclure cette période difficile et passer à une nécessaire réconciliation de tous les Français.

La première loi d'amnistie votée après la Libération, le 16 avril 1946, est une loi d'amnistie « classique », c'est-à-dire concernant toutes les infractions mineures (« sont amnistiés les délinquants primaires condamnés à un emprisonnement inférieur ou égal à six mois et à une peine d'amende inférieure ou égale de six mille francs [...], pour l'un des délits commis antérieurement au 8 mai 1945[219] »).

Cependant, l'article 16 précise clairement qu'elle « ne saurait, en aucun cas, s'appliquer à des faits de collaboration dans les termes de l'ordonnance du 28 novembre 1944[220] ». Et, de toute manière, les premières années suivant la Libération, il ne peut y avoir de clémence généralisée à l'égard des collaborateurs. Pourtant, on l'a vu, le débat existe déjà entre rigoristes et tolérants (incarnés entre autres par Camus et Mauriac au cours de la joute qu'ils se livrent par éditoriaux interposés). Et certains héros de la Résistance considèrent, dès le début de l'épuration, que la reconstruction de la France doit passer avant toute autre considération. Ainsi, Henri d'Astier de La Vigerie (résistant de la première heure et responsable entre autres, rappelons-le, de la libération d'Alger en 1942) écrit dès le 7 novembre 1945 un appel à la réconciliation dans le *Bulletin pour la défense des libertés* :

> « À toutes les échelles de la collaboration, il n'y a pas eu que des salauds. [...] Au moment du rassemblement des forces, nous ne pouvons nous priver du concours de soldats qui, parce qu'ils ont cru un ensemble d'idées vraies ou fausses, ont eu le cran de quitter la facilité pour le danger, et d'industriels qui n'ont fait tourner leurs usines que parce qu'ils étaient plus actifs et plus ingénieux que leurs camarades. [...] Notre pays de maigre natalité n'aura jamais trop de techniciens, d'industriels,

de politiques, jamais trop d'hommes au sens plein du terme[221]. »

L'appel est cependant peu entendu, hormis par quelques collabos notoires et quelques ennemis de la Résistance, qui sautent sur l'occasion pour réaffirmer avec force le sentiment d'injustice qu'ils éprouvent à l'égard de l'épuration…

De toute façon, la population française est trop à vif, a un besoin trop impérieux de justice et de revanche (et même de vengeance) pour que la position défendue par Henri d'Astier de La Vigerie soit envisageable ou simplement discutable.

De fait, il faudra attendre l'institution de la Quatrième République pour voir votées les premières lois d'amnistie concernant la collaboration.

Après la Libération, il est bien entendu impossible de laisser perdurer indéfiniment le gouvernement provisoire. De Gaulle, qui en est le chef, jouit à ce moment-là d'une popularité énorme aussi bien dans les instances de la Résistance que parmi la population, mais il n'a pas été élu.

Le 21 octobre 1945, un référendum demande donc au peuple français de se prononcer pour le retour à la Troisième République ou pour la création d'une Assemblée constituante. Sans surprise, étant donné la défiance quasi unanime envers une institution que l'on rend bien volontiers responsable de la défaite de 1940, la seconde proposition recueille 96 % des suffrages.

Le même jour ont lieu des élections législatives dont dépendra cette Assemblée. Les trois principales formations politiques à accéder au pouvoir sont le Parti communiste, le Mouvement républicain populaire (gaulliste démocrate-chrétien) et la SFIO (socialiste). L'Assemblée élit comme chef du gouvernement Charles de Gaulle.

Un premier projet de Constitution est proposé par l'Assemblée le 19 avril 1946, mais 53 % des Français le rejettent lors du référendum du 5 mai 1946.

De nouvelles élections législatives ont alors lieu, le 2 juin 1946, avec des résultats sensiblement identiques aux précédents. Le principal changement est donc que Georges Bidault, grand résistant et membre du Mouvement républicain populaire (MRP), succède à de Gaulle à la tête du gouvernement provisoire.

Un nouveau projet de Constitution est rédigé dans la foulée des élections. L'Assemblée le valide par 440 voix contre 106. La moindre des oppositions n'est pas celle du général de Gaulle, qui condamne aussitôt cette nouvelle Constitution dans un discours resté célèbre[222]. Pour le libérateur de la France, c'est le début de la fameuse traversée du désert, qui durera jusqu'en 1958.

Proposée par référendum aux Français le 13 octobre 1946, elle est adoptée avec 53,3 % de suffrages exprimés en sa faveur.

Sa promulgation officielle par Georges Bidault, le 27 octobre 1946, est l'acte de naissance de la Quatrième

République, dont la tâche principale sera la reconstruction de la France.

La première élection présidentielle du nouveau régime a lieu le 16 janvier 1947. Elle ne se déroule pas au suffrage universel direct : le président de la République est élu par le Congrès (Assemblée nationale et Conseil de la République) réuni à Versailles.

En lice face à trois autres candidats (Augustes Champetier de Ribes, déjà ministre sous la Troisième République, Jules Grasser, sénateur, et Michel Clemenceau, fils du « tigre »), Vincent Auriol est élu au premier tour, avec une majorité absolue de 51,19 %.

Le nouveau président n'est pas un inconnu. C'est même, au contraire, un pilier des gouvernements de l'immédiate avant-guerre, puisqu'il a été, entre 1936 et 1938, ministre des Finances, garde des Sceaux et ministre de la Coordination des services à la présidence du Conseil.

Pendant l'Occupation, il a rejoint la Résistance dès 1942, et franchi la Manche l'année suivante pour poursuivre le combat aux côtés du général de Gaulle qui, en 1944, le nommera président de la Commission des finances de l'Assemblée consultative d'Alger.

La toute première loi d'amnistie incluant certaines infractions sanctionnées par les tribunaux de l'épuration est promulguée le 16 août 1947, soit moins d'un an après l'élection présidentielle. Elle est encore assez timide, puisque les principales dispositions sont contenues dans seulement deux articles, dont un seul concerne directement la collaboration, à savoir l'article 17, qui ne vise que quelques délits de propagande ou d'opinion :

> « Pourront être admises, [...] au bénéfice de l'amnistie, toutes personnes condamnées [...] pour des propos, écrits, confection ou distribution de tracts ou documents de toute nature, alors réputés contraires aux intérêts du peuple français, lorsqu'elle n'auront pas, pendant l'occupation du territoire, manqué à leur devoir d'attachement à la France. »

Quant à l'article 18, il a pour principal effet d'absoudre les résistants et les FFI qui auraient eu la main un peu trop lourde au cours de l'épuration extrajudiciaire :

> « Pourront demander à être admises, [...] au bénéfice de l'amnistie, les personnes poursuivies ou condamnées pour toute infraction pénale [...], à condition que les actes reprochés aient été accomplis avec l'esprit de servir la cause de la libération définitive de la France[223]. »

Cette amnistie, pour légère qu'elle semble, n'est toutefois pas un coup d'épée dans l'eau : elle permet en effet la libération de plusieurs milliers de détenus.

Il faudra cependant attendre quatre ans pour qu'en 1951 une nouvelle loi, plus large, et plus spécifiquement consacrée aux crimes commis pendant l'Occupation, soit votée.

Entre-temps, l'épuration, commencée en Algérie en 1943 avec le procès de Pierre Pucheu, s'achève officiellement le 29 juillet 1949 par la dissolution des cours de justice.

Tout le monde commence à être d'accord sur la nécessité d'en finir avec cette période, de cesser de traquer les traîtres, et d'aller de l'avant.

Petit à petit, l'idée d'une amnistie plus large que celle de 1947 fait son chemin dans les esprits.

De plus, les prisons sont totalement engorgées, soumises à une surpopulation difficile à juguler.

Mais « restait à savoir ce qu'on entendait par oubli officiel » :

> « Il fallait parvenir à s'entendre sur le sens que l'on donnerait à l'amnistie : clémence, pardon, réhabilitation, réparation. En outre, s'il était humain, juste, chrétien ou moral de pardonner, amnistier pouvait revenir à réintroduire dans la vie publique tous les indignes que l'on avait voulu en chasser pour que l'épuration soit aussi une rénovation[224]. »

Sur le principe même de son application, les grands partis ne sont pas d'accord. Le PCF, notamment, est le plus partisan de tous d'une justice rigoureuse et d'un pardon plus que parcimonieux.

C'est aussi à ce moment-là que se forge la « légende noire » de l'épuration, c'est-à-dire la surévaluation faite par les collabos des morts survenues dans leurs rangs à la suite de l'épuration extrajudiciaire, considérée par eux comme plus meurtrière que la collaboration elle-même. Leur but, par cette falsification, est d'obtenir non seulement leur réhabilitation, mais encore des réparations, la reconnaissance du crime d'épuration qui a été commis à leur encontre. Ainsi, la revue *Parole française* affirme que l'épuration aurait fait quatre fois plus de morts en France que les Allemands.

Maurice Bardèche, beau-frère de Brasillach, fasciste notoire (y compris après la guerre), fondateur du négationnisme, se fait le héraut de ce combat en réhabilitation, écrivant en 1947 une lettre ouverte à François Mauriac[225], dans laquelle il explique en substance qu'au fond les collaborateurs n'étaient que des citoyens obéissant à un gouvernement dont la légalité n'avait pas à être contestée, tandis que l'épuration, au contraire, a été le fait d'une bande de criminels agissant dans le plus pur arbitraire.

Cette bataille de chiffres, chacun agitant le nombre qui l'arrange pour des raisons qui ont parfois plus à voir avec la stratégie politique qu'avec la vérité historique, est l'un des moments honteux de la fin de l'épuration, et l'un des fossés qui se creusent entre les Français au cours d'une période qui, au contraire, aurait dû voir tout être mis en œuvre pour aboutir à la réconciliation.

La difficulté à connaître les vrais nombres, l'incapacité pour la Résistance de s'imposer comme une force politique efficace, les revirements d'une opinion publique ballottée par des arguments irrationnels et une comptabilité sordide contribuent à créer une ambiance asphyxiante.

C'est donc dans ce climat délétère qu'est promulguée la « grande amnistie » (comme on disait alors) du 5 janvier 1951. Bien qu'elle soit inévitable et nécessaire, elle laisse un goût amer dans la bouche de ceux qui la votent. Ils y voient l'échec de l'épuration.

Contrairement à la précédente, cette amnistie est spécialement consacrée aux personnes épurées – et, dans l'éventail des fautes qu'elle absout, elle ratisse plutôt large : l'indignité nationale n'est plus un crime mais un délit ; la peine de dégradation nationale est désormais limitée à vingt ans au lieu de la perpétuité ; toutes les personnes condamnées à moins de quinze ans de dégradation nationale et à moins de trois ans de prison sont amnistiables ; les autres peuvent déposer un recours en grâce.

Ce sont, cette fois-ci, plusieurs dizaines de milliers de détenus qui sont concernés.

Mais tout n'est pas terminé pour autant. Il reste encore énormément d'épurés dans les prisons, qui sont toujours pleines à craquer.

Aussi, la campagne des législatives de 1951 se concentre à peu près exclusivement sur ce thème. Le MRP l'inscrit à son programme. La droite s'en sert pour attirer le vote des anciens vichystes. Le débat de fond est vicié par des considérations électoralistes et politiciennes.

Les pétainistes entrent dans le jeu en proposant leur propre candidat. Celui-ci ne fera pas un score mémorable.

Quant au maréchal déchu, il meurt à 95 ans, ôtant aux uns et aux autres une fameuse épine du pied : sa disparition règle la question de savoir s'il convient de l'amnistier ou pas.

Après deux ans de débats, la dernière loi importante soldant les comptes de l'épuration paraît au *Journal officiel* du 7 août 1953. Dans son premier article, elle prend cette disposition :

> « La République française rend hommage à la Résistance, dont le combat au-dedans et au-dehors des frontières a sauvé la nation. C'est dans la fidélité à l'esprit de la Résistance qu'elle entend qu'aujourd'hui soit dispensée la clémence.
> L'amnistie n'est pas une réhabilitation ni une revanche, pas plus qu'elle n'est une critique contre ceux qui, au nom de la nation, eurent la lourde tâche de juger et punir[226]. »

Les articles suivants précisent le champ couvert par cette nouvelle amnistie et c'est, conformément au préambule, la vraie grande absolution. Presque tous les collaborateurs sont concernés, à l'exception des violeurs, des meurtriers, des tortionnaires et des délateurs.

Toutes les sanctions administratives et professionnelles sont également levées, sans que les condamnés, néanmoins, soient réintégrés aux postes qu'ils occupaient avant d'être jugés.

À terme, il ne reste en prison que 2 000 collabos. La population carcérale respire enfin ! Et sur ceux-là, environ la moitié constitue la « poignée de misérables » qui, selon de Gaulle, est le cœur de la collaboration.

> « La page de la rénovation politique se tournait. Avec elle s'évanouissaient les rêves d'une Résistance unie faisant advenir une République régénérée[227]. »

XXV

LA RÉCONCILIATION, ET APRÈS ?

« La marée en se retirant, découvre donc soudain, d'un bout à l'autre, le corps bouleversé de la France[228]. » (Charles de Gaulle)

Tandis que les habitants, d'un bord comme de l'autre, pansent leurs plaies et réapprennent à vivre ensemble, le pays qu'ils habitent n'est plus qu'une ruine :

« Aux jours de liesse populaire de la Libération succèdent des lendemains désenchantés. La France sort meurtrie et exsangue des années de guerre et d'occupation : des pertes humaines élevées, des villes détruites, une économie dévastée et le rationnement qui demeure. Autant de défis que le pays va devoir relever[229]. »

Même si cela peut paraître hors sujet, dans un livre parlant de l'épuration, de consacrer un chapitre entier à la reconstruction de la France, il est en réalité essentiel de décrire, avec le plus de détails possible, l'état dans lequel se trouve le territoire au sortir de la guerre et les moyens mis en œuvre pour sortir le pays du gouffre. Ainsi, il sera plus aisé de comprendre pourquoi il paraissait alors si crucial d'en finir avec l'épuration, et si important de faire sortir de prison tous ceux que l'on pouvait absoudre sans y perdre son âme.

Entre 1945 et 1955, la France a un besoin immense d'ouvriers, d'usines, d'agriculteurs, de maçons, mais aussi de comptables, de banquiers, de directeurs, d'industriels et d'hommes d'affaires.

Les pertes financières liées à l'Occupation sont astronomiques : la totalité des frais d'entretien prélevés par le Reich se monte, en quatre ans, à 700 milliards de francs, à quoi il faut ajouter le pillage, difficilement quantifiable mais à coup sûr dramatiquement élevé aussi, des biens de consommation, des matières premières, des machines-outils (démontées et transportées en Allemagne), des chevaux de trait…

En quatre années de guerre, la France a perdu 30 % de sa production de charbon, 50 % de sa production de bauxite, 74 % de sa production de fer…

Sans oublier la main-d'œuvre : entre les prisonniers de guerre, le STO et les travailleurs volontaires, on estime à deux millions et demi le nombre d'hommes qui ont été contraints de travailler en Allemagne.

Quant aux destructions, on l'a vu, elles sont considérables, effarantes.

Si on additionne les deux campagnes intensives de bombardements (celle 1940 et celle de 1944), ce sont 74 départements qui sont touchés, à plus ou moins grande échelle. Un demi-million d'immeubles est détruit, ce qui correspond à un cinquième du patrimoine immobilier du pays, laissant un million de familles (près de cinq millions de personnes) sans domicile.

Presque 2 000 communes sont déclarées sinistrées, incluant la quasi-totalité des villes de plus de 100 000 habitants. Des endroits comme Le Havre, Caen ou Saint-Nazaire sont pour ainsi dire rayés de la carte et doivent être entièrement rebâtis.

La plupart des pylônes électriques sont endommagés ou mis à terre ; 90 000 kilomètres de câbles téléphoniques doivent être réparés ou remplacés.

La moitié du réseau ferré est hors d'usage, ce qui représente 22 000 kilomètres de rails ; 115 gares importantes et plus de la moitié des triages nécessitent des travaux importants avant de pouvoir recommencer à fonctionner ; 2 000 ponts, tunnels et viaducs se révèlent inutilisables. Le matériel roulant n'est pas en meilleur état : la moitié des wagons de voyageurs est détruite, le tiers des wagons de marchandises, un sixième des locomotives.

Les routes ne valent pas mieux ; 7 500 ponts doivent être reconstruits. La quasi-totalité des camions est à la casse.

La production agricole a baissé en moyenne de 40 %. Certains secteurs sont plus touchés que d'autres : de 1939 à 1945, la récolte de blé est passée de 7 à 4 millions de tonnes, celle de pommes de terre est passée de 14 à 6 millions de tonnes. L'industrie de la viande est exsangue : les troupeaux ont diminué de moitié.

Trois millions d'hectares de sol cultivable ont été ravagés par les bombes et les combats terrestres, sans oublier les 13 millions de mines qu'il faudra ôter ; et les hectares cultivables restants tombent en jachère faute de main-d'œuvre, de chevaux, d'engrais...

Au milieu de ce cataclysme, l'industrie n'est pas en reste.

Le niveau de production général se hisse à peine à la moitié de ce qu'il était avant la guerre. Les mines de charbon fournissent 25 millions de tonnes, elles en fournissaient le double ; la sidérurgie, 1,6 million de tonnes d'acier au lieu 6,2 ; les cimenteries, 126 000 tonnes au lieu de 300 000.

La Commission des dommages et réparations fournit une estimation du coût des dégâts. La facture est très lourde, bien plus même que ne l'avaient imaginé les plus pessimistes : 5 000 milliards de francs, soit trois fois et demi le PIB du pays en 1939...

Conséquences de tout cela : les tickets de rationnement, qui avaient été supprimés à la Libération, sont réintroduits. Les prix s'envolent. L'inflation aussi. Le marché noir a de beaux jours devant lui. On renoue avec la pénurie, les files d'attente et la disette. Les Allemands ne sont plus là, mais la misère, elle, est restée. Elle s'installe jusqu'en 1949.

Le franc s'effondre face au dollar, perdant 60 % de sa valeur et, bien entendu, le commerce extérieur est réduit à néant, ou peu s'en faut, tandis qu'à l'inverse les importations, qui lui sont cinq fois supérieures, couvrent presque tous les domaines.

Le déficit budgétaire se creuse à des profondeurs jamais vues : 460 milliards ! Les recettes ne couvrent que le tiers des dépenses en 1944, à peine la moitié en 1945. L'État est obligé de s'endetter à outrance et son équilibre financier menace de s'effondrer.

La première mesure prise par le gouvernement consiste à créer, le 16 novembre 1944, un ministère de la Reconstruction et de l'Urbanisme, dont la charge sera confiée à Raoul Dautry, polytechnicien, ancien membre du conseil d'administration de la SNCF… et qui était ministre de l'Armement en 1939.

Un an plus tard, le 3 janvier 1946, le premier Commissariat général du Plan est créé. Il s'agit d'une institution – dont l'existence se poursuit jusqu'à 2006 (avant de changer de nom et de fonctionnement, mais pas de nature profonde : désormais, il se nomme Commissariat général à la stratégie et à la prospective, ou plus communément « France Stratégie ») – chargée de mettre en place la stratégie économique du pays.

Jean Monnet, bien que politiquement opposé à de Gaulle dès les débuts de la Résistance, est nommé à sa tête par ce dernier.

C'est une très lourde tâche qui l'attend. Il s'en acquitte de plusieurs manières.

D'abord il propose des mesures fiscales incitant les industriels et les financiers à investir, mais surtout il nationalise à tout-va et dans tous les domaines. Banque de France, EDF, GDF, etc.

Il accepte aussi l'aide des Américains. C'est l'époque du plan Marshall.

Sur le problème du logement – du relogement, plus exactement – la tendance est à la réparation de ce qui peut l'être, et à l'indemnisation des victimes, plutôt qu'à la construction d'immeubles neufs ou de nouvelles maisons. Cette rénovation est aussi, pour l'État, l'occasion de moderniser un peu l'habitat – l'accès à l'eau courante, par exemple, est très en retard par rapport aux autres pays européens. Finalement, et selon les chiffres fournis à l'époque, seuls 2 % des bâtiments totalement détruits sont reconstruits à neuf les premières années – et ces reconstructions concernent surtout des locaux industriels.

En ce qui concerne les domiciles des particuliers, l'idée est d'aller vite, quitte à créer du provisoire, voire de la précarité. Mais la priorité est de reloger tout le monde, et tant pis si les habitations sont des taudis. Il sera temps d'aviser plus tard.

De façon générale, la reconstruction obéit à un principe simple, qui peut se résumer ainsi : parer au plus pressé.

Néanmoins, dans de nombreux endroits, comme au Havre où il ne reste pour ainsi dire plus un mur debout, il faut repartir de zéro, et ce sont alors les architectes qui prennent la main, expérimentant des concepts de ville nouvelle. C'est la grande époque de Le Corbusier, entre autres.

Cette période durera une décennie. Tous les grands patrons, les directeurs de banque, les industriels, les investisseurs, tous ceux qui avait collaboré pendant l'Occupation et ont fait ensuite l'expérience de la prison, ont à nouveau leur entrée à l'Élysée. La nécessité de rebâtir la France fait oublier bien des principes.

De plus, à partir de 1947, la guerre froide place à nouveau en odeur de sainteté tous ces hommes qui, pendant l'Occupation, ont été pétainistes par anticommunisme.

C'est à cette époque que Georges Albertini, dont nous avons déjà parlé, refait surface – et sait se rendre indispensable : la banque Worms, qu'il représente, est un rouage essentiel de la reconstruction. Et il est loin d'être le seul à avoir glissé majestueusement de Vichy à la Quatrième République presque sans y laisser de plumes. Ils sont en fait assez nombreux, et leur activité est parfois soutenue par la CIA.

Il faut dire que la France, fortement liée aux Américains par le plan Marshall, a le devoir, presque l'obligation, de soutenir leurs intérêts. Et la position des États-Unis est simple : mieux vaut d'anciens vichystes luttant contre le communisme que trop de communistes…

Le cas de Jean Jardin est un exemple de ces grands revirements qui ont agité la fin des années 1940 et le début des années 1950.

Jean Jardin, directeur de l'Administration des chemins de fer de l'État (future SNCF), est un homme de réseaux et un homme de l'ombre. À travers ses nombreuses et diverses activités, il ne tarde pas à se constituer de solides amitiés, qui lui serviront tout au long de sa carrière. Il se lie ainsi à des personnalités aussi différentes que l'historien Robert Aron, le ministre socialiste Jules Moch ou le – futur – collaborateur Gabriel Le Roy Ladurie, directeur de la banque Worms, encore elle !

Pacifiste et favorable aux accords de 1938, en 1942 il devient le directeur de cabinet de Laval. Bien qu'il soit impliqué dans toutes les manigances de ce dernier, il ne sera pas inquiété par l'épuration. Aucune poursuite ne sera engagée contre lui, grâce à l'aide ponctuelle qu'il apporte à la Résistance. En effet, profitant de la position qu'il occupe, il aide par exemple Maurice Couve, futur commissaire aux finances du Comité français de la Libération nationale à

Alger, à fuir le pays sans dommages. Au bout du compte, les services qu'il a rendus à des personnalités ayant intégré le gouvernement provisoire sont trop nombreux pour qu'on envisage de le poursuivre, en dépit de sa collaboration manifeste.

Robert Paxton dira de lui :

> « Cet homme n'est pas seulement un catholique de droite, il est aussi un homme de réseaux multiples, connu pour la quantité et la diversité de ses connaissances. Il a caché Robert Aron, rencontré dans le mouvement Ordre nouveau. Ayant travaillé en 1941-1942 avec Maurice Couve de Murville au ministère des Finances, il l'aidera, en 1943, à fuir pour Alger. La fidélité en amitié paraît avoir été une valeur fondamentale de Jean Jardin. Ses contacts multiples en faisaient un fonctionnaire fort utile. En somme, interpréter un personnage comme Jean Jardin selon une seule dimension – collaborateur convaincu ou résistant discret – me semble une déformation. C'était un lavaliste convaincu qui aimait aider des amis[230]. »

Et ce sont ces amis qui lui sauveront la mise à la fin de la guerre.

Il est néanmoins obligé de faire profil bas quelque temps. Il s'installe en Suisse jusqu'en 1947, avec un certain nombre d'autres anciens vichystes, attendant que le vent tourne et que son heure revienne – car elle reviendra, il le sait :

> « En 1947, alors que point une guerre froide, et plus encore après la première loi d'amnistie de 1951, quelqu'un comme lui redevient utile. Ses connaissances, professionnelles comme personnelles, semblent avoir été hautement efficaces dans le système politique de la IVe République[231]. »

C'est donc à la fin des années 1940 – il n'aura pas eu à patienter très longtemps – que s'effectue son grand retour.

Entre la guerre froide qui transforme les anciens vichystes en nouveaux hommes providentiels, et le fonctionnement de la Quatrième République qui favorise les alliances occultes et les manœuvres politiciennes, il se trouve, dans la France de 1950, comme un poisson dans l'eau.

Et, par un de ces retournements ironiques dont l'histoire a le secret, tous ces gens de la même génération, opposés un temps par des choix politiques et moraux radicalement différents, mais qui, à l'heure de la reconstruction et de la réconciliation, sont peu à peu glissés sous le tapis, vont évoluer main dans la main pour rendre possible le plus ambitieux projet de cette seconde moitié du XXe siècle, motivé pour les uns par un désir de construire une paix durable, pour les autres par la crainte et la haine de l'URSS : l'union de l'Europe.

XXVI

L'ÉPURATION APRÈS L'ÉPURATION : DU PROCÈS TOUVIER À L'AFFAIRE PAPON

Chacun croyait l'épuration terminée. Les années 1960 battent leur plein. C'est le baby-boom, la reprise de la croissance, le plein emploi, le retour de De Gaulle aux affaires, bref : nous sommes au beau milieu des Trente Glorieuses, et s'il y a bien une chose à laquelle personne ne veut penser, c'est à la collaboration, à Pétain, à Vichy.

Mais le passé rattrape toujours le présent. En 1964, la législation inscrit la notion de crime contre l'humanité (qui a été créée en 1946 pour juger les grands criminels nazis) dans le droit français :

> « Les crimes contre l'humanité, tels qu'ils sont définis par la résolution des Nations Unies du 13 février 1946, prenant acte de la définition des crimes contre l'humanité, telle qu'elle figure dans la charte du tribunal

international du 8 août 1945, sont imprescriptibles par leur nature.

La présente loi sera exécutée comme loi de l'État[232]. »

En 1985 sera jugé le premier – et pour l'instant le seul – Français condamné pour crime contre l'humanité.

Paul Touvier est né en 1915, dans une famille nombreuse, et son histoire est celle d'une ascension sociale médiocre, à la faveur de l'Occupation, qui se transforme à la Libération en destin romanesque.

Ses parents sont catholiques, plutôt d'extrême-droite. Son père, veuf très tôt, passe en quelques années des Croix-de-Feu à l'Action française, avec une brève étape socialiste.

Jusqu'en 1940, Paul Touvier est un individu sans éclat. Il se marie à 23 ans, devient veuf lui aussi, à peine un an après avoir épousé sa femme, qui a eu le temps de lui donner des jumeaux. Il retourne alors dans la maison familiale, à côté de Chambéry, et se prépare à mener une existence morne, sans passion. Mais l'Occupation changera tout cela. Les Allemands lui fourniront l'occasion de transformer sa vie, de s'élever socialement. De devenir un petit chef, quelqu'un avec des responsabilités et une poignée d'hommes sous ses ordres, qui lui obéissent et le respectent.

En 1940, il adhère au Service d'ordre légionnaire et manifeste très vite un goût prononcé pour cette organisation. Il devient secrétaire départemental. Quand le SOL devient la Milice, Touvier suit le mouvement. Lorsque s'ouvre un stage à l'École des cadres de la Milice à Uriage, il s'inscrit ; son destin prend alors un tour nouveau.

Ses formateurs découvrent en lui des compétences qu'il ne soupçonnait guère : d'après eux, l'homme fera un policier de qualité.

On lui propose alors une affectation à Chambéry, et de diriger le deuxième service de la Milice, qui a en charge la répression. Y voyant l'occasion d'échapper à la médiocrité, il accepte sans hésiter. Quelle promotion ! Le transparent fils Touvier disparaît, au profit de « Monsieur Paul », ou du « chef Touvier », apprécié de ses subordonnés et craint par la population.

Il exécute les missions qu'on lui confie avec rigueur et compétence, et obtient rapidement de l'avancement : muté à Lyon en septembre 1943, il devient équipier national.

Une belle carrière de soudard s'ouvre alors à lui : très vite promu chef régional de la Milice (avec dix départements sous sa responsabilité), il ne lui faudra pas six mois pour évoluer jusqu'au grade d'inspecteur national et, enfin, en janvier 1944, à celui de chargé de mission au secrétariat d'État au Maintien de l'ordre.

Dès son arrivée à Lyon, il règle très vite le problème du logement : il repère un appartement du VIe arrondissement qui lui plaît bien, en exproprie les occupants juifs et s'y installe, vendant au passage le mobilier pour se constituer un petit viatique.

Pour Paul Touvier, la belle vie commence. Le racket, les brutalités, les conquêtes féminines. Il devient une petite célébrité locale, et son excellent travail de flic (Touvier est le roi du fichage et de l'infiltration) lui vaut la sympathie de ses chefs.

Mais qu'on ne s'y trompe pas. Touvier est une brute. Les perquisitions sont l'occasion systématique de se livrer au racket et à la violence, et ses méthodes d'interrogatoire et de torture n'ont rien à envier à celles qui ont cours au même moment à la Carlingue :

> « Paul Touvier n'était rien. Rien qui touchait à l'appareil d'État vichyssois, à la haute collaboration policière, à la trahison politique, à la soumission active de l'administration préfectorale. Ni Jean Legay, ni René Bousquet, ni Maurice Papon, Paul Touvier était un milicien de province. Chef sans état d'âme monté vite dans l'appareil, maniaque du renseignement, de l'archive, de la fiche, du recoupement, il combattait les ennemis du régime autant qu'il les dépouillait. Policiers de la Révolution nationale, Touvier et ses hommes en étaient aussi les voyous. Ils confisquaient les appartements juifs, volaient les biens des prisonniers et des martyrisés, prospéraient à l'ombre des drames[233]. »

Sa petite bande acquiert une notoriété qui finit par dépasser les frontières lyonnaises, au point que Touvier est convoqué en janvier 1944 à Vichy pour fournir quelques explications sur ses activités – aucune sanction ne sera prise contre lui.

On lui doit plusieurs actions d'éclat :

- Le 10 décembre 1943, un attentat à la grenade contre une synagogue lyonnaise (qui ne sera jamais formellement attribué à la Milice).
- Le 10 janvier 1944, l'assassinat de Victor et Hélène Basch, alors âgés de 80 et 79 ans, à leur domicile. Victor Basch était franc-maçon, Juif et co-fondateur de la Ligue des droits de l'homme. Après les avoir abattus de plusieurs balles dans le corps, les miliciens laissent sur le cadavre de l'homme un écriteau disant : « Terreur contre terreur. Le Juif paie toujours. Ce Juif paie de sa vie l'assassinat d'un National. À bas De Gaulle-Giraud. Vive la France – Comité national anti-terroriste, région lyonnaise[234]. »
- En juin 1944, enfin, l'assassinat à la mitraillette de sept otages juifs au cimetière de Rillieux-la-Pape, le 29 à 5 h 30 du matin, en représailles à l'exécution la veille de Philippe Henriot par la Résistance.

Ce sont ces deux derniers crimes qui lui vaudront d'être recherché après la libération de Lyon. Mais le « chef Touvier » ne sera pas jugé.

Pensant s'attirer les bonnes grâces de la Résistance, il libère quelques prisonniers à l'été 1944. Il comprend vite que ce sera insuffisant et prend la fuite une première fois. Il se cache chez l'abbé Stéphane Vautherin, autoproclamé aumônier de la Milice (titre inexistant et fonction fantaisiste), puis quitte la ville, emportant ses économies, qui s'élèveraient à 300 000 francs.

Sa première cavale commence :

> « Touvier entre en clandestinité. Et c'est tout naturellement que ce fils de famille catholique, traditionnellement bercée par les écrits de l'Action française, trouve refuge chez les religieux. Paris, Brignais, Montpellier, ligne de fuite. Alors que de nombreux collaborateurs se replient vers l'Allemagne, Touvier est escamoté par les sacristies. Il devient Pierre Gaillard, monsieur Truchet, monsieur Paul, se marie avec une femme Berthet dont il chaparde le nom. Un jour gardien de propriété, le lendemain cultivateur de haricots verts pour curé accueillant, il se fond peu à peu dans les replis de la France toute neuve. Pour survivre, il se fait aussi délinquant. Tente de dévaliser une boulangerie, une perception. Utilise de la fausse monnaie, ouvre des coffres au ciseau à froid, évite les pièges à l'aide de papiers bricolés[235]. »

Condamné à mort par contumace en 1946, il se fait arrêter une première fois en 1947 et, pour s'en sortir, livre le nom de tous ses complices d'alors, principalement des ecclésiastiques, mais aussi d'anciens miliciens, des trafiquants de marché noir. La porte de la salle d'interrogatoire ayant été laissée providentiellement ouverte, il s'évade à nouveau, pendant que tout le monde regarde ailleurs.

Une nouvelle fuite commence. Pourtant, il ne se cache pas autant qu'on voudrait le croire : vivant de la générosité d'hommes d'Église partageant plus ou moins ses idées (ainsi qu'il le dira au procès), il se marie, a deux enfants, et se bat même pour être gracié, amnistié, réhabilité ! Son argument est simple, on le connaît par cœur, à force : tout ce qu'il a fait, c'était pour éviter le pire. S'il arrêtait un Juif, c'était pour que dix autres en réchappent.

Personne n'est dupe, évidemment, et pourtant il est gracié en 1971, par Pompidou :

> « Le président de la République la signe [sa demande de grâce], manifestement sans lire l'ensemble des pièces rejetant la requête. Toutefois, la décision reste confidentielle. Jusqu'au mois de mai 1972, lorsque Jacques Derogy, journaliste d'investigation à *L'Express*, découvre le pot aux roses et retrouve Touvier, caché dans… la demeure familiale de Chambéry. Scandale retentissant[236]. »

> « Paradoxe, cette victoire sera sa défaite. Pour l'opinion publique, qui l'avait oublié, revoilà donc Paul Touvier. Le scandale éclate. On a gracié le milicien. Sa maison de Chambéry est attaquée, pillée, brûlée. Avec sa famille, il retourne se cacher chez les pères[237]. »

Des associations de victimes portent plainte pour crime contre l'humanité. Une première en France. Le passé revient violemment se fracasser contre le présent et le scandale éclabousse tout le monde.

Pour Touvier et ses deux plus jeunes enfants (qui lui apportent un soutien sans faille), c'est l'ultime cavale. Sa vie est en jeu et il le sait. Il parvient à se maintenir dans la clandestinité jusqu'à la fin des années 1980, toujours grâce à la complicité de catholiques intégristes et d'anciens collabos, mais on finit par le retrouver, le 24 mai 1989, dans le prieuré Saint-Joseph à Nice.

Le procès commence en avril 1992, par un non-lieu, au motif que le régime de Vichy ne pratiquait pas une politique d'hégémonie idéologique. Scandale. En novembre, la Cour de cassation annule le non-lieu, « faisant preuve d'une indéniable agilité juridique : à maintes reprises, Touvier a affirmé avoir agi sur ordre allemand pour choisir les fusillés de Rillieux-la-Pape. Il s'est donc bien rendu complice d'un crime contre l'humanité. CQFD[238] ». Retour à la case départ.

Le procès (re)commence, pour de bon cette fois, le 17 mars 1994. L'accusé est un très vieil homme, âgé de 79 ans, usé par les années de fuite. Toute sa défense – constituée essentiellement, outre les arguments déjà évoqués, de dénégations forcenées de tous les faits qui lui sont reprochés – sera laminée par la production d'une pièce à conviction fatale pour lui : son journal intime.

Dans celui-ci, tout au long de sa cavale, année après année, il consigne en termes orduriers et paranoïaques sa haine perpétuelle des Juifs.

À la lecture de ce cahier, Touvier apparaît sous les traits d'un Céline, le talent en moins.

Le 19 avril 1994, il est accusé de crime contre l'humanité et condamné à la réclusion criminelle à perpétuité. Il est immédiatement incarcéré à Fresnes. Il meurt en prison moins de deux ans après.

La France croit en avoir fini, enfin, avec la collaboration et l'épuration.

Mais en 1997, c'est l'affaire Papon qui refait surface.

En réalité, elle a commencé plus de quinze ans avant, en 1981, en pleine campagne présidentielle, par un article du *Canard enchaîné* qui met le feu aux poudres :

> « Dans un article intitulé "Papon aide de camps", le *Canard enchaîné* du 6 mai met en cause l'actuel ministre du budget. Il rappelle qu'il fut, pendant l'occupation, secrétaire général du département de la Gironde, du 1er juin 1942 à la Libération. À ce titre, il eut à faire exécuter des ordres allemands d'acheminement de mille six cent quatre-vingt-dix Juifs – internés dans le département – vers le camp de Drancy (dans la banlieue parisienne), d'où ils devaient être déportés. M. Maurice Papon nous a déclaré que cette publication ne "l'émeut pas beaucoup" et dénoncé dans un communiqué "une

manœuvre électorale" et un "truquage honteux". La mention du poste de secrétaire général de la Gironde, de 1942 à 1944, figure dans toutes les notices officielles de la carrière de M. Papon[239]. »

L'article mentionne en outre l'existence de plus d'une vingtaine de documents rédigés en français ou en allemand, et publie deux d'entre eux, incriminant le préfet Papon dans le transport d'un convoi de Juifs au camp de Drancy et dans l'aryanisation d'un immeuble.

Cependant, une fois le scandale consommé, les médias et l'opinion publique sont mobilisés par d'autres événements, par une actualité sans doute plus brûlante ; l'affaire Papon se poursuit mais passe sous les radars.

Une plainte est déposée en 1981 pour complicité de crime contre l'humanité, qui conduit Papon, deux ans plus tard, à être inculpé (c'est-à-dire mis en examen). D'autres plaintes suivent, 37 au total, conduisant en 1984 à une deuxième inculpation, mais en 1987 toute l'instruction est annulée à la suite d'une erreur de procédure commise le 5 janvier 1983.

Une nouvelle inculpation a lieu l'année suivante et l'instruction recommence, le conduisant, enfin, en 1997, devant la cour d'assises de Bordeaux.

Tous ceux qui ont assisté à ce retentissant procès, qui durera plus d'un an, à plusieurs reprises interrompu par la mauvaise santé de l'accusé (tout de même âgé de 87 ans), et qui mobilisera un grand nombre d'intervenants parfois célèbres (Raymond Barre comme témoin de moralité, Jean Lacouture en qualité d'historien), se souviennent de deux choses.

Tout d'abord, ils se rappellent le moment exact où le procès bascule, lorsque maître Zaoui, représentant les parties civiles, pose une question cruciale à Maurice Papon :

> « Me Zaoui : Pour quelle raison vouliez-vous arracher un enfant à sa mère en 1942 ? […] Précisez l'image de ce qu'était pour vous un camp de concentration.
> Papon : On avait déjà entendu parler à satiété de ce qu'étaient les camps de concentration depuis le début de l'époque nazie.
> La salle : Aaah !
> Me Zaoui : Le 10 décembre dernier, vous avez indiqué : "Je me souviens avoir fait prévenir mes amis – juifs – Mikaelson en Seine-et-Marne en juin 42." Pourquoi les avez-vous prévenus ? Vous saviez qu'il y avait danger.
> Papon : On savait que Drancy était un camp avant la déportation.
> La salle : Aaaaaaaaah !
> Me Zaoui : Nous apprenons au fur et à mesure de l'oralité des débats qu'en juin, juillet, août 42, vous aviez la connaissance des camps de concentration.

La trappe se referme. Papon est piégé. Il se débat et hurle : “Mais non ! Qu’est-ce que vous dites ?!!”
Trop tard. Papon savait ce qui attendait les Juifs après Drancy[240]. »

Leur second souvenir est une impression générale. Le sentiment que ce procès n’était pas uniquement celui de Maurice Papon, incontestablement coupable à titre individuel, mais celui de la France – en tout cas, d’une certaine France.

Pendant les années d’épuration, c’est la collaboration qui a été jugée, autrement dit les manœuvres d’enrichissement personnel et la trahison. Mais, à aucun moment, la participation de Français à la Shoah n’a été jugée ni condamnée. Dans tous les grands procès, la complicité des inculpés dans l’extermination des Juifs a été passée sous silence, glissée sous le tapis. Il était question d’antisémitisme, bien entendu, de spoliation, de racket, de torture et même d’assassinat. Mais, aussi graves que soient ces crimes, ils ne sont pas la Shoah.

Au procès Papon, pour la première fois, l’impression est donnée que la France examine sa participation à l’extermination des Juifs décidée et appliquée par le gouvernement nazi.

Les parties civiles réclament la perpétuité. Le procureur requiert vingt ans de réclusion. Papon sera finalement condamné à dix ans de prison pour complicité de crime contre l'humanité. La cour estime que l'accusé avait bel et bien connaissance de la déportation, mais qu'en revanche, sa connaissance de la Solution finale n'est pas avérée.

Au lendemain du procès, le quasi-nonagénaire, qui comparaissait libre, prend la fuite ! On le retrouve deux jours plus tard, tranquillement installé à l'hôtel, en Suisse. Il est incarcéré à Fresnes, puis à la Santé.

En 2002, il est remis en liberté pour raison médicale et s'installe pour finir ses jours dans un petit pavillon… de la rue Papon (ainsi nommée en hommage à son père), où il se fait relativement oublier, à l'exception d'une ultime comparution devant la justice, à la fois pathétique et révélatrice du personnage : le 14 octobre 2004, il est condamné à 2 500 euros d'amende pour avoir porté la Légion d'honneur alors qu'il n'en avait plus le droit depuis le verdict du 2 avril 1998.

Il meurt discrètement à 96 ans le 17 février 2007.

Peu avant l'enterrement, son avocat maître Vuillemin indique à la presse qu'il veillera personnellement à ce que son client soit enterré avec à la poitrine sa croix de commandeur de la Légion d'honneur :

> « "Le délit de port illégal de décoration ne se conçoit que dans un lieu public. Le cercueil est le lieu le plus privé qui puisse être et un cadavre n'est plus un sujet de droit, il n'y a donc pas d'infraction", a dit l'avocat à Reuters[241]. »

Ainsi, en 2007, après un procès émaillé de révélations, suivi d'un verdict en demi-teinte et d'une remise en liberté pour raison de santé qui a scandalisé beaucoup de monde, s'éteint le dernier « épuré » de France.

Le lecteur peut croire, vu le temps écoulé depuis le début de l'Occupation, que c'en est fini, sur le plan judiciaire, de cette période. Mais, sur le plan historique, c'est une autre affaire.

> « Ceux qui ne peuvent se rappeler le passé sont condamnés à le répéter[242]. »
> (George Santayana)

NOTES

Prologue

1. Philippe Saint-Germain, *Les Prisons de l'épuration*, La Librairie française, 1975. La Librairie française est une maison d'édition dirigée par l'ancien collaborationniste Henry Coston dès sa sortie de prison (il avait été condamné à perpétuité puis gracié au bout de quelques années), au catalogue de laquelle figurent notamment le *Dictionnaire de la Francisque*, *Pétain toujours présent*, *L'Alliance israélite universelle* ou *Les Juifs dans la France d'aujourd'hui*, ainsi que de nombreux ouvrages dont Coston est l'auteur. Pour toute une partie de l'extrême-droite, il fait office de référence intellectuelle.
2. Albert Camus, *À « Combat »*, Gallimard, 2002.

Chapitre I

3. Winston Churchill, dans le *Times* du 7 novembre 1938.
4. Cité par Pierre Montagnon, *La France dans la guerre 39-45*, Pygmalion, 2009.
5. En ligne : [http://www.ina.fr/audio/PHD95079031].

Chapitre II

6. En ligne : [http://www.cheminsdememoire.gouv.fr/sites/default/files/editeur/proc%C3%A8s%20Riom.pdf].
7. Cité par Gérard Boulanger, *À mort la gueuse ! Comment Pétain liquida la république à Bordeaux, 15, 16 et 17 juin 1940*, Calmann-Lévy, 2006.

8. En ligne : [http://archives.www.charles-de-gaulle.org/pages/l-homme/dossiers-thematiques/1940-1944-la-seconde-guerre-mondiale/l-appel-du-18-juin/documents/discours-du-17-juin-1940-du-marechal-petain.php].
9. Cité par André Kaspi *et al.*, *La Deuxième Guerre mondiale, chronologie commentée*, Complexe Éditions, 1999.
10. En ligne : [http://canope.ac-besancon.fr/france-en-guerre/ressources/actualites/PetainParis.htm].
11. Cité par Bénédicte Vergez-Chaignon, *Pétain*, Perrin, 2014.
12. Cité par François Kersaudy, *De Gaulle et Churchill*, Perrin, 2001.
13. En ligne : [http://www.cheminsdememoire.gouv.fr/fr/les-mouvements-de-resistance].
14. Denis Mazzucchetti et Frantz Malassis, plaquette documentaire pour le compte de la Fondation de la Résistance.
15. *Ibid.*
16. *Ibid.*
17. En ligne : [http://www.fondationresistance.org/pages/rech_doc/les-courants-politiques-resistance-continuites-ruptures-actes-colloque_cr_lecture37.htm].

Chapitre III

18. Bénédicte Vergez-Chaignon, *Histoire de l'épuration*, Larousse, 2010.
19. Camille Mauclair, *La Crise de l'art moderne*, Centre d'études antibolchéviques, 1944.
20. Robespierre, discours du 26 juillet 1794. En ligne : [http://www2.assemblee-nationale.fr/decouvrir-l-assemblee/histoire/grands-moments-d-eloquence/robespierre-26-juillet-1794].
21. Michelet, *Histoire de la Révolution française*, livre XIV, chapitre V.
22. En ligne : [http://www.cheminsdememoire.gouv.fr/fr/operation-torch-les-debarquements-allies-en-afrique-du-nord-0].
23. Cité par Jacques Cantier, *L'Algérie sous le régime de Vichy*, Odile Jacob, 2002.

24. Michelle Cointet, *De Gaulle et Giraud : l'affrontement (1942-1944)*, Perrin, 2005.
25. Henri Frenay, dans *Combat*, n° 43, 15 avril 1943.

Chapitre IV

26. Cité par Bénédicte Vergez-Chaignon, *Histoire de l'épuration*, Larousse, 2010.
27. *Ibid.*
28. Cité par Herbert Lottman, *L'Épuration*, Fayard, 1986.
29. Cité par Robert Aron, *Histoire de l'épuration*, tome 1, Fayard, 1967.

Chapitre V

30. En ligne : [http://www.prefectures-regions.gouv.fr/corse/Region-et-institutions/Portrait-de-la-region/Histoire/Histoire-de-la-Corse].
31. Général Bradley, *Histoire d'un soldat*, Gallimard, 1952.
32. Charles de Gaulle, extrait du discours prononcé le 25 août 1944. Le texte dans son intégralité est disponible en ligne : [http://archives.charles-de-gaulle.org/pages/l-homme/accueil/discours/pendant-la-guerre-1940-1946/discours-de-l-hotel-de-ville-de-paris-25-aout-1944.php].

Chapitre VI

33. L'ambition ici n'est pas de proposer une peinture exhaustive de l'histoire des différents mouvements qui composèrent la Résistance, de leurs antagonismes, de leurs faits d'armes, et pas davantage de raviver d'anciennes polémiques sur le rôle véritable, l'autorité réelle, les mérites exacts de chacun ; notre volonté ici est simplement de présenter le contexte dans lequel, après la Libération, la France se réorganisera et jugera ceux qui collaborèrent avec l'ennemi.
34. Texte intégral disponible en ligne : [http://archives.charles-de-gaulle.org/pages/l-homme/dossiers-thematiques/1940-1944-la-seconde-guerre-mondiale/l-appel-du-18-juin/documents/l-appel-du-18-juin-1940.php].

On notera, pour l'anecdote, que l'appel du 18 juin a été fort peu entendu sur l'instant mais qu'il a surtout été lu dans la presse le lendemain, et écouté avec attention le 22 juin, lorsque le général de Gaulle l'a réitéré, toujours sur les ondes de Radio-Londres – c'est d'ailleurs cette seconde allocution qui a été enregistrée et que l'on peut réécouter facilement sur Internet (par exemple sur YouTube : [https://www.youtube.com/watch?v=uRo-3Y1MdwQ]).

35. Texte intégral en ligne : [https://www.reseau-canope.fr/cnrd/document/2558].

Chapitre VII

36. Julien Arbois, *Histoires insolites de la Résistance française*, City Éditions, 2015.
37. Alphonse Boudard, *L'Étrange Monsieur Joseph*, Robert Laffont, 1998.
38. En ligne : [http://www.rtl.fr/actu/societe-faits-divers/l-heure-du-crime-mardi-4-mars-2014-henri-lafont-et-la-carlingue-7771230698].

Chapitre VIII

39. Albert Camus, *À « Combat »*, Gallimard, 2002.
40. *Ibid.*
41. François Mauriac, *Le Figaro*, n° 47, 13 octobre 1944.
42. Albert Camus, *À « Combat »*, Gallimard, 2002.
43. *Ibid.*
44. Voir le chapitre 20.
45. En ligne : [http://www.liberation.fr/cahier-special/1998/01/12/le-juste-chatiment-des-traitres_544721].
46. En ligne : [http://www.telerama.fr/livre/le-porte-drapeau-de-combat,50863.php].
47. Albert Camus, *À « Combat »*, Gallimard, 2002.
48. Pour lire cette recension, le lecteur pourra se reporter à *Autour de la « Lettre aux directeurs de la Résistance » de Jean Paulhan*, édition critique de John Ernest Flower, Presses universitaires de Bordeaux, 2003.

49. Jean Paulhan, *Lettre aux directeurs de la Résistance*, Éditions de Minuit, 1952.

Chapitre IX

50. Cité par Pascal Ory dans *Les Collaborateurs, 1940-1945*, Fayard, 1976.
51. Voir en ligne : [https://www.etudesheraultaises.fr/publi/lexecution-de-quatre-habitants-de-fanjeaux-un-cas-depuration-sauvage-en-aout-1944/]. Cet article constitue la principale source grâce à laquelle j'ai construit ce récit.
52. Bénédicte Vergez-Chaignon, *Histoire de l'épuration*, Larousse, 2010.
53. Cité par Peter Novick, *L'Épuration française*, Balland, 1985.
54. Robert Aron, *Histoire de l'épuration*, Fayard, 1967.

Chapitre X

55. Georges Brassens, *La Tondue*, 1964.
56. Cette citation comme la suivante provient d'un document en ligne : [http://memoiredeguerre.pagesperso-orange.fr/ffi35/13-bavures.htm]. Pour reconstruire ce récit, d'autres sources ont été utilisées, en particulier deux articles en ligne : [http://www.20minutes.fr/societe/1426597-20140808-70-ans-apres-epuration-tabou-pendues-lezarde-a-monterfil] et [http://www.lepoint.fr/societe/71-ans-apres-l-epuration-les-pendues-de-monterfil-restent-sans-sepulture-15-06-2015-1936657_23.php].
57. En ligne : [http://museedelaresistanceenligne.org/media8028-Le-respect-du-brassard-des-FFI].
58. En ligne : [http://museedelaresistanceenligne.org/media8028-Le-respect-du-brassard-des-FFI#zoom-tab].
59. Selon son biographe David Alliot (*Arletty, « si mon cœur est français »*, Tallandier, 2016), cette fameuse réplique serait en fait l'œuvre de son dialoguiste et ami Henri Jeanson.
60. Fabrice Virgili, *La France « virile »*, Éditions Payot & Rivages, 2000.
61. Pour reprendre le titre d'un ouvrage écrit sur cette question par Alain Brossat et paru en 1993 aux éditions Hachette.

62. Yves Durand et Robert Vivier, *La Libération des pays de Loire*, Hachette, 1974. Cité par Alain Brossat.
63. Alain Brossat, *Les Tondues, un carnaval moche*, Hachette, 1993.
64. Wikipédia : « Le candaulisme est une pratique sexuelle dans laquelle l'homme ressent une excitation en exposant sa compagne à d'autres hommes ou à d'autres femmes, ou en la partageant avec eux. »
65. Fabrice Virgili, *La France « virile »*, Éditions Payot & Rivages, 2000.
66. *Ibid.*
67. Dominique François *et al.*, *Femmes tondues, la diabolisation de la femme en 1944*, Cheminements, 2006.

Chapitre XI

68. Il s'agit de sa maîtresse Jeanne Loviton. Romancière, éditrice et avocate, elle est également connue pour avoir eu de nombreuses relations amoureuses dans le monde des lettres. Ainsi, au nombre de ses amants, on compte Paul Valéry, Saint-John Perse, Malaparte… François Mauriac la qualifiait de dernier personnage romanesque de son temps.
69. Dominique Bona, *Je suis fou de toi, le grand amour de Paul Valéry*, Grasset, 2014.
70. Louis-Ferdinand Céline, lettre du 20 mars 1946 adressée à son avocat Thorvald Mikkelsen, recueillie dans *Lettres de prison à Lucette Destouches et à Maître Mikkelsen*, Gallimard, 1998.
71. En ligne : [http://www.thyssens.com/08temoignages/steele_bernard.php].
72. *Ibid.*
73. Pierre Assouline, *L'Épuration des intellectuels*, Éditions Complexes, 1985 ; Perrin, « Tempus », 2017.
74. En ligne : [https://www.cairn.info/revue-vingtieme-siecle-revue-d-histoire-2011-4-page-127.htm].
75. Dominique Bona, *Je suis fou de toi, le grand amour de Paul Valéry*, Grasset, 2014.

76. A. Louise Staman, *Assassinat d'un éditeur à la Libération : Robert Denoël (1902-1945)*, E-dite, 2005.
77. En ligne : [http://louisferdinandceline.free.fr/indexthe/denoel/assa.htm].

Chapitre XII

78. En ligne : [https://www.humanite.fr/node/38972].
79. Marcel Déat, *Pensée allemande et pensée française*, Éditions Aux Armes de France, 1944.
80. Nicolas Lebourg, dans le magazine *Slate.fr*, 2014. En ligne : [http://www.slate.fr/culture/86829/waffen-ss-francais-racines-droites-radicales].
81. En ligne : [http://la-loupe.over-blog.net/article-legion-des-volontaires-francais-40678681.html].
82. Cité par Bénédicte Vergez-Chaignon, *Histoire de l'épuration*, Larousse, 2010.
83. Journal de Georges Albertini, cité par Bénédicte Vergez-Chaignon, *Histoire de l'épuration*, Larousse, 2010.
84. Jean-Christophe Chanu, dans *La Tribune* du 27 août 2014. En ligne : [https://www.latribune.fr/actualites/economie/france/20140827trib5e63a7e21/les-grands-inconnus-de-l-histoire-3-4-georges-albertini-l-ex-collabo-qui-conseillait-pompidou-et-d-autres.html].

Chapitre XIII

85. Cité par Robert Aron, *Histoire de l'épuration*, tome 1, Fayard, 1967.
86. Paul Jankowski, *Cette vilaine affaire Stavisky*, Fayard, 2000.
87. Philippe Henriot, *Le 6 février*, Flammarion, 1934.
88. Extraits d'éditoriaux prononcés à Radio-Paris en mai 1944 par Philippe Henriot, et cités par Herbert Lottman dans *L'Épuration*, Fayard, 1986.
89. Joëlle Dusseau et Pierre Brana, *Philippe Henriot, la voix de la collaboration*, Perrin, 2017.

90. André Tardieu, homme politique français plusieurs fois ministre et président du Conseil sous la Troisième République.
91. Robert Aron, *Histoire de l'épuration*, tome 1, Fayard, 1967.

Chapitre XIV

92. Marc Bergère, *Une société en épuration*, Presses universitaires de Rennes, 2004.
93. En ligne : [http://mjp.univ-perp.fr/france/co1943cfln.htm#Ord].
94. Denis Peschanski, *Les Camps français d'internement (1938-1946)*, thèse de doctorat ès lettres, La Sorbonne, 2000. En ligne : [http://histoire-sociale1.univ-paris1.fr/cherche/TheseComplete.pdf].
95. *Ibid.*
96. *Ibid.*
97. *Ibid.*
98. *Ibid.*
99. Bénédicte Vergez-Chaignon, *Histoire de l'épuration*, Larousse, 2010.
100. Cité par Denis Peschanski, *Les Camps français d'internement (1938-1946)*, thèse de doctorat ès lettres, La Sorbonne, 2000.
101. *Ibid.*
102. Cité par Bénédicte Vergez-Chaignon, *Histoire de l'épuration*, Larousse, 2010.
103. Le récit – parfois exact, quelquefois complaisant et exagéré – des horreurs subies par les collabos enfermés dans les camps, et racontées par ceux-là mêmes qui les ont endurées, forme jusque dans les années 1950 la trame favorite de toute une littérature dite de « témoignage ». Celle-ci est publiée par des maisons d'édition créées par d'anciens vichystes tentant par ce biais de redorer leur blason, voire de faire entendre une « vérité » qui n'est guère au goût des anciens résistants.
104. L'abbé Jean Popot exerce son ministère à Fresnes. À ce titre, il assiste un très grand nombre de détenus politiques de tous âges, classes ou conditions, croyants ou incroyants, connus ou obscurs, véritables responsables ou simples instruments. Tout au long de sa carrière, il en

conduit quatre-vingts au poteau d'exécution. Pour en savoir davantage sur sa vie, on peut se reporter à son ouvrage *J'étais aumônier à Fresnes*, Perrin, 1962.

105. Pierre-Denis Boudriot, *L'Épuration*, Grancher Éditions, 2011.

106. Bénédicte Vergez-Chaignon, *Histoire de l'épuration*, Larousse, 2010.

Chapitre XV

107. Robert Aron, *Histoire de l'épuration*, tome 2, Fayard, 1969.

108. Cité dans le *Rapport d'information sur l'indignité nationale*, présenté à l'Assemblée nationale par Jean-Jacques Urvoas le 25 mars 2015.

109. Le texte intégral peut être consulté en ligne : [http://museedelaresistanceenligne.org/musee/doc/flash/texte/9062.pdf].

Chapitre XVI

110. Cité par Herbert Lottman, *L'Épuration,* Fayard, 1986.

111. En ligne : [http://www.museedelaresistanceenligne.org/expo.php?expo=73&theme=132&stheme=285&sstheme=661].

112. Herbert Lottman, *L'Épuration*, Fayard, 1986.

113. Dans *Une poignée de misérables, l'épuration de la société française après la Seconde Guerre mondiale*, sous la direction de Marc Olivier Baruch, Fayard, 2003.

114. *Ibid.*

115. Herbert Lottman, *L'Épuration*, Fayard, 1986.

Chapitre XVII

116. Prisonniers anonymes et Lucien Rebatet, cités par Herbert Lottman, *L'Épuration*, Fayard, 1986.

117. Bénédicte Vergez-Chaignon, *Histoire de l'épuration*, Larousse, 2010.

118. *Ibid.*

119. *Ibid.*

120. *Ibid.*

Chapitre XVIII

121. Éric Brunet, *Un monstre à la française*, Jean-Claude Lattès, 2015.
122. Michel Germain, *La Vérité vraie sur le procès de la Milice et des miliciens au Grand-Bornand du 19 au 24 août 1944*, La Fontaine de Siloé, 2012.
123. Cité par Henri Amouroux, *La Grande Histoire des Français sous l'Occupation*, Robert Laffont, 1976.
124. Cité par Pascal Ory, *Les Collaborateurs*, Seuil, 1976.
125. Cité par Michel Germain, *La Vérité vraie sur le procès de la milice et des miliciens au Grand-Bornand du 19 au 24 août 1944*, La Fontaine de Siloé, 2012.
126. *Ibid.*
127. En ligne : [http://www.cheminsdememoire.gouv.fr/fr/la-milice-francaise].
128. Cité par Roger Maudhuy, *Vichy, les procès de la collaboration*, Ixelles Éditions, 2011.
129. *Ibid.*
130. *Ibid.*
131. Cité par Jean-Paul Cointet, *Les Hommes de Vichy – l'illusion du pouvoir*, Perrin, 2017.
132. Charles de Gaulle, *Mémoires de guerre*, tome 3, Plon, 1959.

Chapitre XIX

133. Cité par Renaud de Rochebrune et Jean-Claude Hazera, *Les Patrons sous l'Occupation*, Odile Jacob, 1995.
134. Jean Paulhan, *Lettre aux membres du CNE*, Les Nouvelles Épitres, 1947.
135. En ligne : [https://francearchives.fr/findingaid/a6d22ff12aec4a1ce92669332966 67254497bc46].
136. En ligne : [http://www.persee.fr/doc/hes_0752-5702_1992_num_11_3_1638#hes_0752-5702_1992_num_11_3_T1_0357_0000].
137. En ligne : [https://humanite.fr/la-nationalisation-sanction-des-usines-renault-563453].

138. En ligne : [https://www.lexpress.fr/actualite/politique/les-patrons-sous-l-occupation_492505.html].

139. Cité par Renaud de Rochebrune et Jean-Claude Hazera, *Les Patrons sous l'occupation*, Odile Jacob, 1995.

140. *Journal officiel de la République française*, 19 octobre 1944.

141. Bénédicte Vergez-Chaignon, *Histoire de l'épuration*, Larousse, 2010.

142. Marc Olivier Baruch, sous la direction de Marc Bergère, *L'Épuration économique en France à la Libération*, Presses universitaires de Rennes, 2008.

Chapitre XX

143. Robert Brasillach, cité par Philippe Garnier-Raymond dans *Une certaine France, l'antisémitisme 1940-1944*, Balland, 1975. Cette citation est tirée d'un texte écrit à l'occasion du procès de Riom, et s'attaquant en particulier à Léon Blum. En voici l'intégralité :

« "Mon procès est celui de la République", a dit justement Léon Blum. M. Georges Suarez, dans un de ses remarquables éditoriaux du journal *Aujourd'hui*, cite une lettre de Léon Blum adressée de Bourrassol, le 20 octobre 1941, aux juges de la Cour suprême. L'affreux Juif y écrivait : "Mon procès est celui de la République et je suis fier de le soutenir." Voilà un beau pavé de l'ours dans la mare démocratique où pataugent tant de canards. Car cet aveu nous est révélé à l'instant précis où la conjuration antifasciste dont nous parlions la semaine dernière prend une audace de plus en plus suffocante. À l'instant précis où les collaborateurs du Juif commencent à traiter publiquement d'hitléro-fascistes, comme aux bons temps du Front populaire, ceux qui sont coupables de partager sur la démocratie les avis de MM. Hitler, Mussolini, Salazar, Franco, sans parler de ces autres "vendus" que furent dans le passé Balzac, Baudelaire, Edgar Poe, Bonard et saint Louis. À l'instant enfin où Stavisky trouve des défenseurs, et les fusilleurs du 6 Février des amis et des souteneurs. Tout est dans l'ordre. Qui défend Blum défend la République, qui défend la République défend Blum. [...] Le Juif est malin, pour une fois. Le Juif a d'ailleurs presque toujours été malin dans ce domaine.

Il sait très bien qu'en liant son sort à celui du régime, il va se susciter aussitôt des défenseurs, qui auraient peut-être rechigné par pudeur à se battre en son nom, mais qui ne peuvent refuser une identification aussi évidente. Ceux qui, à l'époque, parlaient sur "le fascisme et les moyens de le prévenir", les penseurs dont le marxisme imprégnait fortement les cellules cérébro-spinaliennes, les complices des assassins de Février dont le dos cuit encore de frottées trop peu décisives, les précurseurs et les aminches de Pierre Cot, les amateurs d'urnes et de bulletins, les antifascistes et les philosémites de toujours quels que soient leurs déguisements, ils sont là, au moment où s'annonce le procès de Riom, et la coïncidence est au moins troublante. Ils brandissent leurs foudres sur les militaires, et nous n'avons pas envie de défendre les gâteux d'état-major, les matamores d'École de guerre et la flagrante imbécillité de ceux qui avaient en charge la force armée de notre pays. Seulement, au-delà des militaires, il y avait les dirigeants, et rien ne peut faire que ces dirigeants ne soient les serviteurs de la République et du Juif. Soyez honnêtes, messieurs ! Vous avez reproché – avec raison – au Second Empire d'avoir amené le désastre de 1870. Quelles qu'aient pu être les circonstances atténuantes qu'ils aient pu avoir, vous avez d'abord tenu pour coupables l'Empereur et même l'Impératrice. C'est l'avantage des régimes personnels, ils montrent à la foule des responsables. Aussi Maurras avançait-il que la royauté était tempérée par le régicide. La démocratie essaie toujours de s'échapper par quelque biais : ce n'est pas juste, car la démocratie porte des noms. Ces noms sont aujourd'hui ceux de Daladier, de Blum et quelques autres. S'il y avait eu un roi avec un beau numéro, il n'y aurait pas assez de cris sur lui. Marianne, il faut payer ! Si le procès de Blum est le procès de la République, il faut en convenir franchement et désavouer à la fois l'un et l'autre. Toutes ces vieilleries, auxquelles on a honte de s'attarder, ne doivent plus encombrer notre chemin. Sous d'extravagants prétextes de technicité, on fait appel, à Vichy ou ailleurs, à des hommes tarés et d'ailleurs ignares, qui n'ont jamais fait preuve que de leur ignorance. En haut comme en bas, dans les hauts postes comme dans les petits, dans le légalisme comme dans l'opposition, on veut sauver les pantins et les pitres. On garde les professeurs d'Université gaullistes, on réserve la place aux Juifs, on fait parler un Maurice Bourdet à la Radio nationale, on emploie des créatures de Mandel et des rescapés du Front populaire. À tout péché miséricorde ? Certes. Encore faut-il qu'il y ait repentir. Partout se trame le vaste complot antifasciste dont les ficelles sont à Londres, à Moscou et à Jérusalem. Nous ne nous laisserons pas berner par ces gens-là. Nulle part. Aurait-on vu certains capituler, les journalistes traiter, il y a quinze jours encore, Roosevelt de héros, les évêques marier le goupillon et le sécateur, les Tiercantis trafiquer avec les communistes des lots d'explosifs du Génie et de l'Intendance, si la Révolution nationale était faite et si l'on ne brimait pas ceux qui veulent la faire ? Verrait-on la jeunesse mortellement déçue, et peut-être à jamais déçue, si les démocrates-chrétiens et les surréalistes n'avaient pas été chargés officiellement de la régir ? Y aurait-il aujourd'hui un seul Français molesté à Alger si l'on avait fait savoir que, pour un cheveu arraché à un nationaliste, dix Juifs seraient abattus sur la Côte d'Azur ? Le temps des négociations est passé. Le temps des conciliations est mort. Le temps des conciliateurs aussi. Nous sommes dans le temps des chefs. »

144. Charles de Gaulle, *Mémoires de guerre*, tome 3, Plon, 1959.
145. Robert Brasillach, *Écrit à Fresnes*, Plon, 1967.
146. Peter D. Tame, *La Mystique du fascisme dans l'œuvre de Robert Brasillach*, Nouvelles Éditions Latines, 1986.
147. Robert Brasillach, *Notre avant-guerre*, Plon, 1941.
148. *Ibid.*
149. Philippe Bilger, *20 minutes pour la mort. Robert Brasillach : le procès expédié*, Éditions du Rocher, 2010.
150. Jacques Isorni, *Mémoires*, Robert Laffont, 1984.
151. *Ibid.*
152. *Ibid.*
153. *Ibid.*
154. *Ibid.*
155. Robert Aron, *Histoire de l'épuration*, Fayard, 1969.

156. Cité par Alice Kaplan, *Intelligence avec l'ennemi : le procès Brasillach*, Gallimard, 2003.
157. Robert Brasillach, *Je suis partout*, 22 septembre 1942.
158. Cité par Alice Kaplan, *Intelligence avec l'ennemi : le procès Brasillach*, Gallimard, 2003.
159. *Ibid.*
160. Philippe Bilger, *20 minutes pour la mort*, Éditions du Rocher, 2010.
161. Cité par Alice Kaplan, *Intelligence avec l'ennemi : le procès Brasillach*, Gallimard, 2003.
162. Cité par Jacques Isorni, *Mémoires*, Robert Laffont, 1984.
163. *Ibid.*
164. Cité par Christian Guéry, *Les Avocats au cinéma*, PUF, 2015.
165. Cité dans Robert Brasillach, *Écrit à Fresnes*, Plon, 1967.

Chapitre XXI

166. Pierre Assouline, *L'Épuration des intellectuels*, Éditions Complexes, 1985 ; Perrin, « Tempus », 2017.
167. Céline, *Lettres à la NRF*, Gallimard, 1991.
168. *Ibid.*
169. Cette revue, qui existe encore de nos jours sous le titre de *La Pensée*, en était en juillet 2017 à son numéro 391. Elle est à l'heure actuelle dirigée par Claude Gindin.
170. De même que *La Pensée*, la revue *Les Lettres françaises* existe toujours, en tant que supplément littéraire au journal L'Humanité. Elle est dirigée depuis 1972 par Jean Ristat succédant à Louis Aragon ; son numéro 155 a paru en décembre 2017.
171. Gisèle Sapiro, *La Guerre des écrivains*, Fayard, 1999.
172. Cité par Pascal Ory et Jean-François Sirinelli, *Les Intellectuels en France de l'affaire Dreyfus à nos jours*, Perrin, 2004.
173. Cité par Pierre Assouline, *L'Épuration des intellectuels*, Éditions Complexes, 1985 ; Perrin, « Tempus », 2017.
174. Gisèle Sapiro, *La Guerre des écrivains*, Fayard, 1999.

175. Pierre Assouline, *L'Épuration des intellectuels*, Éditions Complexes, 1985 ; Perrin, « Tempus », 2017.
176. *Ibid.*
177. Nietzsche, *Par-delà le bien et le mal*, 1886.
178. Émile Brami, *Céline*, Écriture, 2003.
179. Bruno Jouy, « *Voyage au bout de la nuit* : étude d'une réception », en ligne : [http://louisferdinandceline.free.fr/univers/jouy.htm#IB1b].
180. Léon Daudet, avec ses papiers enthousiastes publiés dans *L'Action française*, avait contribué au succès du *Voyage*.
181. Céline, lettre du 29 mai 1936, cité par Émile Brami, *Céline*, Écriture, 2003.
182. Céline, *Bagatelles pour un massacre*, Denoël, 1937.
183. Émile Brami, *Céline*, Écriture, 2003.
184. Signalons notamment un article publié le 4 septembre 1941 dans *Notre combat pour la nouvelle France socialiste* et un autre le 9 juillet 1943 dans *Je suis partout*.
185. Céline, *Lettres à la NRF*, Gallimard, 1991. *Rigodon* paraîtra, à titre posthume, huit ans plus tard.

Chapitre XXII

186. Jacques Isorni, *Mémoires*, Robert Laffont, 1984.
187. Cité par Benoît Klein, *Pétain : J'accepte de répondre. Les interrogatoires avant le procès*, André Versaille Éditeur, 2011.
188. Jean Schlumberger, *Le Procès Pétain*, Gallimard, 1949.
189. Albert Naud, *Pourquoi je n'ai pas défendu Laval*, Fayard, 1948.
190. Cité par Géo London, *Le Procès Pétain*, Roger Bonnefon Éditeur, 1946.
191. Albert Camus, *À « Combat »*, Gallimard, 2002.
192. Jean Schlumberger, *Le Procès Pétain*, Gallimard, 1949.
193. Cité par Géo London, *Le Procès Pétain*, Roger Bonnefon Éditeur, 1946.
194. *Ibid.*

195. *Ibid.*

196. Cité par Fred Kupperman, dans *Politique étrangère*, 1986, en ligne : [http://www.persee.fr/doc/polit_0032-342x_1986_num_51_1_3550].

197. Albert Naud, *Pourquoi je n'ai pas défendu Laval*, Fayard, 1948.

198. *Ibid.*

199. Cité par Yves-Frédéric Jaffré, *Il y a 50 ans Pierre Laval*, Albin Michel, 1995.

200. *Ibid.*

201. *Ibid.*

202. Maurice Garçon, *Le Procès Laval, compte-rendu sténographique du procès*, Albin Michel, 1946 (réédité par De Vecchi en 2007).

203. Yves-Frédéric Jaffré, *Il y a 50 ans Pierre Laval*, Albin Michel, 1995.

204. *Ibid.*

205. *Ibid.*

206. Maurice Garçon, *Le Procès Laval, compte-rendu sténographique du procès*, Albin Michel, 1946 (réédité par De Vecchi en 2007).

Chapitre XXIII

207. Jacques Duquesne, *Les Catholiques français sous l'Occupation*, Grasset, 1986.

208. Jean-Marie Berlière avec Laurent Chabrun, *Les Policiers français sous l'Occupation*, Perrin, 2001.

209. Voir par exemple, pour une synthèse rapide étayée de nombreux chiffres, cet article en ligne : [https://www.geo.fr/photos/reportages-geo/occupation-la-police-francaise-precieuse-alliee-du-iii-eme-reich-127070].

210. Communiqué du CNR de janvier 1944, cité par Jean-Marie Berlière et Laurent Chabrun, *Les Policiers français sous l'Occupation*, Perrin, 2001.

211. En ligne : [69http://gallica.bnf.fr/ark:/12148/bpt6k9696374z/f2.item].

212. Marc-Olivier Baruch, « Qui sont les préfets de Vichy », en ligne : [http://www.ihtp.cnrs.fr/prefets/de/content/qui-sont-les-pr%C3%A9fets-de-vichy].

213. Pour se rafraîchir la mémoire à propos de cette autre page noire de l'histoire de la police française – une page qu'il n'appartient pas à cet ouvrage de développer –, le lecteur pourra se reporter aux très nombreux articles de presse s'en faisant l'écho, par exemple celui du *Monde* en ligne : [http://www.lemonde.fr/societe/article/2011/10/17/17-octobre-1961-ce-massacre-a-ete-occulte-de-la-memoire-collective_1586418_3224.html].

214. Sous la direction d'Olivier Forcade, Éric Duhamel et Philippe Vial, *Militaires en République, 1870-1962*, Publications de la Sorbonne, 1999.

215. *Ibid.*

216. François Rouquet, dans *Une poignée de misérables*, sous la direction de Marc Olivier Baruch, Fayard, 2003.

217. Herbert Lottman, *L'Épuration*, Fayard, 1986.

218. Cité par Bénédicte Vergez-Chaignon, *Histoire de l'épuration*, Larousse, 2010.

Chapitre XXIV

219. En ligne : [https://www.legifrance.gouv.fr/affichTexte.do;?cidTexte=JORFTEXT000000315333&dateTexte=20040309].

220. *Ibid.*

221. Cité par Bénédicte Vergez-Chaignon, *Histoire de l'épuration*, Larousse, 2010.

222. Discours d'Épinal, prononcé le 29 septembre 1946. Le texte intégral est disponible en ligne : [http://mjp.univ-perp.fr/textes/degaulle29091946.htm].

223. En ligne : [https://www.legifrance.gouv.fr/jo_pdf.do?id=JORFTEXT000000509707&pageCourante=08057].

224. Bénédicte Vergez-Chaignon, *Histoire de l'épuration*, Larousse, 2010.

225. Le lecteur endurant pourra lire l'intégralité de cette lettre en ligne : [http://www.angelfire.com/az3/artimon/mauriac.pdf].
226. En ligne : [https://www.legifrance.gouv.fr/jo_pdf.do?id=JORFTEXT000000313959].
227. Bénédicte Vergez-Chaignon, *Histoire de l'épuration*, Larousse, 2010.

Chapitre XXV

228. Charles de Gaulle, *Mémoires de guerre*, tome 3, Plon, 1959.
229. En ligne : [http://www.cheminsdememoire.gouv.fr/revue/la-reconstruction].
230. En ligne : [http://www.lepoint.fr/societe/robert-o-paxton-jean-jardin-un-lavaliste-convaincu-qui-aidait-ses-amis-06-01-2011-127359_23.php].
231. *Ibid.*

Chapitre XXVI

232. En ligne : [https://www.legifrance.gouv.fr/affichTexte.do?cidTexte=JORFTEXT000000684761].
233. En ligne : [http://www.liberation.fr/france-archive/1996/07/18/paul-touvier-une-haine-s-est-eteinte-le-milicien-est-mort-hier-en-prison-une-vie-de-secret-et-d-anti_176767].
234. Cité par Pierre Mazel, *Le Livre noir des crimes nazis dans l'Ain pendant l'Occupation*, Éditions du Bastion, 2004.
235. En ligne : [http://www.liberation.fr/france-archive/1996/07/18/paul-touvier-une-haine-s-est-eteinte-le-milicien-est-mort-hier-en-prison-une-vie-de-secret-et-d-anti_176767].
236. En ligne : [https://www.lexpress.fr/actualite/societe/paul-touvier-le-recit-d-une-fuite-francaise_1782173.html].
237. En ligne : [http://www.liberation.fr/france-archive/1996/07/18/paul-touvier-une-haine-s-est-eteinte-le-milicien-est-mort-hier-en-prison-une-vie-de-secret-et-d-anti_176767].
238. En ligne : [https://www.lexpress.fr/actualite/societe/paul-touvier-le-recit-d-une-fuite-francaise_1782173.html].

239. En ligne : [http://www.lemonde.fr/archives/article/1981/05/07/le-canard-enchaine-accuse-m-papon-d-avoir-concouru-a-la-deportation-de-mille-six-cent-quatre-vingt-dix-juifs_2722509_1819218.html].

240. Riss, *Le procès Papon, 400 dessins d'audience*, hors-série de *Charlie-Hebdo*, n° 6, 1998.

241. En ligne : [https://www.nouvelobs.com/societe/20070220.OBS3291/maurice-papon-sera-enterre-mercredi.html].

242. George Santayana, *La Vie de raison*, 1925.

CHRONOLOGIE

6 février 1934 : manifestation antiparlementaire

28 juin 1936 : création du PPF

29 septembre 1938 : conférence de Munich

15 mars 1939 : le Reich envahit la Bohême-Moravie

23 août 1939 : le pacte de non-agression germano-soviétique est signé entre Hitler et Staline

1er septembre 1939 : les troupes allemandes envahissent la Pologne

2 septembre 1939 : la France déclare la guerre à l'Allemagne

17 septembre 1939 : l'URSS joint ses troupes à celles du Reich en Pologne

30 novembre 1939 : l'URSS envahit la Finlande

9 avril 1940 : l'Allemagne envahit le Danemark et la Norvège

14 mai 1940 : les troupes du Reich forcent la ligne Maginot et pénètrent dans les Ardennes françaises

4 juin 1940 : Dunkerque est évacuée

8 juin 1940 : début de l'exode des civils en direction du sud de la France

10 juin 1940 : le gouvernement français fuit Paris et se réfugie à Bordeaux

14 juin 1940 : les Allemands entrent dans Paris

16 juin 1940 : Pétain devient président du Conseil

18 juin 1940 : appel du général de Gaulle

22 juin 1940 : signature de l'armistice

8 juillet 1940 : Laval exprime pour la première fois l'idée de collaboration

11 juillet 1940 : proclamation du régime de Vichy

Juillet 1940 : création du Bureau central de renseignements et d'actions

2 août 1940 : le général de Gaulle (exilé à Londres et organisant de là-bas la Résistance) est condamné à mort, par contumace, pour désertion et trahison

30 août 1940 : création de la Légion française des combattants

Août 1940 : création des mouvements de résistance Ceux de la Libération et Mouvement de libération nationale

28 septembre 1940 : le président du Syndicat national de l'édition accepte de signer un texte fixant les limites de ce qui désormais est publiable ou non ; mise en circulation de la « liste Otto »

Septembre 1940 : création du mouvement de résistance Université libre

3 octobre 1940 : signature de la loi portant sur le statut des Juifs

24 octobre 1940 : poignée de main entre Hitler et Pétain à la gare de Montoire

30 octobre 1940 : le maréchal Pétain prononce à la radio un discours officialisant les nouvelles relations entre la France et l'Allemagne

Octobre 1940 : création du mouvement de résistance Libération-Sud

9 novembre 1940 : dissolution de la CGT

Novembre et décembre 1940 : création des mouvements de résistance Franc-tireur, Libération-Nord et Organisation civile et militaire

23 février 1941 : création de la Délégation générale aux relations économiques franco-allemandes

Février 1941 : création du RNP

29 mars 1941 : création du Commissariat général aux questions juives

18 avril 1941 : la France quitte la Société des Nations

Printemps 1941 : création du FNE, futur CNE

14 mai 1941 : « rafle du billet vert »

Mai 1941 : création du mouvement de résistance Front national de la Résistance

8 juillet 1941 : création de la LVF

Été 1941 : création du SOL

25 octobre 1941 : jonction des FFI et des FFL

Octobre 1941 : création des FTP

19 février 1942 : ouverture du procès de Riom

Avril 1942 : mise en place du Bureau d'information et de propagande

1er juillet 1942 : création du Comité des experts (ou Comité général d'études)

16 et 17 juillet 1942 : rafle du Vel' d'Hiv

8 novembre 1942 : libration d'Alger

24 décembre 1942 : assassinat de l'amiral Darlan

30 janvier 1943 : création de la Milice

6 mai 1943 : arrestation de Pierre Pucheu

27 mai 1943 : création du CNR

3 juin 1943 : création du Comité français de la Libération nationale

9 septembre 1943 : libération de la Corse

6 janvier 1944 : Philippe Henriot prend la tête du secrétariat d'État à l'Information et à la Propagande

Janvier 1944 : Joseph Darnand devient secrétaire général au maintien de l'ordre

4 mars 1944 : ouverture du procès de Pierre Pucheu

11 mars 1944 : Pierre Pucheu est condamné à mort

15 mars 1944 : vote du programme du CNR

20 mars 1944 : Pierre Pucheu est exécuté

3 juin 1944 : création du GPRF

6 juin 1944 : débarquement de Normandie

26 juin 1944 : création des cours de justice de l'épuration

27 juin 1944 : libération de Cherbourg

28 juin 1944 : exécution de Philippe Henriot

7 juillet 1944 : assassinat de Georges Mandel

20 juillet 1944 : libération de Caen

3 août 1944 : libération de Rennes

20 août 1944 : arrestation de Pétain par les Allemands

22 août 1944 : début de la « guerre » Camus-Mauriac

25 août 1944 : libération de Paris

25 août 1944 : assassinat de trois miliciens par des FFI

8 août 1944 : des FFI violent et assassinent trois femmes soupçonnées de collaboration

26 août 1944 : création du crime d'indignité nationale

30 août 1944 : arrestation d'Henri Lafont et Pierre Bonny

4 octobre 1944 : instauration de l'internement administratif

14 septembre 1944 : Robert Brasillach se constitue prisonnier

26 septembre 1944 : Louis Renault est inculpé pour collaboration économique

24 octobre 1944 : Louis Renault décède en prison

18 octobre 1944 : ordonnance sanctionnant la collaboration économique

16 novembre 1944 : création du ministère de la Reconstruction et de l'Urbanisme

18 novembre 1944 : création de la Haute Cour de justice

26 décembre 1944 : Henri Lafont et Pierre Bonny, condamnés à mort, sont exécutés

19 janvier 1945 : procès de Robert Brasillach

Janvier 1945 : fin de la « guerre » Camus-Mauriac

6 février 1945 : Robert Brasillach, condamné à mort, est exécuté
22 février 1945 : assassinat ou exécution de Jacques Doriot
16 avril 1945 : bataille de Berlin
30 avril 1945 : chute du Reichstag et suicide d'Hitler
1er mai 1945 : suicide de Goebbels et capitulation de l'Allemagne
8 mai 1945 : signature de l'armistice
23 juillet 1945 : début du procès Pétain
15 août 1945 : Philippe Pétain est condamné à mort ; sa peine est commuée en prison à vie
3 octobre 1945 : procès de Joseph Darnand
4 octobre 1945 : début du procès Laval
10 octobre 1945 : Joseph Darnand, condamné à mort, est exécuté
15 octobre : Pierre Laval, condamné à mort, est exécuté
2 décembre 1945 : assassinat de Robert Denoël
3 janvier 1946 : création du premier Commissariat général du Plan
Janvier 1946 : retour des tickets de rationnement
Février 1946 : dernière femme tondue recensée
10 mai 1946 : date légale de la fin de la guerre
27 octobre 1946 : naissance de la Quatrième République
16 août 1947 : première loi d'amnistie
1947 : début de la guerre froide
29 mai 1949 : Jean Mamy, condamné à mort, est exécuté
29 juillet 1949 : dissolution des cours de justice de l'épuration
21 février 1950 : procès Céline, en son absence
5 janvier 1951 : deuxième loi d'amnistie
Avril 1952 : parution de la *Lettre aux directeurs de la Résistance* de Jean Paulhan
7 août 1953 : dernière loi d'amnistie
17 mars 1994 : début du procès Touvier
19 avril 1994 : Paul Touvier est condamné à la réclusion criminelle à perpétuité
8 octobre 1997 : début du procès Papon
2 avril 1998 : Maurice Papon est condamné à dix ans de réclusion criminelle

BIBLIOGRAPHIE

Livres

David Alliot, *L'Affaire Louis-Ferdinand Céline*, Horay, 2007

David Alliot et François Marchetti, *Céline au Danemark*, Éditions du Rocher, 2008

Henri Amouroux, *La Grande Histoire des Français sous l'Occupation*, Robert Laffont, 1976

Julien Arbois, *Histoires insolites de la Résistance française*, City Éditions, 2015

Robert Aron, *Histoire de l'épuration* (4 tomes), Fayard, 1967

Pierre Assouline, *L'Épuration des intellectuels*, Éditions Complexes, 1985 ; Perrin, « Tempus », 2017

Frédéric Badré, *Paulhan le juste*, Grasset, 1996

Marc Olivier Baruch (sous la direction de), *Une poignée de misérables*, Fayard, 2003

Robert Belot, *Lucien Rebatet, un itinéraire fasciste*, Seuil, 1994

Robert Belot (présenté et annoté par), *Dialogues de « vaincus »*, Berg International Éditeurs, 1999

Marc Bergère, *Une société en épuration,* Presses universitaires de Rennes, 2004

Marc Bergère (sous la direction de), *L'Épuration économique à la Libération*, Presses universitaires de Rennes, 2008

Marc Bergère et Jean le Bihan (sous la direction de), *Fonctionnaires dans la tourmente*, Georg Éditeur, 2009

Jean-Marc Berlière et Laurent Chabrun, *Les Policiers français sous l'Occupation*, Perrin, 2001

Philippe Bilger, *20 minutes pour la mort. Robert Brasillach : le procès expédié*, Éditions du Rocher, 2010

Dominique Bona, *Je suis fou de toi, le grand amour de Paul Valéry*, Grasset, 2014

Jacques Boncompain, *Dictionnaire de l'épuration des gens de lettres : 1939-1949*, Honoré Champion, 2016

Alphonse Boudard, *L'Étrange Monsieur Joseph*, Robert Laffont, 1998

Pierre-Denis Boudriot, *L'Épuration*, Grancher, 2011

Gérard Boulanger, *À mort la gueuse ! Comment Pétain liquida la république à Bordeaux, 15, 16 et 17 juin 1940*, Calmann-Lévy, 2006

Général Bradley, *Histoire d'un soldat*, Gallimard, 1952

Émile Brami, *Céline*, Écriture, 2003

Alain Brossat, *Les Tondues, un carnaval moche*, Hachette, 1993

Éric Brunet, *Un monstre à la française*, Jean-Claude Lattès, 2015

Albert Camus, *À « Combat »*, Gallimard, 2002

Jacques Cantier, *L'Algérie sous le régime de Vichy*, Odile Jacob, 2002

Louis-Ferdinand Céline, *Bagatelles pour un massacre*, Denoël, 1937

Louis-Ferdinand Céline, *Lettres à son avocat*, La Flûte de Pan, 1984

Louis-Ferdinand Céline, *Lettres à Tixier*, La Flûte de Pan, 1985

Louis-Ferdinand Céline, *Lettres à la NRF*, Gallimard, 1991

Louis-Ferdinand Céline, *Lettres de prison à Lucette Destouches et à Maître Mikkelsen*, Gallimard, 1998

René de Chambrun, *Le « procès » Laval*, Éditions France-Empire, 1984

Michelle Cointet, *De Gaulle et Giraud : l'affrontement (1942-1944)*, Perrin, 2005

Jean-Paul Cointet, *Les Hommes de Vichy – l'illusion du pouvoir*, Perrin, 2017

Marcel Déat, *Pensée allemande et pensée française*, Éditions Aux Armes de France, 1944

Julie Desmarais, *Femmes tondues*, Presses universitaires de Laval, 2014

Jacques Duquesne, *Les Catholiques français sous l'Occupation*, Grasset, 1986

Yves Durand et Robert Vivier, *La Libération des pays de Loire*, Hachette, 1974

Joëlle Dusseau et Pierre Brana, *Philippe Henriot, la voix de la collaboration*, Perrin, 2017

Olivier Forcade, Éric Duhamel et Philippe Vial (sous la direction de), *Militaires en République 1870-1962*, Publications de la Sorbonne, 1999

Dominique François *et al.*, *Femmes tondues, la diabolisation de la femme en 1944*, Cheminements, 2006

Maurice Garçon, *Le Procès Pétain, compte-rendu sténographique du procès*, Albin Michel, 1945

Maurice Garçon, *Le Procès Laval, compte-rendu sténographique du procès*, Albin Michel, 1946

Philippe Garnier-Raymond, *Une certaine France, l'antisémitisme 1940-1944*, Balland, 1975

Charles de Gaulle, *Mémoires de guerre*, Plon, 1959

Michel Germain, *La Vérité vraie sur le procès de la Milice et des miliciens au Grand-Bornand du 19 au 24 août 1944*, La Fontaine de Siloé, 2012

François Gibault, *Céline*, Mercure de France, 1981

Christian Guéry, *Les Avocats au cinéma*, PUF, 2015

Philippe Henriot, *Le 6 février*, Flammarion, 1934

Jacques Isorni, *Le Procès de Robert Brasillach*, Flammarion 1946

Jacques Isorni et Jean Lemaire, *Enquête en révision pour Philippe Pétain*, Flammarion, 1950

Jacques Isorni, *Souffrance et mort du maréchal*, Flammarion, 1951

Jacques Isorni, *C'est un péché de la France*, Flammarion, 1962

Jacques Isorni, *Nouvelle requête en révision pour Philippe Pétain*, Flammarion, 1978

Jacques Isorni, *Le Condamné de la citadelle*, Flammarion, 1982

Jacques Isorni, *Mémoires*, Robert Laffont, 1984

Yves-Frédéric Jaffré, *Il y a 50 ans Pierre Laval*, Albin Michel, 1995

Paul Jankowski, *Cette vilaine affaire Stavisky*, Fayard, 2000

Alice Kaplan, *Intelligence avec l'ennemi : le procès Brasillach*, Gallimard, 2003

André Kaspi *et al.*, *La Deuxième Guerre mondiale, chronologie commentée*, Complexe Éditions, 1999

François Kersaudy, *De Gaulle et Churchill*, Perrin, 2001

Benoît Klein (présenté par), *Pétain : J'accepte de répondre*, André Versaille Éditeur, 2011

Géo London, *Le Procès Pétain*, Roger Bonnefon, 1946

Herbert Lottman, *L'Épuration*, Fayard, 1986

Camille Mauclair, *La Crise de l'art moderne*, Centre d'études antibolchéviques, 1944

Roger Maudhuy, *Vichy, les procès de la collaboration*, Ixelles Éditions, 2011

Jean Mazé, *La Tragédie de l'épuration*, Déterna Éditions, 2012

Pierre Montagnon, *La France dans la guerre 39-45*, Pygmalion, 2009

Jean-Noël Mouret, *Louis Renault*, Gallimard, 2009

Albert Naud, *Pourquoi je n'ai pas défendu Pierre Laval*, Fayard, 1948

Louis Noguères, *Le Véritable Procès du maréchal Pétain*, Fayard, 1955

Peter Novick, *L'Épuration française*, Balland, 1985

Pascal Ory, *Les Collaborateurs 1940-1945*, Fayard, 1976

Jean Paulhan, *Lettre aux membres du CNE*, Les Nouvelles Épitres, 1947

Jean Paulhan, *Lettre aux directeurs de la Résistance*, Éditions de Minuit, 1952

Denis Peschanski, *Les Camps français d'internement (1938-1946)*, thèse de doctorat ès lettres, La Sorbonne, 2000

Frédéric Pottecher, *Le Procès Pétain*, Jean-Claude Lattès, 1980

Lucien Rebatet, *Lettres de prison*, Le Dilettante, 1993

Gaël Richard (textes établis et présentés par), *Le Procès Céline*, Du Lérot Éditeur, 2010

Pierre Rigoulot, *Les Enfants de l'épuration*, Plon, 1993

Renaud de Rochebrune et Jean-Claude Hazera, *Les Patrons sous l'Occupation*, Odile Jacob, 1995

François Rouquet, *Une épuration ordinaire*, CNRS Éditions, 2011

Philippe Saint-Germain, *Les Prisons de l'épuration*, La Librairie française, 1975

Virginie Sansico, *La Justice déshonorée*, Tallandier, 2015

Gisèle Sapiro, *La Guerre des écrivains*, Fayard, 1999

Jean Schlumberger, *Le Procès Pétain*, NRF Gallimard, 1949

Peter D. Tame, *La Mystique du fascisme dans l'œuvre de Robert Brasillach*, Nouvelles Éditions Latines, 1986

Pol Vandromme, *Rebatet*, Éditions universitaires, 1968

Bénédicte Vergez-Chaignon, *Histoire de l'épuration*, Larousse, 2010

Bénédicte Vergez-Chaignon, *Pétain*, Perrin, 2014

Bénédicte Vergez-Chaignon (édition établie et annotée par), *Le Dossier Rebatet*, Robert Laffont, collection « Bouquins », 2015

Fabrice Virgili, *La France « virile »*, Éditions Payot & Rivages, 2000

Revues et périodiques

Charlie Hebdo, hors-série numéro 6 : *Le Procès Papon*, avril 1998

Combat, numéro 43, 15 avril 1943

Le Crapouillot, numéro 81 (nouvelle série), avril-mai 1985

L'Épuration, numéro 39-40, janvier-février 1957

Le Figaro, numéro 47, 13 octobre 1944

Haute Cour de justice, compte-rendu in extenso des audiences. Procès du maréchal Pétain, 1946

Historama, numéro 11, janvier 1985

Je suis partout, 22 septembre 1942

Lectures françaises, numéro 89-90 : *Le Livre noir de l'épuration*, août-septembre 1964

DU MÊME AUTEUR

Fictions et récits

Histoire d'eaux, Le Dilettante, 2002, Pocket, 2004, Libra Diffusio, 2004.

La Course au tigre, Le Dilettante, 2003, Pocket, 2005.

Le Sexe (direction d'ouvrage), La Découverte, collection « Les Français peints par eux-mêmes », 2003.

L'Industrie du sexe et du poisson pané, Le Dilettante, 2004, Pocket, 2006.

Les Dix Gros Blancs, Fayard, 2005, Pocket, 2007.

Fin de pistes, Éditions Léo Scheer, 2006.

Troublé de l'éveil, Fayard, 2008, Éditions des Femmes, « Bibliothèque des voix », 2009.

Maître de soi, Fayard, 2010.

Une maîtresse de trop, Biro éditeur, « Les sentiers du crime », 2010.

L'Éditrice, Hors collection, « L'instant érotique », 2010.

Maître Nemo largue les amarres, L'Une & L'Autre, 2010.

La Féticheuse, Atelier in-8, 2012.

Qui a tué Mathusalem ? (en collaboration avec Jérôme Pierrat), Denoël, 2012.

Le Procès du dragon, Le Passage, 2015.

La Vie sexuelle des aventuriers, Éditions du Trésor, 2016.

L'Omnivore, Flammarion, 2018.

Essais

Le Sexe et la loi, Arléa, 1996, La Musardine, 2002, 2008, 2015 et 2018.

La Culture quand même (en collaboration avec Patrick Bloche et Marc Gauchée), Mille et une nuits, 2002.

L'Édition en procès (en collaboration avec Sylvain Goudemare), Éditions Léo Scheer, 2003.

Le Bonheur de vivre en Enfer, Maren Sell Éditeurs, 2004.

Lettres galantes de Mozart (en collaboration avec Patrick de Sinety), Flammarion, 2004.

Pirateries intellectuelles, Sens & Tonka, 2005.

La Guerre des copyrights, Fayard, 2006.

Brèves de prétoire, Chifflet et Cie, 2007.

La Justice pour les Nuls (corédaction et direction d'ouvrage), First, 2007 et 2013.

Le Sens de la défense (en collaboration avec Jeanne-Marie Sens), L'Une & L'Autre, 2008.

Le Livre noir de la censure (corédaction et direction d'ouvrage), Le Seuil, 2008, prix Tartuffe 2008.

Museum Connection, enquête sur le pillage de nos musées (en collaboration avec Jean-Marie de Silguy), First, 2008.

Nouvelles Brèves de prétoire, Chifflet et Cie, 2008.

Les Grandes Énigmes de la justice, First, 2009.

Accusés Baudelaire, Flaubert, levez-vous ! Napoléon III censure les Lettres, André Versaille Éditeur, 2010.

Familles, je vous hais ! Les héritiers d'auteurs, Hoëbeke, 2010.

La Collectionnite, Le Passage, 2011.

Les Veuves abusives d'Anatole de Monzie (édition critique), Grasset, « Les Cahiers rouges », 2011.

Faut-il rendre les œuvres d'art ?, CNRS Éditions, 2011.

Comme un seul homme, droit, genre, sexe et politique, Galaade, 2012.

*Aimer lire, une passion à partag*er, Du Mesnil, 2012.

Paris, ville érotique. Une histoire du sexe à Paris, Parigramme, 2013.

Les Lorettes, Le Passage, 2013.

La Famille d'aujourd'hui pour les Nuls (en collaboration avec Julien Fournier et Sophie Viaris de Lesegno), First, 2013.

Les Arts premiers pour les Nuls, First, 2014.

La Liberté sans expression ? Jusqu'où peut-on tout dire, écrire, dessiner, Flammarion, 2015.

Les Brèves de prétoire, l'intégrale, Chifflet & Cie, 2015.

Les Symboles pour les Nuls, First, 2015.

Plus grand que grand. Une histoire insolite du culte de la personnalité, La Librairie Vuibert, 2016, Guy Saint-Jean Éditeur, 2017.

L'Érotisme pour les Nuls, First, 2017.

Stars à la barre, Prisma Éditions, 2017 et 2018.

Défrayer la chronique. « Omar m'a tuer » : l'affaire Raddad, 1994, suivi de « Il pleure, il pleure ! » : l'affaire Troppman, 1869, Points Seuil, 2018.

Raconter la grande histoire. « J'accuse » : l'affaire Dreyfus, 1894, suivi de « Surtout ne confiez pas les enfants à la préfecture » : l'affaire Papon, 1997, Points Seuil, 2018.

Politiser la justice. « Juger Mai-68 » : l'affaire Goldman, 1974, suivi de « J'ai choisi la liberté » : l'affaire Kravchenko, 1949, Points Seuil, 2018.

Pierre Simon médecin d'exception, du combat pour les femmes au droit de mourir dans la dignité, Don Quichotte, 2018.

Les Dossiers secrets de « J'accuse », Calmann-Lévy, 2018.

Histoire mondiale de la censure, Plon, 2018.

Nouvelles Morales, nouvelles censures, Gallimard, 2018.

Livres illustrés et livres d'art

Antimanuel de droit, Bréal, 2007.

Le Livre des livres érotiques, Chêne, 2007.

Pommes libertines (en collaboration avec Richard Conte), Bernard Pascuito Éditeur, 2008.

Une idée érotique par jour, Chêne, 2008.

Comprendre l'art africain, Chêne, 2008.

Cent livres censurés, Chêne, 2010.

Les Nouveaux Cabinets de curiosité, Les Beaux Jours, 2011.

Cent images à scandale, Hoëbeke, 2011 et 2013.

Cent œuvres d'art censurées, Chêne, 2012.

Le Phallus, d'Alain Danielou (édition critique), La Demeure du labyrinthe, 2013.

Il était une fois Peau d'âne (en collaboration avec Rosalie Varda-Demy), La Martinière, 2014, prix Simone Goldschmidt-Fondation de France.

Cent chansons censurées (en collaboration avec Aurélie Sfez), Hoëbeke, 2014.

Les Mots qui font mâle. Petit lexique littéraire et poétique du sexe masculin (en collaboration avec Jean Feixas), Hoëbeke, 2015.

Les Grands Procès de l'histoire, La Martinière, 2015, prix du Livre du Patrimoine.

Barbes et moustaches (en collaboration avec Jean Feixas), Hoëbeke, 2015.

Le Droit d'auteur (en collaboration avec Fabrice Neaud), Le Lombard, 2016.

Moi, Emmanuel Pierrat, avocat à la cour, Glénat jeunesse, 2016.

100 infographies pour déchiffrer la justice, La Martinière, 2016.

Les Femmes et la Justice. Femmes avocates, femmes magistrates et femmes criminelles, La Martinière, 2016.

Pièces à conviction, 35 affaires judiciaires qui ont défrayé la chronique (en collaboration avec Jérôme Pierrat), La Martinière, 2017.

Les Petits Cheveux. Histoire non convenue de la pilosité féminine (en collaboration avec Jean Feixas), La Musardine, 2017.

Trois minutes pour comprendre la justice, Le Courrier du livre, 2018.

Ouvrages sur la franc-maçonnerie

Le Paris des francs-maçons (en collaboration avec Laurent Kupferman), Le Cherche-Midi, 2009 et 2013.

Les Grands Textes de la franc-maçonnerie décryptés (en collaboration avec Laurent Kupferman), First, 2011.

Ce que la France doit aux francs-maçons (en collaboration avec Laurent Kupferman), First, 2012.

Les Secrets de la franc-maçonnerie, La Librairie Vuibert, 2013.

Les Francs-maçons sous l'Occupation, entre résistance et collaboration, Albin Michel, 2016, Le Grand Livre du Mois, 2016.

Dieu, les religions et les francs-maçons, First, 2016.

Les Francs-Maçons et le Pouvoir, First, 2017.

Le Décodeur des expressions maçonniques, First, 2017.

Ouvrages juridiques

Guide du droit d'auteur à l'usage des éditeurs, Éditions du Cercle de la Librairie, 1995.

Le Droit d'auteur et l'édition, Éditions du Cercle de la Librairie, 1998, 2005 et 2013.

Le Droit de l'édition appliqué I, Éditions du Cercle de la Librairie / Cecofop, 2000.

Guide juridique pratique de l'éditeur. Livre-Presse-Multimédia (en codirection avec Agnès-Lahn Gozin et Arnaud Le Mérour), Stratégies, 2001.

Reproduction interdite, le droit à l'image expliqué aux professionnels de la culture et de la communication, à ceux qui veulent protéger leur image et à tous les autres qui veulent comprendre la nouvelle censure iconographique, Maxima / Laurent du Mesnil, 2001.

Le Droit du livre, Éditions du Cercle de la Librairie, 2001, 2005 et 2013.

Le Droit de l'édition appliqué II, Éditions du Cercle de la Librairie / Cecofop, 2002.

Les Contrats de l'édition, 2011 et 2014, editionsducercledelalibraire.com (disponible uniquement sur support numérique).

Guide du jeune avocat (direction d'ouvrage), Lexisnexis, 2016.

Code de la liberté d'expression (en collaboration avec Vincent Ohanessian), Anne Rideau éditions, 2018.

Le Droit d'auteur dans son contexte, Folio essais, 2018.

Traductions

Pensées paresseuses d'un paresseux de Jerome K. Jerome (traduit de l'anglais, en collaboration avec Claude Pinganaud), Arléa, 1991, Arléa poche, 1996.

Histoires de fantômes indiens de Rabindranath Tagore (traduit du bengali, en collaboration avec Ketaki Dutt-Paul), Cartouche, 2006, Arléa poche, 2008.

Fanny Hill, femme de plaisir (présenté et adapté de l'anglais), Bernard Pascuito Éditeur, 2008.